紐西蘭全圖

本書14個單元分區介紹

1. 奧克蘭及北部區域(Auckland & Northland)
2. 漢密爾頓、羅托魯阿(Hamilton & Rotorua)
3. 陶朗加、豐盛灣區域(Tauranga & Bay of Plenty)
4. 科羅曼德半島、懷蒂昂格(Coromandel Peninsula & Whitianga)
5. 陶波、湯加里羅國家公園(Taupo & Tongariro National Park)
6. 東岸、霍克灣(East Coast & Hawke's Bay)
7. 北帕默斯頓、威靈頓(Palmerston North & Wellington)
8. 塔拉納基(Taranaki)
9. 馬爾堡、尼爾森、黃金灣(Marlborough,Nelson & Golden Bay)
10. 西海岸(West Coast)
11. 瓦納卡、皇后鎮、中奧塔戈地區(Wanaka, Queenstown & Central Otago)
12. 峽灣、史都華島、卡特林斯地區(Fiordland、Stewart Island & The Catlins Area)
13. 但尼丁、中南部玫特伯雷地區(Dunedin & Middle and South Canterbury region)
14. 基督城、阿瑟山口、凱庫拉(Christchurch, Arthur's Pass& Kaikoura)

東角
East Cape

雷英加角
Cape Reinga

九十哩海灘
Ninety Mile Beach

凱塔亞
Kaitaia

帕希亞
Paihia

奧克蘭
Auckland

科羅曼德
Coromandel

懷蒂昂格
Whitianga

陶朗加
Tauranga

芒格努伊山
Mt Maunganui

馬卡圖
Maketu

蒂普基
Te Puke

羅托魯瓦湖
Lake Rotorua

Te U
Te U

內皮爾
Napie

哈斯汀斯
Hastings

漢密爾頓
Hamilton

蒂勞
Tirau

羅托魯瓦
Rotorua

陶波
Taupo

陶波湖
Lake Taupo

湯加里羅國家公園
Tongariro National Park

北帕默斯頓
Palmerston North

懷托摩洞穴
Waitomo Caves

奧阿庫尼
Ohakune

新普利茅斯
New Plymouth

塔拉納基山
Mt Taranaki

史特拉福
Stratford

哈維拉
Hawera

離別岬

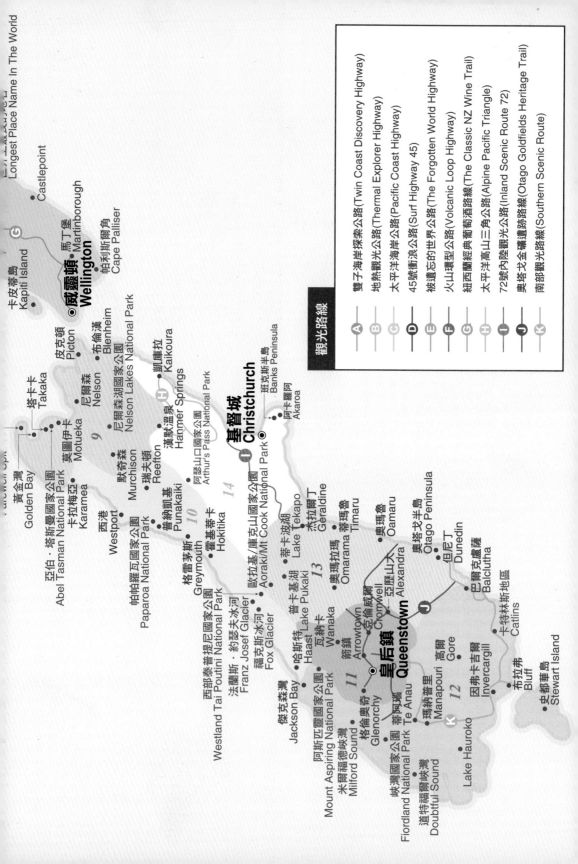

卡皮蒂島
Kapiti Island

Castlepoint

◉威靈頓 馬丁堡
Wellington Martinborough

皮克頓
Picton

帕利斯爾角
Cape Palliser

塔卡卡
Takaka

黃金灣
Golden Bay

莫圖伊亞
Motueka

尼爾森
Nelson

布倫漢
Blenheim

凱庫拉
Kaikoura

亞伯・塔斯曼國家公園
Abel Tasman National Park

卡拉米亞
Karamea

尼爾森湖國家公園
Nelson Lakes National Park

班克斯半島
Banks Peninsula

西港
Westport

默奇森
Murchison

瑞夫頓
Reefton

漢默溫泉
Hanmer Springs

◉基督城
Christchurch

帕帕羅瓦國家公園
Paparoa National Park

普納凱基
Punakaiki

阿瑟山口國家公園
Arthur's Pass National Park

阿卡羅阿
Akaroa

格雷茅斯
Greymouth

霍基蒂卡
Hokitika

西部泰普提尼國家公園
Westland Tai Poutini National Park

法蘭斯・約瑟夫冰河
Franz Josef Glacier

福克斯冰河
Fox Glacier

歐拉基/庫克山國家公園
Aoraki/Mt Cook National Park

普卡基湖
Lake Pukaki

蒂卡波湖
Lake Tekapo

傑拉爾丁
Geraldine

蒂瑪魯
Timaru

傑克森灣
Jackson Bay

哈斯特
Haast

瓦納卡
Wanaka

奧瑪拉瑪
Omarama

奧瑪魯
Oamaru

阿斯匹靈國家公園
Mount Aspiring National Park

箭鎮
Arrowtown

克倫威爾
Cromwell

亞歷山大
Alexandra

奧塔戈半島
Otago Peninsula

格倫奧奇
Glenorchy

◉皇后鎮
Queenstown

但尼丁
Dunedin

米爾福德峽灣
Milford Sound

蒂阿瑙
Te Anau

巴爾克盧薩
Balclutha

峽灣國家公園
Fiordland National Park

瑪納普里
Manapouri

高爾
Gore

卡特林斯地區
Catlins

道特福爾峽灣
Doubtful Sound

因弗卡吉爾
Invercargill

Lake Hauroko

布拉弗
Bluff

史都華島
Stewart Island

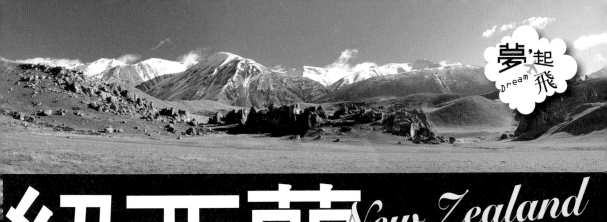

紐西蘭 *New Zealand*

作者◎林伯丞

自助旅行

太雅

PANORAMIC

LANDSCAPE

別人的邀約，而是為了
回應內心的呼喚。

有行動力的旅行，就在
太雅出版社！從教你如
何旅行，到教你如何圓
夢，太雅始終是你的旅
途良伴。

目錄 Contents

一趟充滿回憶的旅行需要行動力，圓一個夢需要行動力，去完成心中的渴望，更需要行動力。這些旅人，不只是在旅行，更是在找自己；並企圖在旅程劃下句點之後，能確定人生方向，投入他們真正想要的志業，過他們更樂意去過的生活。

圓夢，不是靠衝動，而是一股持續醞釀與增強的動力；也不是因為

36
瓦納卡學開小飛機

32
漢密爾頓熱氣球節

38
皇后鎮跨年

34
騎馬初體驗

40
法蘭斯·約瑟夫冰河健行

46
世界盃橄欖球賽

42
陶波雪場滑雪趣

48
米爾福德步道

44
道特福爾峽灣跨夜巡航之旅

52
亞伯·塔斯曼海岸步道

作者序

勇敢出走，實現出國夢想

　　為了豐富自己的人生、為了想在升格為新手爸媽前還可任性的說走就走、為了想在一個沒有任何人認識我們的國家展開前所未有的新生活，我們勇敢的離開舒適的家鄉、勇敢的放下有收入的工作、勇敢的跟所愛的家人說再見後，我們手握著單程機票，內心相當期待，臉上難掩興奮，放膽的出發了。

　　雖然是持Working Holiday Visa入境，但我們不想把時間一直放在打工賺錢上。難得可以合法居留，我們想要深入並了解紐西蘭多一點，進而體驗並學習在地生活。前前後後，我們在紐西蘭待了近15個月。這些日子，我們並沒有特定計畫或時間表，就是順著當時的狀況做下一步的決定。需要旅費，就找工作賺錢；想要體驗不同生活型態又想省錢，就去申請換宿；若想隨心所欲的造訪某個地區或城市，那就會去旅行。

　　感謝老天眷顧我們夫妻倆，在需要找工作時，貴人及機會就會適時的出現使我們得到正職工作；找到的換宿家庭大多都很親切及和善，他們待我們如自己孩子般的疼愛；我們開著一輛96年的Nissan Cefiro四處旅行，除了熱門景點，我們更熱衷去造訪荒僻偏遠的絕美景點，一年多來開了近3萬公里，全程都很平安。

　　紐西蘭這塊土地真的很美，除了工作及換宿有必要付出的努力及時間外，我們醒著的大

部分時間都拿來探索周遭景點，或許也因為如此積極，我們的足跡才能印在紐西蘭許多地方。在旅行、工作及換宿三種型態交互使用下，我們覺得這段打工度假生活相當精彩！

　　寫書，是一個熱血的決定。在旅途中我們就決定要這麼做了。驅使我們的原因除了想要與更多人分享及介紹紐西蘭的美與好外，我們想跟未來有意願出國打工度假的年輕人說：「打工度假不只有打工及度假(旅行)而已，還可透過申請換宿來認識當地人並體驗在地生活。」即使換宿沒有金錢的收入，但你所得到、所體驗到、所感受到的將比你原本想像的還要多更多。

　　謝謝父母及家人的支持及幫助，讓我們得以在海外生活時無後顧之憂，也再次感謝來不及看到此書出版的岳母，病榻時仍掛念並寄予厚望。謝謝海內外朋友們的相挺，認識你們真的很棒。謝謝外交部讓我們有機會可以到紐西蘭生活並合法工作，打工度假是了解這個國家最不傷本的做法了。最後謝謝太雅出版社，有你們的青睞，我們才有機會將這段旅途中的感動集結成冊與更多人分享。

　　New Zealand, what a wonderful country~

林伯丞

如何使用本書

行前資訊
本單元讓你在最短的時間,了解當地實用資訊。

城市印象
搭配圖文,讓你預先了解這座城市的整體樣貌。

←將該地景點一一標示在地圖上,不怕迷失方向。

精彩專題
蒐羅當地最精彩的活動體驗,讓你一個都不錯過!

換宿小手扎
貼心小Box,行程上的小叮嚀、當地的換宿心情,作者不藏私,全都與你分享。

內文資訊符號

💲 價格·費用	http 網址		
✉ 地址	@ 電子信箱		
☎ 電話	休 休息·公休日		
🕐 營業·開放時間	⁉ 注意事項		

地圖資訊符號

🍴 餐廳	🚌 巴士·巴士站	ℹ 旅客諮詢處	🚶 步道
🛏 旅館住宿	✈ 機場	⛪ 教堂	✚ 醫院
🛍 購物商店·百貨公司	🚇 電車·地鐵·捷運	🏛 博物館·美術館	
📷 旅遊景點	⚓ 遊輪·碼頭	🏰 城	

編輯室提醒

　　每一個城市都是有生命的,會隨著時間不斷成長,「改變」於是成為不可避免的常態,雖然本書的作者與編輯已經盡力,讓書中呈現最新最完整的資訊,但是,我們仍要提醒本書的讀者,每個旅行團所規畫的路線不盡相同,故作者所提供的路線並不是絕對唯一,有些景點也會因為旅行團的路線不同,而沒有列入參觀範圍。另外,天氣的變化莫測,也是要請讀者多加注意的地方。在前往聖地之旅之前,先向旅行社確定規畫路線,以及上網查詢當地天氣狀況是絕對必要的。也請注意自身及財務上的安全。

　　過去太雅旅遊書,透過非常多讀者的來信,得知更多的資訊,甚至幫忙修訂,非常感謝你們幫忙的熱心與愛好旅遊的熱情。歡迎讀者將你所知道的變動後訊息,提供給太雅旅行作家俱樂部taiya@morningstar.com.tw

太雅旅行作家俱樂部

PR
Discover the world

我們的旅程
是這樣開始的⋯⋯

為什麼想去打工度假？

　　為什麼想去打工度假？這個問題問的好，從源頭開始說起的話大概可以講個三天三夜。每個選擇離開家鄉出國打工度假的年輕人相信都有自己的一段原因、故事或心情。也許是為了想賺一桶金，也許是想喘口氣暫離原本的生活，也許是想尋找更多不同的自己。我們夫妻倆還挺單純的，就是想去國外生活、認識不同文化的朋友，同時廣泛地嘗試不同類型的工作。打工度假，就是要邊打工邊度假邊認識朋友呀！

想出國打工度假的想法其實已累積許久

　　念碩士班時，原本的指導教授突然不教了，當下我的心情除了驚恐還有些許徬徨。沒人指導，要怎麼畢業呀？那段時間除了修課外，我開始找了些課外書籍打發時間，順便尋找新的可能性。忘記是看到那本雜誌了，內文是寫著關於「出國打工假」的介紹。我記得當下看到的那一刻，憂悶的心情頓時露出一道閃亮光芒，可以合法出國打工一年，也就是可以在當地生活一年！天啊！這個機會實在是太棒了！我一定要嘗試這樣的生活！不過，要做也要找個正確的時間點。當時的我還沒畢業，還沒當兵，口袋空空，還沒結婚(因為想帶老婆一塊兒去)只能把這個念頭先放著，偶爾拿出來跟朋友還有爸媽說嘴一下。但隨著累積時間越久，我想出國打工度假的念頭卻越來越強烈。

　　畢業及退伍後，順利的加入一間科技公司開始「有爆肝風險」的工程師生活。工作的確不輕鬆，不過好在周圍的同事各各情義相挺，為我的職場生涯有個還不錯的開始。這段時間攢了點錢，也順利的將親愛的老婆娶進門，生活看起來還挺順遂的。不過，幾年前蹦出的念頭不時的探出頭來問我說：「不是有人想嘗試國外生活嗎？」檢視一下現在的自己，已經畢業和退伍，成為人夫及存了點錢，當年立下的關卡看來都已破關，我想，現階段應該是最佳時間點了。經過一段時間的準備、順利的在6月搶到名額，跟這群很棒的同事和關心我們的親友揮別後，我們就各揹著近30公斤的大背包出發了。而這實際出發去打工度假的時間已經是埋下這個念頭5年後的事了。當年的念頭成為了今日的實際行動，出發，就是一個好的開始！

在克倫威爾Sarita Orchard工作時的一場生日BBQ Party

後來碩士班有畢業嗎？有的。而且我覺得還挺順利和完美精彩。一學期後有老師願意成為我的恩師，在她的指導下順利的完成學位，還因為有機會隻身前往美國參加論文發表，開啟了我的自助旅行首航。在一切都得自己打點的情況下，我發現自己比以前更加能獨立思考與規畫未來，「知道自己要什麼」的思維便是在那時候開始慢慢養成的。

多年來，因為爸媽都知道我能獨立處理生活大小事，且有自己一套謀生能力。當我說出：「我要出國打工度假」，他們可是幾乎沒有擔心呢。因為他們知道「我做的到」！(唯一會唸幾句的就是我得好好照顧老婆，因為她是女孩子呀！)

紐西蘭的自然之美，實在是太漂亮囉

紐西蘭的步道沿途可看到令人難忘的景色，揹起背包旅行去吧

平凡的路有不平凡的美景，因為這裡是紐西蘭啊(圖為雷利瀑布)

為什麼選擇紐西蘭？

為什麼選擇紐西蘭？這是另一個好問題。

前往美麗國度──紐西蘭

我的想法是，既然要出國打工度假，當然要選比較不一樣的國家呀。大家都知道，臺灣出國打工度假的年輕人最愛去澳洲，一來是沒有人數限制(但需31足歲以下)，二來是錢好賺(媒體渲染的美好印象，其實並不完全是這麼一回事)。紐西蘭一年才開放600個名額，物以稀為貴，每年想搶名額的人可是爆表的多。我們一開始就想去紐西

蘭，其優越豐富的地理環境(冰河、峽谷與高山)、四季皆美的自然風景和友好善良的Kiwi人都是吸引我們前往的關鍵因素。賺一桶金，從來都不是這趟旅程的選項之一，賺到可以繼續移動的旅費就夠了。

打定主意後，便開始準備申請「NZ Working Holiday VISA」的簽證相關資料。順利的在6/1號搶到名額後，接著進行體檢，最後在收到移民局寄出的簽證確認信後，就開始幻想在這個被羊統治的國家生活的美好畫面啦。

後來在紐西蘭生活了15個月後再去澳洲旅行，相比之下，除了感覺大城市裡的人車好多外，有些街道環境也沒那麼乾淨，這的確不是我們想要的打工度假環境。因此對能去紐西蘭打工度假的我們是感到多麼的幸運。

紐西蘭的綿羊據說有3,000萬頭

回國後偶爾會跟親友聊起打工度假的回憶，不過他們的第一印象都是：「打工度假？對吼，你們剛從澳洲回來對吧？澳洲好不好玩呀？」我們總要不厭其煩的回答：「澳洲很好玩啊，不過，我們是去紐西蘭打工度假！」

跟著我們一起走吧！

Prepared for the travel

NEW ZEALAND 行前篇

出發前的準備總是一段充滿無限美好想像的時間，本章節將分享我們的事前準備，參考看看吧！

認識紐西蘭

在開始你的紐西蘭之旅前,先來對這個位在南太平洋並擁有「美如天堂」讚譽的國家有個初步認識,將會是一個美好的開始。

 ## 基本介紹

人口

紐西蘭約有400萬人,有1/3都住在奧克蘭。羊比人多,據說有3,000萬頭。

地理環境

全國主要由三座島嶼組成,分別是北島、南島和史都華島。土地約是台灣的7倍大,若身在郊區,幾乎隨時都可以感受到無比的遼闊感。北島有溫泉及火山地形,南島則有冰河、峽灣和高大的南阿爾卑斯山脈可看。

語言

英語、毛利語和紐西蘭手語。學個幾句毛利語吧!Kia ora!(這是毛利語「歡迎」的意思)

氣候

紐西蘭位於南太平洋,跟位於北半球的台灣氣候剛好相反。我們的夏天(6～8月)是他們的冬天,而我們的冬天(12～2月)則是他們的夏天。因此他們的聖誕節服裝沒有厚重外套及圍巾,短袖短褲即可!紐西蘭的氣候比潮濕的台灣較為乾燥,因此冬天感覺不會太濕冷,而夏天流汗也不太會感到濕黏。雖然比較乾爽,但擦乳液的動作可是不能少。

時差

由於紐西蘭位於國際換日線旁邊,它可是全世界最早進入新的一天的國家之一。(在北島東岸的吉斯伯恩據說可看到世界上第一道曙光)而紐西蘭時間比台灣快4到5小時。在進行日光節約時間

智慧型手機會提醒你哪時將進行日光節約時間

(Daylight saving time)時會比台灣快5小時,其餘時間就比台灣快4小時。日光節約時間的開始時間為9月的最後一個週日凌晨2點開始,結束於隔年的4月第一個週日凌晨3點。(此時間規則適用於201～2019年)

電壓

紐西蘭電壓為230 / 240伏特(50赫茲),與台灣電器常使用的110伏特(60赫茲)不太一樣。一般電器如電腦和手機充電器都可以支援兩種電壓,不過如吹風機或是燙直髮夾就要找適合的電源規格使用,不然一插電肯定燒掉。另外紐西蘭插座為3端八字型,因此得接上轉接頭後才可使用。

3端八字型的紐西蘭插座天生表情有點「窘」

貨幣

紐西蘭使用紐西蘭幣(NZ Dollar；NZD)，$1等於100c。硬幣有10c、20c、50c、$1、$2，紙鈔則使用$5、$10、$20、$50、$100。1塊紐幣大約兌換24塊台幣。

國家區碼

如果要從海外打到紐西蘭，國碼前面是+64 (台灣是+886)。

首都

威靈頓(Wellington)，位在北島南端，跨過庫克海峽便是南島。(不要再誤認為是奧克蘭了，雖然他曾經是)

國旗

深藍底，左上方有英國米字旗，而右邊四顆星指的就是南十字星。每當仰望南半球滿夜星空時，我總會尋找南十字星的位置。

紐西蘭國旗

我們在紐西蘭度過一個夏季聖誕節

生活資訊

在地美食

鮭魚、貝類Mussel、牛肉、葡萄酒和炸魚薯條(Fish & Chip)，這些都是當地人最愛的美食。當季節來臨時，吃顆奇異果吧，這裡就是Zespri的原產地！若想省點預算，通常在YHA和BBH的Free Food區可找到一些不錯的食材。

衣著服飾

若是短程旅行，就端看季節及要去的地點決定。若要去夜店或餐廳，正式服裝不可少。若要去山區健行或戶外活動，輕便的防水外套及一雙好穿的運動鞋是推薦的。我們準備待個一年，要帶的衣服不少，因此使用洋蔥式穿法是必要的。我們挺喜歡Kathmandu這個戶外用品店的衣服，保暖度跟樣式都很不錯。另外二手店也有許多舊衣服可挖寶，一件才$3～10塊。

旅館住宿

預算不多的，YHA(Youth Hostels Association)和BBH (Budget Backpacker Hostels)等平價旅館都是很好的住宿選擇。

→BBH卡及免費的BBH住宿指南
↓有獨棟小屋可選擇的Holiday Park，圖為但尼丁Holiday Park

→All Blacks奪下冠軍後，紐西蘭人簡直是樂翻了

我們通常是先選擇BBH，因為比較便宜且較有人情味，但住宿品質有好有壞(可看BPP，分數越高代表水準越好)。而YHA是全球知名的旅社組織，在標準化的管理下有一定的住宿水準，因此房間乾淨及廚房餐具齊全等基本要求在YHA是比較沒問題的，但BBH就不一定。我們的經驗是去小鄉村就住BBH或私人青年旅舍，但到大城市一定選YHA。旅館、B&B和汽車旅館也是不錯的住宿選擇，通常價位會高一點。若想露營或圖個安靜的，就去Holiday Park吧，它通常出現在比較郊區的地方，裡頭有獨棟小屋可選擇。

交通方式

因為待的時間夠長且想把紐西蘭玩透透，我們有買了台二手車代步，而搭巴士旅行的朋友也很多。紐西蘭巴士最常見的就是InterCity，另外Nakedbus也很多，這兩家公司常會促銷出乎意料的便宜座位。Kiwi Experience是個可隨上隨下的旅行長途巴士，依照行經地點及區域會有不同價位的通票選擇，有效期限大部分是1年。另外渡輪也是常會使用到的交通工具，例如南北島往返，或是在奧克蘭搭去德文港。利用飛機在島內移動是快速且受歡迎的方式，因為票價很便宜。紐西蘭航空(Air New Zealand)常有促銷票，海內海外都有，到他們網站(grabaseat.co.nz)試試看。(我們就在上面買到去薩摩亞(Samoa)的便宜機票)

運動賽事與藝文空間

在紐西蘭幾乎人人熱愛運動，打開體育頻道最常看到的就是板球(Cricket)跟橄欖球(Rugby)比賽，橄欖球國家代表隊All Blacks在他們心中是近乎神話的地位。來這裡參與幾場球賽，看看當地人支持球隊熱衷狂熱的樣子。另外，紐西蘭相當注重藝術及人文培養，因此不管再小的鄉鎮，幾乎還是有博物館及圖書館的設立，當然還有美術館！這些藝文空間通常是免費的，有些則需酌點費用，但他們有個共通點，就是都很棒！

戶外活動特殊體驗

紐西蘭全國上下充滿極其優越的地形樣貌，有湖泊、冰河、高山和海洋。因此喜愛戶外運動的朋友來到這裡絕對會樂翻了。受歡迎的戶外活動有登山健行、浮潛、滑雪、划小艇和衝浪。而極限運動更是五花八門，有高空彈跳、攀岩、空中跳傘、越野自行車、洞穴漂流和搭噴射快艇，只要你敢嘗試，這裡總有玩意兒可以滿足你那愛冒險、愛刺激的心。

紐西蘭最主要的長途巴士Intercity

划小艇是紐西蘭人最愛的戶外活動之一

交通規則與道路標誌

　　如果打算在紐西蘭駕車旅行，除了得準備國際駕照外，學習道路法規是重要且必要的，因為良好的駕駛人應該注重自己與他人的生命安全。這裡跟台灣的道路習慣完全不同，因此請先記住這項交通規則：「這裡是右駕國家，開車請靠左。」沒錯，再看一次，「這裡是右駕國家！開車請靠左！(Keep Left！)」。

　　好，接下來我們來認識幾個常見的道路標誌。(以下標誌圖片取自於NZ Transport Agency。www.nzta.govt.nz)

看懂道路標誌

減速讓行

　　紐西蘭很少看到紅綠燈，不過非常多地方可看到GIVE WAY的標示。當你看到這個標示時，意思就是你必須減速，並禮讓對方先行駛路權。

限速50公里

　　開車時速不得超過50km／h，通常在進入市區前會先看到這個標示。

完全停止

　　看到這個STOP標示時需要將速度完全降到0(沒錯，完全停止！)，等待GIVE WAY後才可繼續前行。

靠左側行駛，除非要超車

　　除非你要超車，不然請保持在左側(外線車道)。這通常是發生在單線道上，偶爾會有一些較寬的路段會出現雙線道允許靠內線超車。

禁止進入

禮讓圓環車輛

　　前方有圓環(Roundabouts)，進入前請記得打方向燈，並優先禮讓在圓環裡的車輛。

減速切往內向車道

　　前方左側道路即將縮減，請適時的減慢速度並打方向燈切往內向車道。

箭頭指引方向勿停車

　　早上8點到下午6點，箭頭所指的方向上不准停車。

停車請出示停車券

　　若要在這個區域停車，在擋風玻璃底下出示停車券是必要的。停車券通常在路邊的售票機可買到。

基本道路知識

禮讓右側車輛

　　準備進入圓環時，請先禮讓右側已進入圓環的車輛。(虛線方向代表先禮讓實線方向)。

進入打右轉燈，出去打左轉燈

　　進入圓環時，先打右轉燈表示準備進入。當準備出圓環時，請打左轉燈表示要出圓環了。

禮讓對向直行車

　　十字路口準備右轉時，請先禮讓對向的直行車。

禮讓對向車道左轉

準備右轉時,先禮讓對向車道進行左轉的動作。

禮讓T型路口所有車輛

若你在T型路口底部準備開車右轉時,必須禮讓所有位在T型路口頂部(直行道路)上的車輛,包含腳踏車。

優先權比對向車道低

左邊可看到小紅大黑箭頭的標示,意思是說從我們開車這個方向(小紅)的優先權是比對向車道(大黑)來的低,因此得GIVE WAY。這大小箭頭的標示通常發生在單線窄橋。(在車流量不多的地方使用窄橋可以減少不少施工成本。)

優先權比對向車道高

當看到這個標示就代表你前行方向的優先權比對向車道高,因此你可以優先進入單線窄橋。但如果這座窄橋很長,且也已經有人先在窄橋裡行進時,你就必須先在出口等待對方出來才行。不管怎樣,進入單線窄橋前先減速了解路況後再移動就對了!

禁止停車

不連續的黃線代表「禁止停車」!

碎石路段,請減速行駛

前方路段將開始是碎石子路,請放慢速度。

轉彎建議速限

前方轉彎的建議速限。不同的彎道弧度會有不同的建議速限,降到它建議的速度會比較安全。

離開高速路段,請找「EXIT」

若要離開高速公路往交流道行駛,要找「EXIT」。

趣味小提醒看板標示

在紐西蘭還可看到一些很有趣的提醒標示及看板。

禁止滑板

禁止在這裡滑板。

偶有Pukeko出沒

會有Pukeko經過，請放慢速度。

母鴨帶小鴨行經路線

附近是母鴨帶小鴨的行經路徑，請減速慢行。

接送孩童區域

學校巴士載送孩童的區域，請減速慢行。

偶有奇異鳥出沒

附近有奇異鳥出沒。

偶有牛群出沒

這裡偶有牛群出現在馬路上。

禁止喝酒

看到這符號的話，就代表這裡禁止喝酒。

開慢一點

有趣的貼心提醒，開慢一點。

路權共享

別霸占路權，要跟腳踏車共享路權。

TIPS

對了，開車時前後座的乘客別忘了都要繫上安全帶喔！

毛利傳說

從以前到今日，毛利文化始終與紐西蘭這塊土地共生共存。毛利神話中最偉大的神稱為毛伊(Maui)，他相當聰明，是個半人半神的英雄，而他最偉大的壯舉就是釣起了北島(Te Ika a Maui，意思是毛伊的魚)。據說他當時是站在南島(Te Waka a Maui)上，也就是他的獨木舟上。為了穩固船身釣大魚，因此將船栓在錨石上，那顆錨石就是今日的史都華島。仔細看看北島還真像條大魚，陶波湖是魚的肚臍，狹長的北島北是魚的尾巴，首都威靈頓是魚頭部位，科羅曼德半島是魚的倒鉤，東岸和塔拉納基地區就是上下魚鰭的部位，而毛伊使用的魚鉤則變成了霍克灣的馬希亞半島。聽完這些美麗傳說，相信在紐西蘭旅行時會更有感覺。

不管進行什麼事或到哪裡旅行，我們總習慣做點功課，預先準備一下。除了能多少消除一些未知和疑慮外，我們也特別享受這段「充滿無限期待」的行前準備階段。因此，在確定申請到了打工度假簽證(Working Holiday VISA)後，我們便開始緊鑼密鼓地著手規畫。我們做了哪些事前準備呢？繼續往下看吧。

蒐集旅遊情報

參考旅遊書籍

我個人還滿喜歡看旅遊書籍的。不管主題是國內還是海外，不管是旅遊文學或是遊記分享，只要內容圖文有趣，我幾乎都會買來看。對於旅行這件事，我一直相當熱衷。

這回我們即將在紐西蘭進行為期好一段時間的海外旅行。在目的地已非常確定的情況下，我們便開始找一些關於紐西蘭旅行或打工度假的書籍雜誌來看，即使書中的內容資訊跟當下已有點不一樣(也許是價錢不同、某些景點封閉或已冒出新事物)，但對尚在規畫階段的我們而言，這些資訊都是很棒的幫助。

參考旅遊網站

「背包客棧」是一個很棒的練功地點，上面有許多前輩大方不藏私的分享與介紹，間接或直接的使我們的準備更加周全。雖然很多的分享因為自己還沒親自去看過和見識過而感到陌生及無感，但因為看過了多少會有點印象，等到在當地真正遇到時，眼前的一切就與之前的印象完美的

串接起來了。多看，總是有幫助的。

http 背包客棧：www.backpackers.com.tw/forum

參加分享會

參加分享會是一件很棒的事。我們曾經特地平日請假去參加外交部舉辦的「打工度假經驗分享座談會」，也曾參加背包客棧上舉辦的私人小型聚會，這些都很棒。

因為總會有一些人來跟你分享你還不知道的事，這是一種很好的「長知識」時刻，雖然有聽沒有全懂，但至少會有個初步的認識及印象，未來真正遇到時便可很快的掌握狀況，而且最重要的是，這裡還可以認識新朋友。裡頭的年輕人不是正準備出發的，就是想來現場聽聽分享並評估未來出發的可能性，因此有很大的機會可在出發前就先認識未來有可能在當地會再碰面的朋友。

以我們為例，這些事前在台灣認識的朋友後來在紐西蘭都還有透過簡訊或是Facebook保持聯繫，他們的分享和幫忙，對我們在找工作或是日常生活上都有著莫大的幫助，能認識這群朋友真的很棒！

看看前輩的旅遊經驗，計畫自己未來的旅程

準備證件外幣

要帶多少錢

在紐西蘭生活一年需要準備多少盤纏？說真的，沒經驗的我並不知道。但因為我們擁有合法工作權，在可工作賺錢的情況下並不擔心會有山窮水盡的一天，因此當時我們兩個人就合帶了$10,000紐幣前往那個美好國度，換算成台幣大約是20幾萬。這筆錢對我們來說可不小，因此換匯便成了需從長計議的課題。

我們的做法是先開一個外幣帳戶，分批兌換好幾次，而不是一次把錢兌換完。一來可以避免買在高點，二來逢低買進才是王道啊(且爽度很高)！換匯期間我們就一直注意銀行的匯率表，一但比設定的目標值低馬上就在網路銀行買進$1,000到$2,000不等的紐幣，前後共花了10次才達成目標。而且一開始我們就不打算將這些未來使用的生活盤纏換成大把現金帶在身上晃來晃去，而是以國際匯票(International draft)的方式將錢帶到海外。

匯票的優點就是方便攜帶(只有一張紙)，且安全性較高，因為只能存入指定受款人的帳戶。而且更棒的是，由於一開始就是計畫以匯票方式將錢帶出，因此我們在網路上都是以「即期匯率」進行換匯動作，比起「現金匯率」可是省很多呢！

辦理必備證件

準備證件的部分我們主要是辦理「國際駕照」、「YHA卡」及申請澳洲電子簽證(ETA)。因為去紐西蘭前就有打算買台二手車代步，因此國際駕照是必備的。YHA是紐西蘭常見的青年旅舍，日後一定會有機會用到，且先在台灣申辦費用會較便宜。而先申辦ETA的用意是想說也許有機會跑去澳洲度個假，比如去雪梨跨年或是去墨

YHA卡

爾本看澳洲網球公開賽。但是去紐西蘭後就完全不太想離開，因此原本辦的ETA也就過期了。不過後來在紐西蘭又重新寄email申辦一次，也許是因為持有打工度假簽證且資料準備充足，前後大約兩小時，我們就收到ETA申請成功的信件了！

保險

出門旅遊，永遠都有新奇的事情發生，但同時也存在著各種未知的風險，因此，有個適當保險是相當重要且必要的，而旅人最常聽到的不外乎就是旅平險和意外險。

旅行時間如果是在180天內，那麼旅平險附加海外突發疾病險就很適合。而若是超過180天，投保一年期意外險和加保定期醫療險便是推薦的組合(我們就是這樣選擇)。

另外，保險公司有無SOS海外急難救助服務也很重要，因此投保時別忘了看保險公司及產品有無這項服務。但請注意，每間保險公司對於SOS海外急難救助服務在上限天數及協助救援內容仍有程度上的不同。不管怎樣，出發前評估一下自己的需求，不足的就加保一下吧！

TIPS

出門在外，一切得靠自己好好照料自己。金錢、證件跟護照當然要好好的收好或是安頓好，別製造機會讓人趁虛而入。而保險項目呢，選擇適合自己的才有加分效果，當然用不到最好啦。

行李打包

選擇行李箱還是大背包

如果計畫要出門一年，行李該如何打包呢？這是個好問題。

首先，要使用行李箱還是大背包來裝？我們當初的想法是想要體驗將所有的家當揹在身上，然後浪跡到天涯海角的那種漂泊感，所以大背包自然就成了最佳方案。雖然揹個20幾公斤在身上並不那麼優雅與輕鬆，不過揹個大背包在身上，真有一種「背包客」的fu啊，且還有空出來的雙手可以使用。

旅途中也看過不少朋友使用行李箱，裝的東西比較多，打開拿東西也比較快，但就是需要空出一隻手來推動它。使用哪種方式來裝行李其實都好，但請注意上飛機的託運行李限制重量(經濟艙一般為20公斤)，若是搭乘廉價航空則看付多少價錢就託運多重。別裝了一大堆，出門前又沒控制重量，結果反而發生要再多付錢才能上飛機的狀況。

一衣多穿，減少重量

正因為託運行李有其重量限制，因此我們在挑選必帶及可帶的東西時花了不少時間準備。「衣物」是占據最大空間的部分，尤其我們需將一年四季的衣服都要帶上。為了減少攜帶件數並達到一衣多穿效果，我們去戶外用品店挑選了透氣和保暖的衣服及褲子，雖然穿起來不那麼帥氣與美麗，但可是相當實用啊！不過因為帶的衣服就那幾件，所以照片中的我們也就只有那幾件衣服在輪番上陣，這絕對不是沒換衣服或沒洗澡啊！為了挪出更多行李空間，我們最後將這些衣物都塞進壓縮袋裡，效果還不錯呢！(不過每次要拿一件衣服都要拿一整袋衣服出來就是了)

電器產品需符合電源規格

電器產品如吹風機和離子夾切記要找適合的電源規格使用，因為紐西蘭電壓為230／240伏特(50赫茲)，與台灣電器常使用的110伏特(60赫茲)不一樣。且紐西蘭的插座為3端八字型，因此得加上轉接頭後才可使用。至於3C類產品如筆電、

打包時，我會先將物品分類並放在地板上幫助清點，並拿著行李清單仔細確認是否有遺漏的地方

相機和手機充電器，一般都支援全球通用電壓
(100～240伏特；50～60赫茲)，因此較不用擔心。

行李打包清單(請打勾)

底下是我們夫妻倆當時帶出去的行李清單，參
考看看吧！

必帶物品	
	護照
	電子機票
	匯票
	現金(美金＋紐幣)
	信用卡
	護照影本

盥洗用具	
	洗面乳
	洗髮精
	肥皂
	牙膏+牙刷
	擦身體大毛巾
	乾髮巾
	修容組
	打薄剪

保養品	
	防曬乳
	衛生棉
	BB霜
	臉部乳液
	護唇膏
	身體乳液
	護手霜

隨身藥品	
	感冒藥
	腸胃藥
	酸痛貼布
	眼藥水
	OK繃
	小護士＋一條根
	防蚊液
	健康食品＋維他命
	隱形眼鏡藥水
	透氣膠布

生活小物	
	S掛鉤
	童軍繩
	保溫瓶
	備用眼鏡
	太陽眼鏡
	口罩
	小腰包
	紙膠帶
	削皮刀
	保鮮盒
	橡皮筋
	介紹台灣的DM & MAP
	行李鎖
	輕便雨衣

參考書籍	
	New zealand LP

鞋子	
	Timberland靴子
	Merrell登山鞋
	涼鞋

3C電器	
	數位單眼相機
	數位相機
	Manfrotto 腳架
	Sigma鏡頭x 1
	Nikon鏡頭x 1
	手機x 2
	手機充電器
	相機充電器
	快譯通＋充電器
	刮鬍刀
	SD記憶卡8G x 3
	隨身碟
	2.5吋硬碟
	相機吹氣球
	相機拭鏡筆
	電源萬國通用轉接頭x 2
	NB x 1
	NB充電器＋滑鼠

攜帶衣物	
	保暖防風外套
	一般外套
	長袖T-shirt x 5
	短袖T-shirt x 5
	牛仔褲
	工作褲
	短褲
	保暖褲
	保暖衣
	內衣褲
	免洗內衣褲x 2 weeks
	圍巾
	毛帽
	手套
	排汗衣
	泳衣泳褲

OK，一切準備就緒了嗎？那就出發，勇敢去吧！

紐西蘭處處是美景，來這裡旅行吧！這會是你此生做過最棒的決定之一

製作PR磁鐵及帶份台灣地圖介紹台灣

我們將要去一個位於南太平洋且被羊統治的國家，我們想準備一個小禮物，等待機會，製造令人驚喜的一刻。出發前，曾想過筷子、扇子和香包這些可代表東方文化的事物，但卻沒有跟我們有直接的關聯性。我們想製作一份能代表自己的小禮物。

客製PR磁鐵

我們客製了一個印有PR的磁鐵。PR當然是代表我們兩個，而字母旁邊的我們(Q版人物)身穿紅色旗袍，紅色代表喜氣顏色，旗袍則代表傳統服飾。背景是展開的世界五大洲地圖，配合PR底下的英文字母Discover the world，整個圖案代表我們離開家園，正在放膽的探索世界。磁鐵側邊還有幾個小英文字，大概的意思是說我們是來自台灣的夫妻檔，希望你(妳)能來造訪台灣並與我們再次見面。當我們將這個小禮物送給對於我們具有特殊意義的對象時，都會熱情的介紹這個磁鐵圖案的來龍去脈，並希望之後當他們看到這個也許是貼在冰箱或牆壁上的PR磁鐵時，會想起我們曾經擁有過的美好時光。「讓外國人知道我們來自台灣」是我們製作這份禮物的初衷，這個點子到現在我們還是覺得很棒。(對了！磁鐵的背後是個開瓶器！)

用台灣地圖介紹台灣

帶份台灣地圖(觀光局印的Taiwan Tourist Map)也是一個很棒的點子。大部分的外國人只聽過台灣但不是那麼清楚台灣的地理位置，更別說台灣本島的詳細地圖了。只要有機會，我便會攤開台灣地圖，好好的介紹台灣的地理環境及文化背景。每當我說有2,300萬人住在這只有紐西蘭七分之一大的小島時，他們通常的反應都是張大眼睛、嘴巴成O型的發出Wow的驚嘆聲。接著我會笑笑的回答說，其實沒有想像中那麼擁擠啦！在台灣我只是一般人，但在國外，我是來自台灣的台灣人，我有義務與熱情，充當個小小外交大使，介紹更多人來認識台灣！

←這就是我們自己設計的PR磁鐵
↓攤開台灣地圖，好好的介紹地理環境(圖中為馬來西亞朋友，左為Shirley，右邊為阿樑跟慧珊)

New Zealand is so beautiful

NEW ZEALAND 旅行篇

紐西蘭是個美如天堂的國度，出外走走吧！本章節將介紹我們的旅行足跡，跟著我們去旅行吧！

寬廣的大草皮上有許多人席地而坐，享受美好的陽光

漢密爾頓熱氣球節
令人大開眼界的大型燈光秀

Data

- http www.balloonsoverwaikato.co.nz
- ✉ 舉辦地點有在漢密爾頓市區、Claudelands Park、Tauhara Park、Jansen Park、懷卡托大學裡及漢密爾頓湖湖畔(Hamilton Lake，又稱Lake Rotoroa)
- ☎ (+64)07 856 7215 (For Ruakura Research Centre)
- ◑ 在為期5天的活動中每天活動地點及時段皆不太一樣，最新資訊請參考網站公告
- $ 免費入場

孩子們玩耍的遊樂園設施

超過十萬名觀光客在每年的4月初左右，將一同湧進紐西蘭最大的內陸城市──漢密爾頓。目地沒有別的，為的就是要參加一年一度的熱氣球節(Balloons over Waikato Festival)。在為期5天的免費活動裡，除了可欣賞數十種特殊造型，且有著不同彩繪的熱氣球在你面前膨脹及升空外，還可在市區看到盛大的花車遊行。

另外，在特定時間早起參加熱氣球活動，大會還有提供免費早餐呢！我們選擇參加一場「THE ASB NIGHTGLOW AT WAIKATO UNIVERSITY」，這是一場在懷卡托大學的大草園舉行的夜間熱氣球秀活動。

先享受陽光的野餐時光

活動在下午4點就開始了。來到活動現場，一旁斜坡草皮上有許多遊客席地而坐，享受陽光及美好的野餐時光。再往裡頭走，可看到小小舞台上有Live Band正在賣力演出，現場氣氛挺High的。想吃點東西的人可在活動草原的另一區找到食物擺攤地點，不管是熱狗薯條、冰淇淋、棉花糖或咖啡，這裡都有。

而孩子們喜愛的遊樂園設施，如充氣式的徒手攀岩場地、忽高忽低的選轉飛船和超高超陡的充氣式親子溜滑梯，這裡也都玩的到，歡樂程度滿分啊！

聲光效果十足的夜間熱氣球

天色已暗，微光中可看到熱氣球開始充氣膨脹，觀眾也開始鼓噪起來。隨著音樂聲起，THE ASB NIGHTGLOW 正式開始了！近20個熱氣球開始點燃瓦斯，連站在至少100公尺外的我們，都可以清楚聽到瓦斯開大加強火焰的聲音。有相機的拿相機，沒相機的拿螢光棒，現場觀眾一邊記錄攝影，一邊開心的隨著音樂搖擺身體。

原本我以為今晚會看到熱氣球夜間升空，

但仔細一看，這些熱氣球底部都是連在車子上的，並不是常見的木製吊籃。雖然小小失望，但工作人員搭配背景音樂有節奏的控制瓦斯噴發火焰，讓熱氣球一會兒亮一會兒暗，這的確是還不錯的聲光效果，也令我們大開眼界！

華麗絢爛的煙火秀

熱氣球秀結束後，接下來登場的便是煙火秀，一樣有著流行音樂襯底。第一發煙火射向夜空後，現場的每一位觀眾便開始目不轉睛的仰望欣賞著，而每一個煙火爆點更讓孩子們樂的手指天空開心尖叫。絢麗的煙火秀結束後現場爆出了至少半分鐘以上的鼓掌歡呼聲。當時的我們，深深被這種氛圍所感動。

這一晚所經歷的一切，真的十分精彩！

→夜間熱氣球表演完後的煙火秀，為整個夜間活動劃下完美句點
↓ THE ASB NIGHTGLOW的夜間熱氣球表演

騎馬初體驗
騎著馬兒穿過溪流走過草原

Data

- http www.twinoaksridingranch.co.nz
- ✉ 927 Kuaotunu Wharekaho Road, Whitianga
- ☎ (+64)07 866 5388
- ⏰ 全年有09:30、13:30兩個時段可選擇，12、1及2月有增加18:00時段，他們稱之為Twilight Trek
- 💲 騎乘活動約2小時，每人$65
- ❓ 目前馬場暫停營業

Twin Oaks騎馬場(Twin Oaks Riding Ranch)位於SH25公路上，從懷蒂昂格往北向Kuaotunu的方向行駛9公里便可抵達。可自行上馬場的網站預訂，也可以在懷蒂昂格的i-SITE預約(需收$5手續費)。2小時的活動每人花費$65，有09:30、13:30兩個時段可選擇(12、1及2月有增加18:00時段)。無經驗沒關係，馬場人員會教導你如何騎乘，並協助你安全上馬且平安下馬。

事先騎乘小訓練

馬場門口有塊木刻的「TWIN OAKS」招牌，進入後要先付騎馬費用(可用EFTPOS)，並選好自己要戴的帥氣頭盔，接著馬場人員會依照乘坐者的性別體型給予合適的馬兒。上馬後，馬場人員會跟你說這匹馬的名字，且會傳授騎乘觀念，並指導如何利用鞍繩控制馬兒。比如說當馬兒停下來吃草不前進時，你就必須把牠的頭拉起來；或是當馬兒走偏時，你也要會使用鞍繩控制，提醒牠回到隊伍中。最重要的是，你可以常喚馬兒的名字，跟牠對話，安撫情緒培養默契，並享受騎乘樂趣。

馬兒自由發揮，鞍繩要握緊喔

騎馬徒步活動就在前後馬場人員帶領下開始了。在這邊騎馬可不是像在遊樂場一樣繞圈圈而已，我們將會穿過農田，橫越溪流，

這裡的馬兒都訓練有素，排成一排好可愛

與換宿室友們騎馬完開心的合照

在草原上徒步，路徑不重複的在馬場主人自家土地上繞一圈。好久沒有騎馬的我對於此刻正騎在一匹馬兒上仍感到不可置信。即使隔著馬鞍，你仍可以清楚的感覺到載著你前進的這樣一個龐然大物的呼吸、體溫及律動。

沿途踩的爛泥巴難不倒馬兒，但在過一些小溪流時，你只能完全讓馬兒「自由發揮」。有時牠的步伐會增大，有時牠踩不穩會多幾個小踱步回穩身子，無計可施的我坐在上頭，只能大腿使力夾緊，手握緊鞍繩，別讓自己跌下去。有時會看到其他馬兒開始低頭自顧自的吃起草來，馬場人員看到後便大聲吆喝幾聲，正在進食的馬兒只好不情願的嚼著新鮮草皮回到行列中。(這個畫面還挺有趣的！)

最後別忘了與馬兒拍照作紀念

隊伍在來到制高點的一處高山湖泊旁會稍做停留，有攜帶相機的人，馬場人員會幫忙

協助拍照留影。接下來開始是下坡了。即使在馬背上已經坐了一個鐘頭，仍有種不真實感，繼續隨著馬兒的律動同步擺動身體，並告訴自己此時真的正在騎馬。

騎馬結束後，大腿內側開始感覺到些許痠痛。但付出痠痛的我們這群騎乘者，換來了一段美好經驗。馬兒們，辛苦了！

除了草原，也會經過低窪泥濘地，更有廣闊的景色可欣賞

從飛機上將整個瓦納卡市區盡收眼底

↓證明我們受過正
規訓練的飛行證書

瓦納卡學開小飛機
俯瞰底下世界美景的空中飛行

Data

- http www.learntoflynz.com
- ✉ Learn to Fly NZ, Spitfire Lane, Wanaka Airport, Lake Wanaka
- ☎ (+64)03 443 4043
- ⊙ 基本上開小飛機都是在能見度佳的天氣，在下雨或視線不佳的狀況下，需跟櫃台人員詢問是否可以進行飛行體驗活動
- $ 20分鐘操控飛機體驗(Trial Flight) $129

來瓦納卡前就聽朋友說來這裡一定要開小飛機！帶著這則分享我們來到了瓦納卡機場一探究竟。

這裡有間飛行學校叫「Learn to Fly NZ」，他們提供各式不同類型的飛行訓練及山區飛行指導，以滿足一般體驗者及專

看起來鎮定，但一路上我可是很緊張的握著把手不放

飛機降落後，老婆的駕駛技術獲得教練Ivan好評

業飛行員的飛行需求。生平第一次開飛機的我們，選了堂入門課程「20分鐘的操控飛機體驗(Trial Flight)」。

跟著教練做例行檢查

等待教練的同時，我們在停著數架飛機的偌大機房裡走走看看，這裡除了有不同類型的輕航機外，還有復古型的雙翼機，座位裡的那頂皮革安全帽戴起來應該相當帥氣。當教練Ivan出現時，一見面就熱情的跟我們打招呼，且手舞足蹈的說明開飛機是多麼的簡單，還幽默地說他也是第一次開飛機。

接下來他帶領我們前往停在外頭的輕航機，首先作例行檢查，如油量是否足夠及機身外觀是否正常。進到座艙內，再檢查眼前的一堆儀表一切正常後，便可準備出發了。

新手上路，準備飛上天

一開始Ivan教我們，腳邊有兩個踏板，右腳踩右邊踏板飛機就會往右轉，左腳踩左邊便會往左轉，他說，這動作就像人走路一樣。在跑道繞了一圈並向塔台回報後，速度開始加快，把方向盤往上拉，沒多久我們就飛上天空了！

跟著Ivan的指導，飛機在慢慢爬升至3,000呎的高度後，他就放心的讓我獨自往前開，不時會轉左往右的調整飛行方向。不過畢竟是新手上路，其實我一直很緊張的握著把手。望著底下的景象，加上周圍挺大聲的螺旋槳聲音，哇！我在天空上飛耶！！而且現在所乘坐的這架飛機完全就是由我操作耶！真是太酷了！！

從天空中看蜿蜒美麗的Hawea River

空中交換駕駛的飛行體驗

飛行了一段時間後，同為體驗者的老婆便跟我前後交換位置，接下來換她操控飛機了。(不是每個教練都會允許在空中交換位置)坐到後座的我終於可以好好欣賞底下的美景。飛機偶爾會受到氣流影響上升或突然下降，操控者的任務就是要控制飛機使之飛行在某一水平及某一高度，而且我發現，老婆她還挺猛的，因為轉彎幅度都還滿大的，不過Ivan並不在意，反而一直稱讚「Perfect！Perfect！」快返回到機場時，Ivan開始指導老婆待會如何對準跑道旁的草地進行降落，等到飛機平穩的降落後，他雙手張開說：「看吧！妳完成了降落！超專業的！」

哇嗚！我們完成了一趟幾乎由我們自己操控及起降的空中飛行體驗耶！

課程結束可領到飛行證書

結束後我們各自領到了飛行證書，證明我們曾受過正規的飛行訓練。證書上除了名字外，還有飛行時數及駕駛飛機種類，未來若還有繼續接受訓練，這時數便將持續累計。

開飛機遨遊天際的感覺，真的是超棒！

皇后鎮跨年
第一次在夏天迎接新年

皇后鎮的跨年活動將在幾個小時後熱鬧登場。今晚,我們將穿著短褲短袖輕裝參加就好,因為,我們在南半球(現在是夏天)!

人潮車潮不斷,熱鬧又興奮

來到皇后鎮後,望眼看去都是人與車,為了停車,我們往格倫奧奇(Glenorchy)的方向行駛才在路旁順利找到車位,接著沿瓦卡蒂普湖慢慢的走向那早已熱鬧喧騰的市區。市區裡頭人來人往,餐廳酒吧滿是人潮,年輕人成群的在路旁聊天,或在湖畔旁席地而坐。

貨櫃車廂改裝的舞台出現在靠近碼頭的Earnslaw Park上(Beach St旁),一組樂團及歌手正在舞台上唱著耳熟能詳的流行英文歌曲。或許是還沒接近倒數時間,底下並還沒有太多觀眾,等待的同時我們則與許多好久不見的朋友相約碰面,大家就在路燈底下敘舊了起來。

倒數計時迎接新的一年

快11點多時,大家開始往舞台前慢慢移動。主唱在台上賣力的唱,底下的年輕人又唱又跳的跟著擺動,我們也隨著音樂節奏慢慢的亢奮起來。接近倒數時,台上一個LCD

晚上10點了,天空仍微亮著,還沒有接近倒數時間,許多人都在路旁聊天等待著

歌手及樂團的賣力演出使得在場觀眾各各超High

秀出了11:59的數字，底下的人開始歡呼尖叫，但沒有60秒倒數？嗯？那怎麼知道還剩幾秒？直到最後10秒才出現數字，10、9、8……3、2、1！耶！新年快樂！這時湖畔旁開始施放煙火，而DJ也將現場音樂變成了Katy Perry的「Firework」，大夥兒便在燦爛夜空的煙火秀中結束了令人難忘的跨年活動。

小型的Live Band也很High

如果跟強調卡司噱頭的台灣跨年活動相比，規模小小的這裡一定讓看慣大場面的人覺得不夠精彩。不過，我個人還滿喜歡這種人不多、不擁擠、Live Band小舞台的跨年活動。

參加過許多節慶活動的朋友一定可以了解，在紐西蘭辦活動幾乎不需大費周章請來當紅明星助陣，只要台上有人唱歌，台下有地方可以跳舞擺動，有場所可以跟朋友聚聚喝酒聊天，這樣就夠了！若一旁還有草地可以坐著欣賞，那就更完美了！這種簡單、把握當下幸福的歡愉氣氛，我覺得很棒！

畫面中可看到只能在特定圍起來的區域喝酒，想飲酒作樂還是有規矩的

身處宏偉壯觀的冰河區，人類是如此的渺小

法蘭斯‧約瑟夫冰河健行

吸引上萬人朝聖的冰藍色仙境

壯觀的法蘭斯‧約瑟夫冰河全景

Data

🌐 www.franzjosefglacier.com/our-trips/glacier-heli-hike

✉ SH6, Main Road, Franz Josef Glacier

📞 (+64)03 752 0763

🕐 直升機＋健行之旅：夏天時段09:15、11:45、14:15、冬天為10:15、12:45。整個旅程進行約3小時，其中在冰河上健行的時間約2小時

💲 成人$429，兒童(8～16歲)$409(包含免費進入冰河溫泉池Glacier Hot Pools)

在進行西海岸旅行時，我們就計畫要花「重本」來參加法蘭斯‧約瑟夫冰河坐直升機＋健行之旅(Franz Josef Glacier Heli Hike)，因為這個活動除了走冰河外，還可以搭乘直升機！面對這樣的行程可是期待了許久。不過在抵達法蘭斯‧約瑟夫後，因為天公不做美的關係我們等到了第三天才順利參加活動。

著裝完畢，搭直升機出發！

　　依約定時間前往集合地點後，工作人員將我們再帶往一處裝備儲藏室，並發給每個人一件防寒外套、一雙羊毛厚襪子，以及一雙適合自己雙腳的靴子，還會拿到一個紅色腰包，裡頭裝著待會上山要綁在腳底的冰爪。有需要的還有手套可借用。簡單的行前講解後，接著分成兩隊人馬，分梯搭乘直升機上山。坐上直升機，戴起耳罩後就起飛了。直升機出乎意料的平穩耶！因為連什麼時候離開地面都沒有感覺！

搭直升機上冰河，難忘的體驗

近距離觀看冰河全景

　　在搭乘直升機前往法蘭斯‧約瑟夫冰河的途中，我們看到了前兩天走過的徒步區域，緊接著出現的就是冰河全景，這令人驚嘆的景色只能從空中看見啊！駕駛特地低空盤旋了一圈，好讓我們近距離欣賞底下那綿延不絕的冰藍色景色。這也是為什麼想坐直升機上到更高的地方，因為上方的冰河比較乾淨！

　　下飛機後的第一件事就是先拿出冰爪綁在鞋子上，因為待會開始步行時才能牢牢的走在冰河上。站在這大冰塊上其實還滿冷的，且風勢凜冽！

踩踏健行，匍匐在淡藍色洞穴中

　　著紅色上衣的嚮導開始帶領我們健行於冰河上，走在前頭的他除了確認路況外，還會用手上的十字鎬來打造較安全的踩踏點。健行時，我的眼睛一直望著這片發出淡藍色彩的冰河仙境，這些，都是平時不容易看到的景色。如奇形怪狀的冰錐尖塔、發出淡淡藍光的洞穴裂縫和數條匯集融化的河流。不單只有走路，嚮導會找幾處可將身體塞進去的安全洞穴讓學員鑽進去拍照留念，或是找個隧道讓人體驗一下匍匐於冰塊上的感覺，好玩但很冰！

銳不可擋的冰河魅力

　　身處在這宏偉壯觀的冰河區和走在層層疊疊的巨大冰塊中，令人有種不真實感，也因此覺得特別興奮，一點也不覺得累人！雖然有些地方已被蓋上一層灰，甚至中間還有一大塊崩落區域，但仍不損它那每年可吸引上萬人前來觀看的冰河魅力。

　　不論是法蘭斯‧約瑟夫冰河或是附近的福克斯冰河，它們兩者都很棒。所以來到這裡，就多看看它們吧，若有點預算，就搭直升機到冰河區上方探索吧！

將身體塞進去冰藍色的洞穴內，好玩又好冰

陶波雪場滑雪趣

紐西蘭人最愛的冬季運動

第一次滑雪經驗，就奉獻給Whakapapa雪場啦

Data

- http www.mtruapehu.com/winter/whakapapa
- ✉ Ruapehu Alpine Lifts, Whakapapa Ski Area, Tongariro National Park
- ☎ (+64)07 892 4000
- ⏰ 每年雪季開始時間不太一樣，大約會在6月底左右開始，詳細時間請參考網站所示
- $ 初學者可參加「Discover Package」，成人$112，青年$80。進階者可參加「Explorer Package」，成人$158，青年(Ski)$105，青年(Snowboard)$107

生長於亞熱帶及熱帶的我們，所處的家園並沒有天然滑雪地點，「滑雪」一詞只有在電視節目上才看過。不過我們很幸運的在陶波換宿期間，就跟著Ian & Gillian一家人前往魯阿佩胡山北面的Whakapapa Ski Area，進行兩天一夜的滑雪運動。

沒錯！我們將要進行滑雪初體驗了！且更棒的是，Ian他們是滑雪俱樂部會員之一，因此同行的我們將可以跟他們一同住在雪場旁的小木屋裡，體驗道地的滑雪假期生活！光聽就覺得酷斃了！

只要能站就能學滑雪

抵達雪場的第一天，Gillian先帶我們在雪場周圍走走看看。山頭上除了年輕人外，也看到不少全家大小扶老攜幼的上山滑雪。第一次見識到這項冬天熱門活動的我們，就像劉姥姥進大觀園一樣的睜大眼睛四處好奇的張望。我問Gillian，怎麼會有這麼小的小朋友就開始滑雪了？她笑說，只要能站(還不一定會走)就可以學滑雪啦！由此可見紐西蘭人有多麼的熱愛滑雪。

開始套裝行程的滑雪教學

第二天吃完早餐，我們便前往遊客中心準備進行滑雪課程。沒滑過雪的我們參加一種

滑雪場裡的小木屋設施樣樣俱全

叫「Discover Package」的套裝行程，內容包含參加1小時50分的滑雪教學、在Happy Valley場地可自由搭乘滑雪纜車，及全天租用全身的滑雪裝備。一開始先挑選適合自己的滑雪靴尺寸，並會有工作人員協助穿上，再來是拿滑雪屐及滑雪桿，同樣會有專人協助調整。

滑雪場的夜晚，感覺特別的寧靜及美麗

Triangle！Triangle！控制你的大腿小腿

課程是由一位相當年輕的教練指導，課程第一部分就是練習煞車，只見教練一直說：「Triangle！Triangle！」，意思是你需控制大腿小腿，使狹長的滑雪屐向內集中像一個三角形狀來減慢划行速度，我們在屁股摔了好幾次後才成功學會這最基本的動作。課程其他部分還學習了滑行及轉彎等基本訓練，結束後教練便示意我們可以自由練習了。

滑雪是紐西蘭冬季的熱門運動之一

享受滑行的速度感

由於滑雪靴實在很「堅硬」，一直努力使出Triangle的我們已可感覺小腿疼痛、大腿痠痛，不過趁著太陽下山前還想多玩幾次。我們就這麼開始進行滑行、轉彎、煞車、煞車失敗緊接著跌倒的循環滑雪練習。等到一路滑到底下後，再乘坐纜車回到上方，進行另一次的滑行及跌倒練習。

跌倒會疼，但踩著滑雪屐往前滑行的迎風感及速度感深深吸引著我們。滑雪這運動，真的好玩！冬天來到紐西蘭，推薦一定要來體驗看看！

道特福爾峽灣跨夜巡航之旅

探訪偌大峽灣的寧靜航道

Data

🔗 www.realjourneys.co.nz

✉ Real Journeys Visitor Centre, Waiau Street, Pearl Harbour, Manapouri

📞 (+64)03 249 6602　🕐 每年9月～5月中旬

💲 詳細票價請參考網站所示。因為不同月分、不同房型以及不同的出發地點會有不同的價位組合。以我們為例，我們2月從瑪納普里出發，住4人房(Quad-share)，每人價錢為$395

利用家人來紐西蘭玩的機會，我們預定了趟「道特福爾峽灣跨夜巡航」(Doubtful Sound Overnight Cruise)行程。

帶著簡單行李準備出發

出發地點在瑪納普里小鎮的碼頭，帶著簡單行李便可準備上船。出發後先在美麗的瑪納普里湖裡乘風前進，接下來將會駛進West Arm灣停靠。入灣前可看到數條電纜線劃破天際，原來這裡有座全紐西蘭最大的水力發電廠Manapouri Hydroelectric Power Station，另外參加團體遊便可入內參觀這座位於峽灣地下深處的巨大發電廠。下船後

在瑪納普里湖裡乘風前進

船隻在寧靜的道特福爾峽灣裡慢慢的划行著

將緊接著轉搭巴士，途中會在一處Wilmot Pass瞭望點稍作停留，那裡可看到待會抵達的Deep Cove。接下來將開始真正登上跨夜巡航船，在道特福爾峽灣裡寧靜航行。

搭船賞景、划小艇

船上基本分為戶外甲板、餐廳和客房等空間，平時會以廣播來說明待會將進行哪些活動，或是看餐廳裡的告示板也可了解安排的活動有哪些。航行沿途不定時會有工作人員拿著麥克風站在甲板上說明周圍環境，想了解的就跟他一同站到外頭去。

船隻在峽灣裡航行時寧靜平穩，但行駛近外海時，風浪開始明顯變大。船隻會駛近外海上的幾座小島讓旅客看看住在上頭的野生動物，如峽灣冠企鵝(Crested Penguins)及在岩石上睡成一片的海狗家族。

行程中另一個重點就是在峽灣裡進行游

我們所居住的四人客房

在巨大寧靜的峽灣裡划小艇是一件超棒的事

位於外海小島上的峽灣冠企鵝

享用豐盛的Buffet晚餐，滿滿一盤吃的超飽

泳、划小艇或搭船賞景等行程。在巨大寧靜的峽灣裡划小艇是一種超棒的經驗，因為在某些時刻會有一種峽灣裡只有我獨自一人存在的感覺，那是種極美好的體驗。

豐富美味的Buffet大餐

船上豐富的Buffet晚餐也是一大賣點。主廚們準備了不少令人垂涎欲滴的菜色，有義大利麵、海鮮及蔬菜，肉類則有牛肉及羊肉等選擇。主餐後換蛋糕、水果及甜點登場，整個晚餐準備得真是超豐盛。

在大家都酒飽飯足後，工作人員會帶領大家進入一個小船艙，裡面的投影機會播放關

於峽灣的介紹影片。結束後，第一天行程便告一段落。接下來是自由活動時間，有人想出外賞星，有人想在餐廳裡再坐一會兒，我們則回房間盥洗休息，在有點搖搖晃晃的船艙裡進入了夢鄉。

閉上眼，感受峽灣的僻靜

第二天一早不急著回程，我們繼續在峽灣裡航行。船隻特別駛進一個小峽灣裡，然後船員請大家都上到外頭甲板，接著他請大家待會別拍照，別發出聲音，只管好好的享受當下。說完後便關閉船隻引擎。

好……好安靜啊！在那短短的幾分鐘裡，我們輕輕閉上眼睛，仔細享受著道特福爾峽灣它那無與倫比的僻靜。

道特福爾峽灣跨夜巡航是一個很棒的旅遊行程，你所得到、所感受到的將比你想像得還要多更多！

世界盃橄欖球比賽(白色為美國隊，黃色為澳洲隊)

世界盃橄欖球賽
讓紐西蘭人瘋迷的運動賽事

世界盃橄欖球賽票根

紐西蘭人十分支持Rugby，國際賽事及職業球季期間，紐西蘭人瘋Rugby的程度跟我們台灣瘋棒球的程度不相上下。而國家代表隊All Blacks在他們心目中可是近乎「神」的地位。每當他們出賽時，全場觀眾萬眾齊心，穿著黑色球衣百分之百的全力支持，場面相當壯觀。當他們贏球時(尤其贏了世仇澳洲隊)，全國上下舉國歡騰。若是輸了，難過程度絕對大於你我想像。我們在北帕默斯頓換宿時的主人Karl就因為All Blacks輸了場國際賽事，他就堅持畜鬍直到他們再次奪下冠軍。

比較貴的票，座位比較高

我們待在紐西蘭時剛好適逢世界盃橄欖球賽(Rugby World Cup)舉辦期間，因此決定要找個機會感受一下比賽氣氛。在訂票時發現一件新鮮事，如果買便宜的票，位置將會較靠近場地，若是買較貴的票，那你將會坐在較高的地方。原來，能縱觀全場才是最棒的座位選擇。最後我們訂了在威靈頓開打的澳洲vs.美國比賽。

大家都為準輸球隊伍加油

比賽當天，我們跟著人潮來到了比賽場地。隨著球員出場比賽即將開始。這時突然發現坐在我們周圍的大部分都是支持美國隊，當然也有一些大喊「Aussie！Aussie！Aussie！Oi！Oi！Oi！」的澳洲球迷，一問才知道原來大家都心知肚明，這場比賽的最終勝利者會是澳洲隊，所以要為較弱的美國隊加油呀！看比賽的同時，我回想到我們

美國隊達陣得分後，全場支持者樂瘋了

來紐西蘭前完全沒接觸過Rugby這項球類運動。隨著停留時間增加，透過與當地人分享及看電視轉播後才慢慢了解並進而喜歡上這項運動。

玩法與美式橄欖球不一樣

Rugby跟美式橄欖球不太一樣，如身上沒有護具，推進時不能用手往前傳球，可持球往前跑、用腳把球往前踢或是透過左右側後方傳球。最後持球衝到對方球門線後方將球觸地或是將球踢入「H」型球門範圍內就算得分。進攻方的持球者一定會被防守方阻截，這時進攻方必須趕緊把防守方的人馬一個一個往後頂開撞開，保護持球者及確保球權還在進攻方這裡。

並肩作戰的團結運動

其實我覺得Rugby這運動還滿有意思的，且很符合紐西蘭人的天性。會這麼想是因為我認為這是一種相當「團結」的運動。如開球時一起往前跑，重新啟動比賽時的Scrum

與隊友肩並肩的爭奪球權，當你被阻擋或被擒抱時你的隊友會前來保護你及手中的球，並使盡全力的將對手頂開。在在都說明這是一種並肩作戰的運動。回神到場內比賽，身旁的人一直吶喊「USA！USA！」，美國隊達陣得分了！比賽最後結果是67：5，澳洲隊果然大勝。

2011年的世界盃橄欖球賽最終由地主紐西蘭隊奪下冠軍，全國民眾為之瘋狂數天之久，因為他們等這座世界盃冠軍等了24年。而Karl也終於能剃掉他滿臉的鬍子了。

我們拿著Try的牌子待會會幫美國隊加油(我們的服裝有藍紅色調)

米爾福德步道
彷彿進入綠色隧道的健行之旅

南島西南部的峽灣國家公園一年據說有超過200天都在下雨，而夏天大雨傾盆更是常有的事。不過樂觀的紐西蘭人是這麼想的：「*Fine weather will reward you with amazing views, but the true Fiordland visit wouldn't be complete without experiencing it in the rain!*」來峽灣沒經歷過下雨的感覺，怎麼算是真正來到峽灣呢？

位在公園中的米爾福德步道號稱是世界上最棒的健行步道之一，每天有限制進入人數，可獨立健行或參加團體行進入，不允許露營，每晚只能住在提前預定的Hut裡，且須遵循4天固定的行進路線完成全長53.5公里的健行步道。嚴謹的規定為的就是要保育整片地區，及用永續經營的方式讓更多人看見這裡的美。

接下來，我們將介紹我們在這四天三夜中所看到的、所聽到的、所感受到的種種美景與感動！

Day 1
一路欣賞美麗的山毛櫸森林

一早，我們前往DOC外的可跨夜停車場停車並拿取訂的票。這些票將證明我們可合法進入米爾福德步道健行並停留過夜，兩人船票＋車票＋三晚Hut費用=$682.6(約台幣$16,000)。

健行步道所看到的美景至今仍深留在我們記憶中

依照告示牌前往目的地

我們搭著巴士來到Te Anau Downs搭船處。75分鐘的船程便抵達Glade Wharf，這裡就是步道起點了。步道沿途都設有路程告示牌，並以mile及km兩種單位告知，幫助了解自己的相對位置及距離目標還有多遠。路面平坦的Clinton River Valley沿途都是美麗的山毛櫸森林，我們邊走邊體驗這片樹林自然散發的寧靜感。途中有個Wetland Walk可走進去，部分路段用木棧道架高，讓我們可以更深入沼澤區一點。前方走來幾個換好

雲霧繚繞，有種雲深不知處的感覺(前方是Arthur Valley)

泳裝的外國朋友往路邊的Swimming Hole走去，看來離住的地方不遠了。

抵達小木屋的夜晚時光

今晚將住在 Clinton Hut，抵達的第一件事就是選床位，門口上的登記表可清楚的了解哪些床位還是空的。選好床位填好號碼，並撕下票根放在一旁的小盒子內，傍晚時管理者會依照登記表確認健行者是否都已安全抵達。

步道Hut裡的廚房皆為有水沒電提供瓦斯烹煮，因此我們攜帶的食物以「輕便＋方便」為主。牆壁上的小白板上頭寫著步道資訊，中央畫上一個大笑臉代表未來幾天都是好天氣！下午5點有場Guided Nature Walk，主講人是Hut管理者Ross，主要介紹周圍環境及步道歷史。外頭天色漸漸暗了，這裡的夜晚，十分安靜！

即將開始我們四天三夜的米爾福德步道行程啦

用餐時間一到，大夥兒就像這樣排排站在爐子前烹煮食材

享受清晨一眼望去的V型景致

早晨的淡霧還沒散去，走起來有一種特別的詩意

我們在微光中出發，今天將沿著Clinton River逐步爬升，抵達它的源頭Lake Mintaro。途中一條叉路可轉往Hidden Lake，天氣好加上無風時，湖泊就像面鏡子真實反映它上頭的一切事物。

尋找Blue Duck的蹤影

路旁的河流清澈見底，昨天Ross說走在河流旁時可找尋看看生長在河邊、紐西蘭特有的保育鳥類Blue Duck的蹤影。化石顯示牠們比人類還要早出現在這塊區域上。前方有個Bus Stop，嗯？這裡有公車嗎？原來在這個遮蔽小屋前有條寬大的Marlene's Creek，暴雨期間河水很可能會高過橋樑，因此可先在小屋停留，直到安全後再前行通過。

管理員的貼心分享與路段提醒

今晚住在Mintaro Hut。廚房跟寢室都在同一棟的兩層樓建築物內，廁所則獨立在外頭。廁所有間門上掛著「Washroom」的牌

我們正走在美麗的V型Clinton Canyon裡

子,走進一看,裡頭只多了個「洗手台」,有熱水嗎?別傻了,只有6°C的冷水。晚上7點半,活潑的管理者Catie Pai進行了約30分鐘的分享,主要介紹Hut附近的環境資源及明天進行的路段小提醒。接著,走了一天的我們很快在黑暗中入睡了。

Day 3
造訪紐西蘭第一高瀑布

　　第三天的行程會較為辛苦。一開始將遇到2個小時的上坡,一路往上攀升至海拔1,100公尺高的Mackinnon Pass。路面不算平穩,有時得橫跨倒在眼前的樹幹,有時得走在濕滑的超大石塊上。埋頭沿著Z形路徑在山的側邊慢慢爬升,就在前方,有個十字架架在圓錐型石堆上的Mackinnon Memorial。從那裡可看到壯闊的Arthur Valley,不過絲毫不給面子的濃霧一會兒又將我們給團團包圍了。

一些大大小小的高山湖泊顏色美的像顆深藍寶石

觀賞Clinton Valley最佳路段

　　充分休息後,我們繼續前行來到了路段的最高點Mackinnon Pass。經過這裡,接下來就是一路下坡了。Mackinnon Pass Shelter是個中繼休息站,這裡是觀賞Clinton Valley的最佳地點(也可看到過去兩天走過的路段)。沿著Mt Balloon的側邊緩緩下坡,左轉下U形路徑後,路的軌跡將變得很不明顯,需依靠指標提示前進。通過低矮的山毛櫸樹林後,前方是一條Roaring Burn Stream,這段設有木板路及樓梯,並有幾處可欣賞急流及觀賞瀑布的平台。接著,我們要來造訪紐西蘭最高的瀑布了!

近距離仰望一洩而下的驚人瀑布

　　經過吊橋抵達Quintin Day Shelter後,可將背包放在裡頭輕裝前往瀑布。出發約20分鐘,可看見瀑布的最上一段。幾分鐘後,便可看到全長580公尺、分為三段飛躍而下的Sutherland Falls全景。來到瀑布下方,哇!整個落下的水氣風力無比驚人啊!要看到這瀑布可不簡單,除了得取得步道進入資

我們背後就是紐西蘭第一高瀑布——Sutherland Falls

格外，還要花三天才會到，此刻心裡頭真是興奮啊！

準備討論明天的路線攻略

今晚將住在Dumpling Hut，且要把所有能煮的食物一次「梭哈」！晚餐後，管理者Amanda走了進來，並開始跟大家寒暄聊天。她首先介紹了明天的路線攻略，並詢問大家對走這條步道的感想，其中有不少人都已經走第二次了呢！

看著現場每個來自不同國家不同地區的臉孔，緣份使我們有機會能四天三夜的聚在一起。我們感到很高興也很榮幸，能跟其他38位登山客一同完成這條舉世聞名的步道。即使互不認識，甚至沒有交談過，但會彼此點頭微笑打招呼，每晚一同參加Talk時，看到了熟悉的面孔還是感覺格外溫暖。

看著外頭星空聆聽寧靜的夜晚，心裡想著，能在這麼美妙的地方度過一天，我們是何其地幸運啊！

Day 4

進入雲霧壟罩的綠色世界

最後一天，大夥兒都早早起床準備，因為要抓好時間趕下午的船班。今日將沿著Arthur River前進，地圖顯示路段還滿平坦的。清澈的Arthur River靜靜的等著我們通過它上方的橋梁，而一旁雲霧在山的底層不規則的流動，為整個畫面添加了神祕色彩。

翠綠景觀、瀑布、吊橋

Mackay Creek所發出的轟隆聲引起我們注意，緊接在後是Mackey Falls，它以神龍擺尾的姿態出現在眼前。一旁的Bell Rock需爬入內拿手電筒探照才知奧妙，石如其名，內部像個金鐘罩。接下來我們來到了Lake Ada上方，這裡陡峭的山路與之前走過的很不一樣，據說是早期的開墾者透過火藥炸開及人工徒手挖掘出來的。水量驚人的Giants Gate Falls有30公尺高。我們來到吊橋下方與瀑布拍張合照，笑容很是燦爛，但其實我們正被Sandfly給包圍著！

抵達最後的勝利終點站

最後2公里的路段寬大而平坦，原來這是在19世紀後期由監獄中的犯人勞動建造出來的，兩旁高大的樹木及蕨類植物讓我們彷彿走在綠色隧道裡。終點站Sandfly Point就在眼前了！一塊刻有33.5 Miles的牌子上頭，掛著好幾雙丟棄的登山鞋，這可能是種表達勝利的方式(或是我受夠了！)。小船停在約200公尺遠的地方，我們交給船長最後一枚票根。吹著微風，我們回到了熟悉的群居世界。

我們完成米爾福德步道的全程健行了

最令人難忘的健行旅程

回想過去這幾天，其實我們非常幸運能在米爾福德步道遇到連四天的好天氣，因為在糟糕的天氣裡我們很可能會全身濕淋淋、相機沒辦法拿出來拍照、爬上高處可能看不到底下壯闊的峽谷，甚至還可能會因河水暴漲導致需涉水而行！感謝老天都沒讓我們陷入這種困境。這趟精彩豐富的四天三夜旅程將令我們終生難忘！

從瞭望點觀看Adele Island及較小的Fisherman Island

亞伯·塔斯曼海岸步道
驚險刺激尋找海灣路線之行

我們完成三天兩夜的亞伯·塔斯曼海岸步道了，歡呼

人們是這麼形容熱門的亞伯·塔斯曼海岸步道的：「*Blessed with a mild climate, golden beaches and lush, coastal native bush, the Abel Tasman Coast Track has it all.*」金色沙灘、藍色海水和美麗的海灣路線，光看到這些形容詞就讓人的腦海裡浮出一幅又一幅美好的絕美景觀。

步道全長55.2公里，走完全程大約需要3～5天。沒有限制方向，從南往北或是從北到南都可以，且也沒有限制得從哪裡開始或哪裡結束。如果你只對某一路段感興趣，那可以搭水上計程車進去，走完後再搭水上計程車出來，行程算是相當有彈性。

造型相當特別的Split Apple rock

Day 1
小看潮汐，露宿郊外

我們3天2夜的行程是這樣子安排的：從北往南走，第一天從Marahau先搭船到Totaranui，兩晚將住在Awaroa Hut和Bark Bay Hut，最後再走回到Marahau。不過這一切理想的安排都隨著我「過份樂觀」和「小看潮汐力量」而吃了不少苦頭。來，聽聽我們的「特殊經歷」。

錯過船班，天真的走了6小時

原本我們是計畫搭船到Mutton Cove，結果到現場才知道只有上午9點那班有開到那邊，我們錯過了，最後是搭12點的船班出發，抵達Totaranui Bay已經下午2點。那時我樂觀的想：「既然船沒開到那邊，那我們就自己用腳走！」(後來覺得我真是個大笨蛋！因為從Totaranui到Mutton Cove來回要6小時！我完全沒有把Awaroa Inlet的潮汐威

從高處觀看Mutton Cove及Separation Point很是漂亮

力放在眼裡！)我們最後還是有來到Mutton Cove，原本想再走到Separation Point，但當時已經是下午6點了，即使太陽還高高掛著，但我們得往回走了。

回到Totaranui，在通過Goat Bay時天已全黑，我們靠著手電筒在四周漆黑的沙灘及樹林裡一前一後的繼續前行。耐著性子走到了一個岔路口，一邊是往Awaroa Hut(簡稱Hut)，另一邊則是往Awaroa—Totaranui Road(簡稱Road)方向。地圖上說退潮時可走往Hut方向，而Road則是漲潮時的建議路線。但我們當時還是先往Hut方向前行，大約20分鐘後來到河口，眼前的Awaroa Inlet不知道有多寬及多深，我們必須往回走並走往Road的方向。當時已經快晚上11點了！

遇上漲潮，渡河找Hut

Road的軌跡並不明顯，一看就知道很少人走，不只走路，還需過小河，且過河後還得找方向確定往那走。當時我們多少有點害怕，但是我們不能慌，必須冷靜處理當下狀況，我倆就一路放聲唱歌，減少緊張及彼此打氣。終於走到車子可開的道路後，總算是鬆了一口氣。當時天空滿是星星，但我們沒有心情欣賞，因為我們還在找Hut！

來到Awaroa Carpark後，上頭寫著離Hut還有1.7公里，我們打算一鼓作氣找到Hut再休息，當時時間是半夜1點。印象中從Carpark跨河後往左邊走應該就會看到Hut，

所以我們再度脫下鞋子準備渡河(天真的我以為這裡的河道不寬且河水較淺)。有些地方已經深到大腿了，但我們還是繼續前行，大約過了條20公尺寬的河流後，眼前又出現另一條支流。奇怪，我們不是應該要抵達Hut了嗎？周圍黑漆漆的，根本不知道我們身在何處。

暫時睡在河岸邊度過第一晚

我當時請老婆先在原地休息，我獨自跨過眼前的支流再往前找路去。走了10公尺後，我大聲呼喊了幾聲，沒人回應我，手電筒的亮度也照不清楚遠方，我想，今晚我們應該是找不到Hut了。當下有點失望及絕望的我迅速回到老婆身邊，當機立斷決定我們就在河岸邊過今晚吧！當時腦中只想著千萬不能失溫，因此兩人快速地換上了乾的褲子並攤開睡袋鑽進去取暖，且拿出火爐瓦斯煮點熱湯配麵包吃，睡覺時已經快半夜3點了。

看著滿天星斗，回想今天發生的一切都是因為自己的粗心及小看潮汐力量才會導致天黑還在走路，甚至得睡在郊外的沙丘上。但一切都有驚無險的度過了！先睡吧，再過幾小時就要天亮了！(出發前一晚我們才睡3～4小時，今天一整天又重裝走了近12小時，真是體力大考驗啊！)

快半夜3點，趕緊換上乾的衣物躲進睡袋後並煮點熱食吃

經過一番努力後我們總算是過河了，但我們又再次走錯方向了！攤開睡袋坐下休息，等待下一波退潮時段的來臨

Day 2
水裡來水裡去尋找Hut

陽光的溫度烘熱了睡袋，也叫醒了我們。簡單的整理後我們將睡袋抱在身上就出發了(因為想說待會就可以找到Hut補眠一下)，我們重新回到停車場，這時定眼一看，Awaroa Inlet好寬大啊！但，我還是沒看到Hut在哪。

遇上大漲潮，盡快渡河往高處爬

準備渡河時我看到路邊插一塊牌子說：「Follow Orange Markers」，正好當時眼前就出現一個橘色三角箭頭，但方向卻是指向內陸。奇怪？Awaroa Hut不是位在出海口旁嗎？那為什麼橘色指標卻是指往內陸方向？一心只想盡快找到Hut的我們只能先相信眼前線索，慢慢的往內陸走去。橫越Awaroa Inlet時我發覺河水似乎正慢慢的匯集起來，幾十分鐘前看到的沙丘面積似乎越來越小，天啊！河水要漲潮了！我們得盡快渡河！不諳水性的老婆顯得有點緊張，因為水深及腰了！

這時我們還是走往內陸方向去，因為我

們一直看到橘色三角箭頭在前方。經過一番努力後我們總算是過河了，不過這時我們已經離出海口越來越遠了，眼看河水慢慢漲起來，身上背著睡袋及大背包、腳上都是爛泥巴的我們在走了兩個多小時除了再次沒找著Hut外，現在又因為潮汐關係必須被迫得緊急找個高處爬上去才行！

迷失方向，幸好還有2罐啤酒解渴

我們又再次走錯方向了！河水已經漲起來了，我們也不知道該走往哪去了，因此我們把睡袋攤開，坐在地上好好的休息一下，大約還有5～6個小時才會再次遇到退潮時段。等待時我們除了煮點東西吃外，也補眠了一下，順便把濕掉的衣物全都攤開來曬乾。

我曾揮舞鮮豔衣物向天空的小飛機及在湖面上划小艇的人們呼救，但都沒有回應。當時會緊張嗎？當然會，因為我們從來沒有處在一個如此充滿未知及沒有人跡的荒地裡，

正在橫越Awaroa Inlet的我們發覺河水正在漲潮，有些路段還水深及腰

河水再次退去後，我們順著河道往出海口方向走去，終於看到Awaroa Hut了！第一件事就是要大口喝水

第一天的夜裡及第二天的大白天，我倆就只靠二罐啤酒解渴

但事情沒有想像中那麼糟，至少我們是安全的。比較擔心的是我們帶的水源在昨天傍晚就已經喝光了，不過還好我們揹了兩罐原本想用來慶祝完成步道的啤酒在這時候發揮了極大效用，因為我們昨天深夜及今日早上的飲水就是靠這兩罐啤酒度過的！

等退潮，終於找到歇息處

隨著河水再次退去，我們收拾好行李並順著河道往出海口方向走去，終於，我們看到Awaroa Hut了！我很難以言語表達我們當時的喜悅心情，且我們終於有水喝了！我們並沒有在那裡休息太久，吃點餅乾及裝滿水後就起身前往Bark Bay Hut了，因為途中還會遇到另一段受潮汐影響的Onetahuti

Beach Crossing路段，這次我們不能再大意，必須趕在規定的時間內通過才行。那晚我們終於住在「屋子」裡及有「睡墊」可躺，對比前一晚的「荒野生活」，眼前的這一切是多麼的溫暖及踏實啊！

Day 3
花費12小時完成的感動

我們第三天的行程就較為「正常」了，就是沿著步道往南走。從Bark Bay Hut到Marahau原本預估8小時的路程我們最後花了快12小時才完成，除了因下點小雨拖慢速度外，我們還特地繞去Anchorage Hut吃午餐及途中為了找廁所而下切到Watering Cove，這些來回都花了不少時間。我們走回到車子停放地點已經是晚上八點半了，而當下最想做的事就是洗熱水澡！

驚險過後，變得更加勇敢

在整理這篇文章時其實是感到百感交集的，因為這趟旅程的劇情發展超乎我們所能想像的狀況。如第一晚摸黑走夜路、過河還睡在沙丘上，隔天一早因判斷錯方向及潮汐關係被困在荒野的岸邊快6小時，全身都髒兮兮的，而中間大約有18個小時我倆就只靠兩罐啤酒解渴。每每看到這些照片，回想起來我們仍心有餘悸。美國流行音樂歌手凱莉‧克萊森(Kelly Clarkson)的一首「Stronger」裡面有一句是這麼唱的：「What doesn't kill you makes you stronger！」是啊！那些讓你死不了的經驗將會讓你變得更堅強！感謝老天，讓福大命大的我們平安的挺過來了！且經過這次的經驗，我們似乎也變得更加勇敢及更有自信！亞伯‧塔斯曼海岸步道之旅，我們完成了！

一座47公尺長、橫跨在Falls River上的吊橋

在亞伯‧塔斯曼海岸步道上健行最棒的就是可以看到許多蜿蜒曲折的海岸風景

奧克蘭、北部區域
AUCKLAND & NORTHLAND

島嶼灣
Bay of Islands

北部區域
NorthIsland

奧克蘭
Auckland

環抱海灣的帆船之城

　　紐西蘭第一大城、人稱「帆船之都」的奧克蘭(Auckland)，是我們抵達「長白雲之鄉」(AOTEAROA)的第一個落腳點。它與生俱來的地理位置、舒適宜人的氣候、豐富多樣性的美食選擇，不管從哪個角度看，都適合人們居住生活。這裡從早到晚都有許多靜態或動態可做可玩的事情，盡情享受吧！

　　奧克蘭以北稱為北部區域(Northland)，由於這裡緯度較靠近赤道，所以氣候十分溫暖，還有許多很棒的海灘及游泳潛水區域，同時也因為居住人口稀少，所以絕大部分的區域仍保有最原始的風貌，自然美景彷彿置身於天堂。據說無論你身在北部區域的任何地方，你和大海(太平洋或塔斯曼海)的距離都不會超過32公里！北部區域非常迷人，造訪完奧克蘭後，安排幾天一路開往北方吧！

　　對了，入境紐西蘭前別忘了拿幾本印有旅遊資訊的雜誌，裡頭可有不少實用的折價券！

站在天空之塔，一覽奧克蘭美景

奧克蘭市區
Auckland Central

夜晚的天空之塔依然耀眼

每到一個新城市，我們總喜歡去當地的「i-SITE」或「遊客中心」逛逛、看看旅遊DM介紹，並順便拿份免費地圖認識街道及周遭環境。奧克蘭市區的i-SITE就位於顯眼的天空之塔(Sky Tower)底下，它是目前南半球最高的高塔。登上328公尺高的觀景平台，你將看到無與倫比的奧克蘭景色。

皇后街(Queen St)是市區裡最熱鬧的商業大道，銀行、商店、餐廳及住宿地點都在這條街上；位在皇后碼頭(Queens Wharf)附近的Britomart Transport Centre是個交通樞紐中心，這裡有巴士轉運站及地下火車站，緊密的公車交通路線幾乎涵蓋大部分的旅遊景點。

除了位於市區的奧克蘭美術館可直接步行抵達外，獨樹山(One Tree Hill)、奧克蘭博物館、伊登山(Mt Eden)及擁有美麗沙灘的Mission Bay等值得前往的景點，都離市中心有一段距離，開車或搭乘公車前往會是比較好的方式。

AUCKLAND MUSEUM
奧克蘭博物館

與吐舌頭的毛利舞者拍張照

✤ 近距離了解毛利人 的文化與生活

外觀雄偉的奧克蘭博物館共有三層樓。地面層展出太平洋島民的文化及生活型態,可以花點時間探索毛利廳(Māori Court),裡頭有世界上最重要的毛利文化珍藏。另外需付費的「Māori Cultural Performance」也很不錯,能近距離欣賞毛利Haka舞蹈,這是表演最棒的地方。Haka是一種會吼著激昂的呼喊聲、拍打身體、揮舞手臂加上重重的跺腳聲,最後再來個瞪眼吐舌誇張動作的舞蹈。

1樓的火山展覽館裡有個體感模擬室,隨著影片進行,機器會模擬當火山爆發時,人還處在室內會是什麼樣的感覺。專為兒童設立的「Stevenson Discovery Centre」,是一個可讓孩子們從遊樂中學習的好地方,帶他們去看看栩栩如生的恐鳥(Moa)標本,3公尺高的牠是目前已知最高的鳥類。2樓展示紐西蘭歷年參與過的戰爭,包含第一、二次的世界大戰,那是紐西蘭人心中無法抹滅的傷痛。令人印象深刻的軍事文物展出有日本零式戰鬥機、巨型探照燈和戴起來像幽靈的防毒面具。

這裡值得你花一整個下午來好好探索一番!

Data
- http www.aucklandmuseum.com
- ✉ The Auckland Domain, Parnell, Auckland
- ☎ (+64)09 309 0443
- ⊙ 10:00～17:00,聖誕節休館
- $ 兒童免費入場,成人建議樂捐$10

以新古典風格建造的奧克蘭博物館

AUCKLAND ART GALLERY
奧克蘭美術館

✦ 歷史悠久，館藏最豐富

坐落在阿爾伯特公園(Albert Park)旁的奧克蘭美術館，是紐西蘭歷史最悠久、同時也是收藏量最多的美術館。經過擴建整修後於2011年9月重新開放，畫廊規模足足增加一倍。館內超過15,000件作品分布於美術館三個樓層。

地面樓層主要展出紐西蘭豐富的視覺藝術作品。創作於1975年的Maketu Fish & Chips油畫吸引到我的目光，因為曾光顧過那家店，現在房子外觀還跟油畫描繪的一模一樣。夾層樓(Mezzanine)常會有特別的臨時展覽，並有展出19世紀維多利亞時期的藝術作品。

在1樓，這裡展出各國的當代藝術作品，花個幾分鐘好好欣賞這難得一見的動態藝術作品，它們會動且會發出聲音！最上層(2樓)則展出紐西蘭現代藝術，作品多元，可以是以光、影像甚至是滑板及掃把來呈現作者的創意。外頭還有個露天陽台及小餐館，累了可去那裡喝杯咖啡。

外觀新穎的奧克蘭美術館

Data

🔗 www.aucklandartgallery.com
✉ Corner of Kitchener and Wellesley Streets, Auckland
📞 (+64)09 379 1349
🕐 10:00～17:00，聖誕節休館
💲 免費參觀

館內收藏許多很棒的當代藝術作品

DEVONPORT 德文港

✦ 360度美景盡收眼底

正在尋找最佳角度眺望奧克蘭嗎？到位於北岸(North Shore)的德文港的維多利亞山(Mt Victoria)去吧！德文港是早期歐洲移民定居點之一，這裡還瀰漫著些許19世紀的迷人氣息及看得到維多利亞式(Victorian)房屋。

來到山頂，視線幾乎全無遮蔽，360度的壯觀美景盡收眼底！你可看到德文港另一座火山North Head及遠方的朗伊托托島(Rangitoto Island)，目光繼續移動，可從奧克蘭市中心全景式的一路看到奧克蘭海港大橋(Auckland Harbour Bridge)方向去，那真是一種壯闊的美啊！我們當天特地留下來拍攝夜景，即使肚子咕嚕咕嚕叫。

從北岸最高的維多利亞山看奧克蘭市區的夜景非常美麗

MT WELLINGTON
威靈頓山

❖ 存有毛利人生活遺跡

位於奧克蘭市區東南方約10公里的威靈頓山，據估計約是噴發於9000年前，在奧克蘭火山群排行第二年輕。考古發現，西元1400～1700年間，毛利人曾在這裡生活，因此這裡可看到梯田、食品儲藏坑及Pā(設防用的村寨)等遺跡。

我們造訪當天天明氣清，視野好極了！站在山上可看到朗伊托托島的全貌，它有著獨特對稱的盾狀火山錐，最高點有260公尺。往市區方向看，

從威靈頓山上眺望朗伊托托島

可看見鶴立雞群的天空之塔，再往左看，不難找到183公尺高的獨樹山。順著步道走，可看到黑白相間的大地測量標誌(Geodetic Survey Mark)，在紐西蘭很多高點都可看到類似的標記。

威靈頓山山腳下附近有間Sylvia Park，那裡是紐西蘭最大的購物中心，喜歡購物逛街的，去瞧瞧吧！

沿著海浪型指示牌，直駛潛水天堂

北部區域
Northland

北部區域的天然景色很棒，那裡的一切都帶給人們無限美好的想像。

奧克蘭出發，穿過海港大橋沿著SH1往北開，你將會開始進入雙子海岸探索公路(Twin Coast Discovery Highway)的旅程。這段環形公路將帶領你造訪號稱潛水天堂的東海岸及人煙稀少的西海岸，沿途會有像海浪造型的咖啡色指示牌可參考依循。

從SH1公路一路往北，你將會在高速公路上看到一塊上頭寫著「Northern Gateway Toll Road Begins」的黃框深藍色底牌子，這代表你進入了一段7.5公里的「收費路段」，這是紐西蘭第一條全電子收費公路。你也可以省下這筆費用，免費的替代道路是走旁邊的海線SH17公路或繞更遠的SH16公路往北開去。

SH1公路沿途會經過瓦科沃斯(Warkworth)及韋爾斯福德(Wellsford)，Whangarei有i-SITE。再往北開個70公里便會抵達帕希亞，這裡是造訪島嶼灣的好據點，同時也適合當日往返雷英加角，記得出發前先把油箱加滿，因為從帕希亞驅車前往雷英加角單趟有212公里！

Data

Northern Gateway Toll Road

http tollroad.govt.nz

網頁上有收費路段的介紹，及如何在北上南下選擇走免費路段的出口

CAPE REINGA & NINETY MILE BEACH
雷英加角及90哩海灘

✤ 前往紐西蘭
最北端的盡頭

凱塔亞(Kaitaia)小鎮是90哩海灘到雷英加角的主要起點。續往北開，將進入Aupouri Peninsula半島。(Te Hiku-o-te-ika-a-maui，意思是毛伊的魚的尾巴。) 半島的左側就是著名的90哩海灘。

90哩海灘，實際長度只有64哩(約103公里)。汽車是禁止在上頭行駛的。可參加當地旅行團，或來個與眾不同的四驅車體驗。去「Te Paki Sand Dunes」那裡玩沙灘衝浪(SandSurfing)非常有趣！可自行攜帶滑板或跟商家租借。新手如我最後翻了兩三圈才停下來，吃了幾口沙，好玩！

雷英加角位於SH1公路最北端的盡頭，這裡差不多也是紐西蘭的最北端了(真正的最北點是在雷英加角東方約30公里的Surville Cliffs)。對毛利人來說，這裡是靈魂死後離開人間的地方，請尊重此地習俗，勿

在這裡吃喝東西。

這裡有座雷英加角燈塔，順著蜿蜒的步道可慢慢迎風的走向燈塔。1941年5月燈塔首次發光，是紐西蘭23座燈塔中最年輕的一座，它的出現是用來取代西南方Motuopao Island上1879年所建的燈塔，因為建設在那裡，進出是個大問題。再往遠看一點，由13座島嶼組成的三王群島(Three Kings Islands)就在前方！

↑SH1最北端的盡頭─雷英加角
↗來90哩海灘的超陡沙丘玩吧
→照亮紐西蘭北端海域的雷英加角燈塔

多種戶外水上活動的僻靜海灣

島嶼灣
The Bay of Islands

名列「101 Must-Do's for Kiwis」第3名的島嶼灣，位於奧克蘭以北約230公里的地方，這座天然的水上樂園由140多座島嶼所組成，大部分都尚未開發。僻靜的海灣、溫暖的潛水海域、刺激的水上活動及戶外冒險運動，在這裡所有的一切都令人相當期待！

如何看到最棒的島嶼灣景色？當然就是搭直升機啦

拉塞爾，一個寧靜迷人的小地方

PAIHIA & WAITANGI
帕希亞及懷唐伊

✤ 寧靜遼闊的旅遊勝地

帕希亞是個相當悠閒的旅遊小鎮。傳教士亨利・威廉斯和他的妻子瑪麗安在1823年來到這裡定居，同年建立了紐西蘭第一座教堂(一個用蘆葦搭建成的小屋)，現在原址上是莊嚴的St Paul's Anglican Church。紀念品商店、餐廳、郵局及住宿地點集中在

Williams Rd上，路上盡是神情輕鬆的遊客。

沿著Te Karuwha Parade路可來到帕希亞以北約2公里的懷唐伊國家級保護區 (Waitangi National Reserve)。1840年2月6日，英國政府與北島的45位毛利領袖族長簽署了使紐西蘭成為英國殖民地的《懷唐伊條約》(The Treaty of Waitangi)。

St Paul's Anglican Church

簽約地點在條約屋(The Treaty House)，裡頭展示許多照片以及一份仿真的條約複製品。真正的建國文件原稿目前由威靈頓的國家檔案館(The National Archives)安全珍藏著。

RUSSELL
拉塞爾

基督教堂(Christ Church)，紐西蘭現存最古老的教堂

✤ 擁有最古老的純白教堂

目前常住人口僅1,000多人的拉塞爾，在今日的城市發展標準只能算是個小鎮，但它在1840年，這裡可是紐西蘭最大的定居點。當年稱為Kororāreka的拉塞爾，是紐西蘭第一個「首都」所在地，並且建造全國第一座海港，迎接第一批歐洲移民。直到今天，拉塞爾仍保留自1843年以來的街道名稱和格局。

沿著The Strand路散步，你會看到一間「The Gables」，1847年開始營運，是紐西蘭營業歷史最久的餐廳之一。建於1836年的基督教堂(Christ Church)是紐西蘭現存最古老的教堂，白色主體的教堂小而美麗，周圍草地是安靜的墓園。環繞教堂一圈，看看能不能發現牆壁上的彈孔，那是1845年The Northern Wars戰役留下的。

拉塞爾就在帕希亞對面，搭船遠比開車繞路過去快很多。屁股還沒坐熱，15分鐘就到了。

帕希亞與拉塞爾周邊地圖

Tau Henare Drive
往哈魯魯瀑布 Haruru Falls

條約屋 The Treaty House

懷唐伊 Waitangi

Te Karuwha Parade

Marsden Rd

往凱里凱里 Kerikeri
曹子海岸探索公路 Puketona Rd

帕希亞 Paihia
加油站

Motumaire Island

Taylor Island

Fullers GreatSights
i-SITE
Williams Rd
往奧普阿 Opua
St Paul's Anglican Church
Motuarahi Island

Cass St
York St
Church St
The Strand
Chapel St
The Gables
拉塞爾博物館 Russell Museum
Pitt St
基督教堂 Christ Church
印刷廠 Pompallier Mission

拉塞爾 Russell

漢密爾頓、羅托魯瓦
HAMILTON & ROTORUA

欣賞地熱奇景、體驗毛利活動

離開了奧克蘭，順著地熱觀光公路(Thermal Explorer Highway)來到了紐西蘭北島的中部區域。這條公路沿途會經過紐西蘭最大的內陸城市漢密爾頓(Hamilton)，有叉路通往懷托摩螢火蟲洞(Waitomo Caves)。接下來再經過充滿地熱景觀的羅托魯瓦(Rotorua)和美麗的陶波湖(Lake Taupo)，最後一路抵達活躍的葡萄酒產區——霍克灣(Hawkes Bay)。

漢密爾頓是懷卡托(Waikato)地區的主要城市，市區整齊乾淨，街道簡單易懂，不看地圖都不太會迷路。蒂勞(Tirau)有我們看過最特別的的i-SITE，這座小鎮位於漢密爾頓與羅托魯瓦之間。羅托魯瓦(Rotorua)，北島的旅遊勝地，人們喜歡來這裡泡泡溫泉，欣賞徹夜沸騰的地熱奇景，或是參觀毛利體驗活動，感受真正道地的毛利文化，如品嘗Hangi，那是毛利人傳統烹調食物的方法。

羅托魯瓦
Rotorua

漢密爾頓
Hamilton

蒂勞
Tirau

COLD WATER FROM THE
GEYSER CAN DRIFT ACROSS
THE VIEWING AREA

優雅慢步調的內陸城市

漢密爾頓地區
Hamilton

有「紐國第一長河」之稱的懷卡托河
(Waikato River)，蜿蜒緩慢的流經漢密爾頓，
人們優雅的漫步街上，路旁的咖啡廳不時飄出
香醇的咖啡香，這座不靠海的內陸城市給人很
舒服的感覺。這裡不時也看得到年輕族群的蹤
影，因為懷卡托大學(Waikato University)的主
校區就位於此處，而這裡的毛利學生比例也是
全國校園最高的。每年3月底到4月初舉辦的熱
氣球節(Balloons over Waikato Festival)，會吸
引數萬名遊客一同湧入，其中有幾天的表演場
地就在大學校園裡。活動那幾天整座城市都會
很熱鬧！有機會的話一定要去感受一下！

有著中央分隔島的Victoria St上其兩側建築都各具特色

像面鏡子，位於天堂花園附近的Turtle Lake

漢密爾頓市區地圖

The Warehouse
(家電及日常用品購物中心)

交通中心
Transport
Centre

i-SITE

漢密爾頓賭場
Skycity Hamilton Casino

漢密爾頓市圖書館
Hamilton City Libraries

Victoria St

ArtsPost

Anglesea St

懷卡托藝術和歷史博物館
Waikato Museum of Art & History

Clyde St

Grey St

懷卡托大學
Waikato University

Hamilton East Market

Pembroke St

PAK'nSAVE (大型超市)

Palmerston St

Ruakiwi Rd

Hillcrest Rd

Cambridge Rd

羅托魯瓦湖
Lake Rotoroa
(Hamilton Lake)

Naylor St

Cobham Drive (SH1)

往劍橋
Cambridge
蒂勞
Tirau

往瓦塔瓦塔
Whatawhata

往漢密爾頓國際機場
Hamilton International Airport
蒂阿瓦穆圖
Te Awamutu

漢密爾頓花園
Hamilton Gardens

懷卡托河
Waikato River

HAMILTON CITY
漢密爾頓市區

✤ 充滿藝術人文氣息的市中心

在市區走起路來可用「輕鬆愜意」來形容，因爲這裡的道路算是相當平坦。若想省點力氣，可善加利用每10分鐘一班、免費的市區環型公車。要抵達較遠的動物園、漢密爾頓花園或其他地方，可到交通中心(Transport Centre)尋找適合的巴士路線，這裡也有長途巴士InterCity的服務。

市區裡比較熱鬧的區域集中在Victoria St上，Skycity Hamilton Casino裡聚集許多想試試手氣的人，i-SITE則在對面的花園廣場裡。花點時間欣賞ArtsPost與懷卡托藝術和歷史博物館(Waikato Museum of Art & History)，前者爲間優雅的畫廊，裡頭有很多很棒的當代藝術作品，後者爲你介紹這座城市的歷史，並收藏大量關於毛利Tainui部落的相關文物。

市區另外一側的Grey street在每個月的第一及第三個週日會有Hamilton East Market，店家在道路兩側賣著他們的二手物品，並等著有意人前來挖掘。有興趣的就來挖寶吧！

i-SITE前寬廣的花園廣場

Hamilton East Market有許多意想不到的二手寶物

HAMILTON GARDENS
漢密爾頓花園

✤ 展示6個國家的主題花園

緊鄰懷卡托河岸邊的漢密爾頓花園位於市區南方，據統計每年有超過130萬人來此地造訪，是懷卡托地區最熱門的旅遊景點。

占地達58公頃的花園裡頭劃分爲好幾塊區域，其中最特別的首推天堂花園(Paradise Collection)。這裡展示6個不同國家的主題花園，個個都有不一樣的設計創意在裡頭，如精

印度花園，美得像張五顏六色的波斯地毯

心布置的日本花園、像鋪層波斯地毯的印度花園等。花園裡還有許多值得一看的地方，進入是免費的，所以時間充足的話，盡情的欣賞吧！

Data

🌐 hamiltongardens.co.nz
✉️ Cobham Drive (SH1), Hamilton
📞 (+64)07 838 6782(Hamilton Gardens Information Centre)
🕐 07:30開園，夏天於20:00關閉，冬天於17:30關閉
💲 免費

評選為紐西蘭最美麗的城市

羅托魯瓦
Rotorua

在北島想泡溫泉的話你會想到哪裡？羅托魯瓦！

這個位於北島中部、奧克蘭以南約3小時車程的城市位於羅托魯瓦湖畔。過去10年，羅托魯瓦就被評選為紐西蘭最美麗的城市有6次之多。這座城市巧妙的結合戶外運動、文化體驗與歷史遺跡於一身。戶外活動有刺激的Skydive、Skyline Luge和天旋地轉肯定好玩的Zorb。市區南方的紅木森林(Redwood Forest)深受徒步者的喜愛，那裡盡是高聳入天的樹木。受歡迎的Tamaki Maori Village提供一個很好的機會讓旅人深度體驗來自毛利人的熱情好客，除了介紹毛利的傳統禮儀外，他們還會表演音樂及舞蹈，並安排Hangi式的自助晚餐。喜歡喝啤酒可到「Pig & Whistle酒吧」，那裡有他們自釀的「豬牌啤酒」，且氣氛很棒！

這座城市能給你的比你想像的還要多！

LAKE ROTORUA
羅托魯瓦湖

✦ 可進行釣魚或水上活動

在北島旅行的旅人大部分都知道陶波有個美麗迷人的陶波湖，但可能沒有太多人知道，在羅托魯瓦這個地區有16個淡水湖泊，且有14個都是方便抵達的！其中最知名也是該地區面積最大的就是羅托魯瓦湖(Lake Rotorua)。人們常在這裡進行釣魚活動，或進行Jet Boating和Duck Tours等水上活動。或者，你也可以靜靜的坐在湖邊的座椅上，享受當下的寧靜。湖泊中央有個莫科亞島(Mokoia Island)，它屬於私人擁有，需要參加旅遊團才可進入。

吹著風，看著羅托魯瓦湖，放空吧

羅托魯瓦市區地圖

Lake Rd
Memorial Drive
🚶 Lakefront Walkway
Motutara Point

羅托魯瓦醫院 ✚
Tutanekai St
Rangiuru St
Pukeroa St
Amohia St

Memorial Drive

🏛 戰爭紀念公園
War Memorial Park
Whakaue St
Fenton St
Hinemaru St
Priest Rd

Pukaki St

Arawa St
ℹ i-SITE兼巴士總站
Queens Drive

Haupapa St
羅托魯瓦夜市
Rotorua Night Market
🏛 羅托魯瓦博物館
Rotorua Museum

🏠 YHA Rotorua
Tamaki Maori Village
Queens Drive

Pukuatua St
警察局
Police Station
Rotorua Central
Backpackers-BBH
羅托魯瓦湖
Lake Rotorua

Hinemoa St

Eruera St
Polynesian Spa

Amohau St (SH30A)

Rotorua Central Mall 🛒
(大型購物中心)
🛒 PAK'nSAVE

往懷奧塔普 Wai-O-Tapu
藍湖 Tikitapu-Blue Lake
綠湖 Rotokakahi-Green Lake

ROTORUA CITY
羅托魯瓦市區

✤ 逛夜市、看表演、泡溫泉

市區街道規畫得如棋盤般縱橫分明且簡單好認，加上吃住都很集中，生活機能算是相當方便。寬敞的Fenton St上有i-SITE(兼巴士總站)、商店及警察局，餐廳、商店、旅行社及銀行則集中在熱鬧的Tutanekai St 上。沿著Tutanekai St 往北走可看到戰爭紀念公園(War Memorial Park)，這是一片平坦漂亮的

不會人擠人、逛起來很舒服的羅托魯瓦夜市

綠地，靠近湖邊有個小型遊樂器材場，色彩鮮豔的溜滑梯及盪鞦韆都是由社區募款所建造完成的。

若週四晚上你正在市區的話，不妨去逛一下傍晚5點開始的羅托魯瓦夜市(Rotorua Night Market)。在那裡，街頭藝人彈著吉他即興的創作表演，店家販賣著熱騰騰的食

物、奶酪、麵包及聞起來很香的現磨咖啡，另外也有漂亮的手工項鍊及化妝品擺攤。說真的，夜市逛起來很像「夜晚版的農夫市集」。

喜歡泡溫泉的朋友可以到「Polynesian Spa」去，花點費用來個舒緩的浸泡或進行一場放鬆的按摩水療(或泥療)。疲勞感，通通OUT！

TIKITAPU-BLUE LAKE & ROTOKAKAHI-GREEN LAKE
藍湖及綠湖

✤ 一邊藍一邊綠的美麗湖區

著名的藍湖(Tikitapu-Blue Lake)及綠湖(Rotokakahi-Green Lake)湖如其名，兩座湖各有著耐人尋味的藍綠顏色。兩個湖泊中間有處瞭望點，在那裡可好好分辨兩側的湖水到底那邊是藍那邊是綠。藍湖的周圍有條5公里的環湖步道，讓人可靠近湖面的走路運動，並擁有很好的野餐場地，在那裡一邊享受食物一邊看著寧靜的湖面是件很棒的事。

寧靜的藍湖

ROTORUA MUSEUM
羅托魯瓦博物館

✤ 前身曾是SPA澡堂

坐落於美麗的政府花園(Government Gardens)裡的羅托魯瓦博物館，是造訪羅托魯瓦時不可錯過的推薦景點之一。它原本是間著名的澡堂，1908年開幕後客人絡繹不絕的來此體驗其神奇療效，後來因為設備腐蝕老舊及維護不易於1966年關閉，之後接手的博物館於1969年開館。博物館其特殊建築外觀天生就是攝影取景的好題材，這是座仿都鐸王朝(Tudor dynasty)風格的建築物，然而入內參觀，才可以看到這棟建築真正的靈魂。

館內大量的展覽都是跟這座「前著名澡堂」相關，有當時的醫療器具、淋浴設施及老照片。在地下室，當年是維修

美麗的政府花園及令人印象深刻的羅托魯瓦博物館

人員噩夢的複雜管路現在都成了展示內容，兩側盡是斑駁的生鏽水管，昏暗的燈光使這裡氣氛顯得有點詭異。1樓接待處旁有個小劇場，內容是播放關於羅托魯瓦的故事及毛利傳說，片長約20分鐘。沿著樓梯來到屋頂的觀景平台，在上到屋頂前的閣樓空間裡，會有影

片及文字介紹過去澡堂使用的通風技術及如何透過玻璃來得到自然採光。上到頂樓，這裡有著全景視野，除了可遠眺位於一旁的羅托魯瓦湖外，還可欣賞底下精心規畫的政府花園及後方的城市天際線。

如此特別的視野只有在這個高度才看的到。

博物館內關於澡堂的歷史介紹

Data

http www.rotoruamuseum.co.nz
✉ Queens Drive, Government Gardens, Rotorua
☎ (+64)07 350 1814
🕒 博物館除了聖誕節，每天都有開放，但開放時間有季節之分。夏季(10月～3月)09:00～20:00(偶爾在夏季有私人活動，博物館下午5點關閉)。冬季(4月～9月)09:00～17:00
💲 成人(18歲以上)$20，兒童(5～18歲)$8，家庭(2大3小)$45

WAI-O-TAPU (THERMAL WONDERLAND)
懷奧塔普

✦ 天然色彩的地熱仙境

號稱地熱仙境(Thermal Wonderland)、豐富多彩的懷奧塔普位於羅托魯瓦市區南方，地熱面積達18平方公里。這裡的景點相當多，你可以

牡蠣池，圓潤的真像顆肥美的牡蠣

看到倒塌的坑口、噴泉、懸崖、沸騰冒泡的泥漿和由不同化學元素形成各種天然色彩的水池。令人印象深刻的有調色盤(Artist's Palette)、牡蠣池(Oyster Pool)及香檳池(Champagne Pool)等。若想看到每天上午10:15噴發的諾克斯夫人間歇泉(Lady Knox Geyser)得早點出發，因為這處間歇泉並不在懷奧塔普園區裡頭，且得先到遊客中心購票才可進入觀賞，往返需預留點時間。

參觀完懷奧塔普後，可再開車去參觀一下附近的泥漿池(Mud Pools)。在這個紐西蘭最大的泥漿池旁你可以清楚的聽到泥漿正啵啵啵的發出獨特的冒泡聲音。

對了，看看你手上的票根，上頭有你的國家名字喔！

Data

- http www.waiotapu.co.nz
- ✉ 201 Waiotapu Loop Road, RD 3, Rotorua
- ☎ (+64)07 366 6333
- ⏰ 08:30～17:00，全年無休。聖誕節只開放到13:00
- 💲 大人$32.5，兒童(5～15歲)$11，家庭(2大3小)$80

綠橘色的香檳池，是懷奧塔普最大且最著名的泉水

處處可見獨具巧思的巨型藝術品

蒂勞
Tirau

蒂勞的i-SITE就在這隻巨型綿羊狗的建築內

蒂勞位於漢密爾頓與羅托魯瓦之間，並正好是在SH1、SH27及SH5 公路同時交會的位置。來到這裡，你一定會馬上被兩棟大得很誇張的建築物給吸引，分別是綿羊狗外觀的i-SITE及巨羊造型的禮品店。在蒂勞到處都可以看到這種「瓦楞紙鐵皮」(corrugated iron)做成的藝術品，當地人似乎瘋狂的熱愛使用這種特殊材質。其他有趣的藝術品如花店上的巨花、學校裡的校車、商店上的乳牛、園藝店的巨大向日葵和出現在不同屋頂上的動物昆蟲。相信我，你一定會為它們按下不少快門！

可愛的「瓦楞紙鐵皮」學校校車

TE WAIHOU WALKWAY 蒂懷霍步道

✦ 清澈純淨的紐西蘭活水

想知道紐西蘭瓶裝的純淨水來自哪裡嗎？走一趟蒂懷霍步道，你會得到答案。Te Waihou是活水的意思，這條河流因為有個源源不絕的藍泉(Blue Spring)注入其中而出名。藍泉的源頭來自於Mamaku高原，雨水落下後經過沙子及火山岩石長達100年的層層過濾，並一點一滴的匯集成我們眼前所看到的這條美麗河流。水源純淨後會產生一種美麗的藍色，再搭配水中充滿活力的綠色藻類植物，使得河水在適當的太陽照射角度下會呈現相當漂亮且清晰的藍綠色。

蒂懷霍步道全年開放，步道有4.7公里長，來回需要3個小時。沿途走起來很輕鬆，可一邊欣賞靜靜流動的藍泉，一邊看著水中的綠色植物隨著水流緩緩擺動。

這段步道沿途真的很美，推開閘門，開始吧！

綠色藻類植物在清澈見底的Waihou河裡緩緩擺動

陶朗加、豐盛灣區域
TAURANGA & BAY OF PLENTY

豐盛灣
Bay of Plenty

陶朗加
Tauranga

陽光充沛的富足海灣

豐盛灣(Bay of Plenty)，一個有著充足陽光和溫暖氣候的地方，當庫克船長在1769年來到這裡時，他就對眼前豐饒的景象印象深刻，並認為這裡將是一個富足的海灣，因此豐盛灣的名字就這麼的出現在歷史上，現在這裡以美食美酒聞名，酸甜多汁的奇異果也不可錯過，壯闊狹長的海岸線適合衝浪和划小艇，當然也適合散散步發個呆。

陶朗加(Tauranga)是豐盛灣裡最大的城市，熱鬧而有趣。芒格努伊山(Mt Maunganui)距離陶朗加只有一小段距離，那裡有座很多人攀爬的死火山及一片美麗的白沙灘，相當受到旅客及當地人喜愛。想看看紐西蘭境內最活躍的海洋火山嗎？就去瓦卡塔尼(Whakatane)外海約50公里的白島(White Island)吧！那裡終年冒著白煙和發出嘶嘶作響的聲音。

頗為熱鬧的陶朗加市區

我們常來光顧的溫蒂漢堡

面山靠海的宜人小鎮

陶朗加
Tauranga

陽光灑在陶朗加上，這座城市到處充滿著溫暖宜人的空氣。白天時間，熱鬧的Devonport Rd路上一整條滿滿的商店可逛街散步，咖啡店散發出的氣味吸引路人佇足聞香。到了晚上，就換碼頭邊的The Strand路上的酒吧和餐廳開始營業了。Fresh Fish Market的炸魚和薯條相當美味，買份到外頭邊吃邊吹海風是我們相當推薦的享受。

陶朗加美術館(Tauranga Art Gallery)是豐盛灣西部的第一座公共藝術畫廊。2007年開幕，小而精緻的提供歷史與當代藝術展覽，畫廊還會不定期舉辦影片放映及講座，按照你的步調，慢慢欣賞這些優秀的藝術作品。

因為奇異果工作的關係我們得以有機會在這裡生活近兩個多月的時間，我們還挺喜歡及適應這裡的生活節奏，這裡有海灣可走走散步，有大型超市可以採買，還有童年記憶中的溫蒂漢堡(Wendy's)。

我們真心覺得，在這裡生活是一件很棒的事。

榆樹傳教屋
The Elms Mission
Station House (The Elms)

羅賓斯公園
&玫瑰花園
Robbins Park
& Rose Gardens

Mission St

Cliff Rd

Dive Cres

The Monmouth Redoubt

Grange Rd

維嘉雷奧河口步道
Waikareao Estuary Walkway

Willow St

Fresh Fish
Market

Darraghs Rd

Cameron Rd

i-SITE

Wharf St

The Strand

Motuopae Island

陶朗加美術館
Tauranga Art
Gallery

Devonport Rd

Takitimu Drive (SH2)

East Coast Main
Trunk Railway

往亞頓公園
Yatton Park
麥凱倫瀑布公園
Waihi Rd   McLaren Waterfall Park

Ninth Ave

The Warehouse   PAK'nSAVE (含加油站)

陶朗加周邊地圖

ROBBINS PARK & ROSE GARDENS
羅賓斯公園&玫瑰花園

⚘ 欣賞港灣海景的最佳地點

羅賓斯公園位於鐵道邊的一個小山丘上，擁有絕佳的海港視野，站在那可清楚的看到陶朗加海港大橋(Tauranga Harbour Bridge)。公園旁有座橢圓形的玫瑰園，是1960年豐盛灣花卉節協會捐贈的資金所建立的。玫瑰園中央有個方型水池，水池中央有座希臘女神，而女神背後可以看到一點芒格努伊山的山影。

買份炸魚和薯條坐在那裡邊吃邊看著港灣海景，超讚！

從羅賓斯公園望向陶朗加海港大橋

THE ELMS MISSION STATION HOUSE (THE ELMS)
榆樹傳教屋

⚘ 宛如童話故事中的 歐式建築

歷史悠久的The Elms建於1847年，是目前豐盛灣最古老的歐洲式建築，早在1835年左右，歐洲傳教士已在這裡開始傳授毛利人來自英國的知識與技能，幫助他們栽種新品種農作物，並使毛利人有機會認識基督教。

我們造訪時是在初冬，Maidenhair樹變黃的葉子落在白色的The Elms草坪前，整個畫面看起來有種寧靜的美。整個區域不只The Elms而已，往旁邊走還可看到禮拜堂、鐘樓及傳教士圖書館等其他建築。

豐盛灣最古老的歐洲式建築，The Elms

Data

🔗 www.theelms.org.nz
✉ 15 Mission Street, Tauranga
📞 (+64)07 577 9772
🕐 花園無關閉時間，The Elms內部及圖書館週三、六、日、國定假日14:00～16:00
💲 花園免費參觀，進入The Elms內部及圖書館需收取$5參觀費用

YATTON PARK
亞頓公園

←秋天了，枯黃的
落葉掉落地面，點
綴綠色的大地
↓亞頓公園裡美麗
的秋天景色

✤ 遍滿古老樹木的翠綠
公園

亞頓公園位於市區的南邊，它是一個很棒的公園。公園裡有大片的翠綠草坪，且裡頭的樹木大多十分高大，據說陶朗加地區最古老的樹木都居住在這裡。公園周圍有規畫一些步道，如往北的Fraser Street Reserve，一邊走還可欣賞一旁的Waimapu Estuary。花1～2個小時來這裡散步走走吧，且帶狗狗來是允許的！

WAIKAREAO ESTUARY WALKWAY
維嘉雷奧河口步道

✤ 老少咸宜的生態小教室

想在市區附近找個可活動筋骨的地點嗎？適合所有年齡層的維嘉雷奧河口步道會是個不錯的選擇。Estuary意思是河水與海水交集中所產生的一種特別的生態環境。可以想見，這裡是動植物的棲息地。

蜿蜒的木棧道出現在沼澤區上，沿途視野遼闊無遮蔽物，你可以在上頭慢慢欣賞兩側受潮汐影響生長於岸邊的矮小紅樹林，偶爾會有行人及腳踏車騎士經過你身邊，愉快的打聲招呼吧！

步道沿途會有一些出入口連接到外頭道路，所以不一定要像我們選擇Darraghs Rd當步道入口點。選個晴朗下午，來這裡享受一下獨特的荒野感吧！

位在市區附近的維嘉雷奧河口步道

MCLAREN WATERFALL PARK
麥凱倫瀑布公園

親子同樂的人氣地點

距離市區約有20公里的麥凱倫瀑布公園是陶朗加地區一處可看瀑布的地方。公園規畫在麥凱倫湖旁，占地有190公頃，裡頭有徒步步道、露營烤肉地點及寬廣的草地樹林，因此這座公園也是個相當受歡迎的家庭活動地點。麥凱倫瀑布就位在公園的入口處，來自懷羅瓦河(Wairoa River)的河水在層疊且錯綜複雜的岩石中形成好幾條一湧而下的瀑布，數大便是美，光站在路旁看就覺得很壯觀。

即使高度不高，但麥凱倫瀑布呈現出一種數大便是美的壯觀風景

市區的日夜景一覽無遺

芒格努伊山
Mt Maunganui

←夜色中的芒格努伊山
↓環繞在山底部的Mauao Base Track

來到豐盛灣，一定要花點時間造訪芒格努伊山。這個海濱小鎮就是以這座232公尺高的死火山命名，當地人稱呼它為「The Mount」或「Mauao」。

整座山脈成錐形狀，底部一條Mauao Base Track可繞山腳一圈，不過有時候會因安全理由而封鎖道路。通往山頂有許多步道小徑選擇，我們選擇了一條較多人走的路徑上去。剛開始會在山腳邊遇到些獨自吃草的可愛羊兒，但別

顧著看牠們而踩到牠們的大便。隨著爬高,你所能看的距離也慢慢拉遠。除了可看到Moturiki Island及Motuotau Island外,還有機會可以看到數十公里遠的Motiti Island,那裡據說住著40個居民。

登上山頂後往市區方向看,你可以將整條海岸線盡情的一路看到馬卡圖地區,而芒格努伊山市區更不用說了,全都盡收眼底!為了想多看夜景,在這個景色超級漂亮的地方我們從下午待到晚上。等待是值得的,燈火通明的壯觀夜景令我們終身難忘!不過下山要小心,因為沿途並沒有路燈。

我們相當喜愛這座山,它是我們住在陶朗加地區每天都不會錯過的風景。

芒格努伊周邊地圖

芒格努伊山 The Mount
芒格努伊山海灘 Mt Maunganui Main Beach
Moturiki Island
Motuotau Island
熱鹽水池 Hot Salt Water Pools
Adams Ave
Marine Parade
Maunganui Rd
Mt Drury Reserve
The Mall
Mauao Base Track
農夫市集 Farmers Market
Banks Ave
Grove Ave
Sutherland Ave
Totara St
紐西蘭奇異果公司 Zespri
往陶朗加 Tauranga

爬上芒格努伊山頂端,看看絕美壯觀的夜景

MT MAUNGANUI MAIN BEACH
芒格努伊山海灘

✦ 擁抱藍天曬曬日光浴

芒格努伊山底下有條綿延不絕、乾淨的白色沙灘(Main Beach)。坐著發呆,躺著曬日光浴,沿著它散步都是很好的選擇。稱為「悠閒之島」的Moturiki Island就連接在沙灘上,不過這個「連接」是人造出來的。島上有步道可以走走,可邊走邊以不同角度看看芒格努伊山及位在一旁的Motuotau Island。

白色純淨的芒格努伊山海灘,一旁連接的Moturiki Island也歡迎上島走走

這裡就是暢銷全球的奇異果Zespri大本營

ZESPRI Zespri紐西蘭奇異果公司

✤ 暢銷全球的奇異果總部

吃了那麼多年Zespri奇異果的你,知道總部設在哪嗎?來來來,今天讓我們來告訴你,它就位於芒格努伊山南方的Maunganui Road上!總部外觀簡單低調,僅有一塊綠色商標在外牆上表明其身分。

1997年成立的Zespri紐西蘭奇異果公司是由全國2,700多位奇異果果農集資成立專門推廣全球市場的行銷公司,並透過「輸出單一窗口制」將高品質的奇異果行銷出去。也就是說,果農們不必再互相削價惡性競爭了,因為Zespri將代表果農推廣行銷,果農們只要專心的種植美味營養的奇異果就好。並透過獨創的品質管理系統「Zespri System」以獎金制度激勵果農持續提升品質並分享成功經驗,達到「你好,我好,大家一起好!」的良好循環。這些聰明的遠見及策略值得我們學習!

多吃奇異果,增強體力,腸保健康!

FARMERS MARKET 農夫市集

✤ 購買新鮮農產品的新選擇

紐西蘭各地都有大小不一的週末農夫市集,目的是使食物種植者及生產者可以透過擺攤方式自己直接賣給客人。市集裡會賣新鮮的農產品、麵包、蔬菜水果及奶酪糕點,另外也有賣小吃及熱食可以打打牙祭。即使不買東西,來這裡逛逛也不錯。芒格努伊山的農夫市集位於Maunganui Rd的停車場上(Phoenix car park),營業時間為每週日的上午9點到下午1點。

逛膩了大賣場,來這裡或許會有耳目一新的新選擇。

販賣著新鮮農產品的農夫市集

站在制高點的視覺享受

帕帕馬山丘文化遺產地區公園
Papamoa Hills Regional Park

　　帕帕馬山丘文化遺產地區公園是豐盛灣第一個區域公園，並有條維護良好的登山步道，一直受到保護的這塊山丘在2004年7月才向公眾開放。考古學家推測大約在1650年就開始有人為活動，目前這裡就發現了7個考古遺址。為了保存眾多且珍貴的毛利人歷史，進入這座公園只允許步行，禁止烤肉、騎車及露營。

　　一開始先走在林木參天的小徑上，邊走邊吸收芬多精，隨著慢慢陡上，視野將漸漸開闊。在漫步穿過農田後，開始享受沿海的開闊風景。上到山頂，360度的山海景出現在眼前，顯眼的芒格努伊山就在不遠處，整個帕帕馬海灘(Papamoa Beach)一覽無遺，整齊排列的奇異果園也一格格的出現在底下平原。這裡的展望真的很好！爬山登高一下，你會得到很多在平地沒辦法感受的視覺享受。

　　提到帕帕馬海灘，那裡沒有擁擠的人群，很安靜，海浪拍打著沙灘大概就是唯一會打破寧靜的聲音。

Data

✉ SH2路上，看到 Poplar Lane轉進去便可抵達停車場
☎ 02 174 4509 (For Park Ranger)
🕐 06:30開園，夏天21:00關閉，冬天19:00關閉
💲 免費參觀

與朋友們一起登上帕帕馬山丘的最高點

走在帕帕馬山丘的路徑上，可以飽覽底下排列整齊的奇異果園

從帕帕馬山丘往芒格努伊山方向看出去的壯闊景象

飽覽豐盛灣，捕捉完美日出

明登瞭望點
Minden Lookout

紅色屋頂的瞭望台

　　想完整的飽覽豐盛灣，去明登瞭望點就對了！

　　沿著SH2公路往蒂普納(Te Puna)方向開去，途中會看到Minden Rd左轉上去，大約開3公里多就會抵達紅色屋頂的瞭望台。從這個視野極佳的地方往豐盛灣看出去，第一個可輕易辨認出的就是芒格努伊山。瞭望台裡有個方位示意圖點出底下島嶼及城市間的相對位置，透過它將對豐盛灣的地理環境有更進一步的認識。

　　我們當時有再沿著Minden Rd開進去，路的盡頭是住宅區，那裡視野也很棒！另外我們還特別起個大早摸黑來這裡等拍日出，當天烏雲密布，完全沒辦法捕捉太陽升起的金黃色畫面。不過看著繁星點點的路燈點綴在豐盛灣上，也算是個難得的體驗呀！

趁著天亮前，我們摸黑開上明登瞭望點等待拍日出 (不過當天雲層太厚)

紐西蘭的鄉村美食王國

馬卡圖
Maketu

　　馬卡圖是一個靠海的寧靜小鎮，它有個獨特的歷史，據說在800年前，毛利人搭著獨木舟Te Arawa號來到了馬卡圖的沙灘，接著便開始在紐西蘭這塊土地展開了生活。若想看看先民遺留下的痕跡，小鎮北方的「Town Point」那裡有Pā的遺跡。

　　Maketu Fish & Chips令我們印象相當深刻，只要去馬卡圖一定會來光顧這家店。店家已經營業超過了兩個世代，老闆用上好的鮮魚及馬鈴薯製作，目的是為了讓每位客人享受到老闆堅持的美味。而店家也相當大方，單單點份薯條，其數量之多讓我們當時光看到就飽一半了。店家外觀及裝潢樸實無華，簡單的藍白相間色調成為了畫家美麗的作品，目前正掛在奧克蘭美術館裡。

　　它的對面是有名的Maketu Pies，它可說是紐西蘭的鄉村美食代表，國內各地的商店幾乎都有販賣。料多實在，其口味幾乎不會讓人失望，喜歡Maketu Pies的人，一定要到這間創始店朝聖一下！

Maketu Fish & Chips 店內牆上的菜單

藍白相間的Maketu Fish & Chips，外觀相當樸實簡單

在靠海的小鎮常可看到這種拉著小船的車架拖在汽車後方

靠海的馬卡圖地區，開上高地便可欣賞到美麗的海景

號稱世界奇異果之都

蒂普基
Te Puke

對每個以打工度假為出發目的的朋友們，蒂普基這個地名相信已是耳熟能詳，因為每當提到它時，一定很快就會聯想到「奇異果」！

每年奇異果的收成季節(約3～6月)，小鎮將釋放出大量工作機會，需要旅費的各國年輕人都會不約而同的移動到這裡找工作，因為接下來就要進入冬天，先存點錢才不用煩惱如何過冬。有奇異果工作的地方不只蒂普基，陶朗加郊區和往北一點的蒂普納也都有包裝廠。

在奇異果園旁拍攝日出

蒂普基沒有很大，餐廳商店都集中在主要道路Jellicoe St上的兩側，花不到1小時便可徒步逛完一輪。這裡離陶朗加和羅托魯阿都沒有太遠，去陶波來個兩天一夜的旅行也很不錯。附近的馬卡圖和帕帕馬有很棒的白色沙灘，開個20分鐘便可抵達！

天氣晴朗時，空曠的蒂普基地區可看到這樣的黃昏美景

結實纍纍的奇異果，看起來好可口啊

KIWI360
奇異果園區

✤ 坐上遊園車參觀 奇異果園

來到號稱「世界奇異果之都」的蒂普基，著名的奇異果園區Kiwi360當然要去造訪一下。它位於SH2與轉往馬卡圖的交叉路口旁，巨大的奇異果是顯眼的招牌，你一定不會錯過。

這座巨大的奇異果路標左右兩面有黃綠兩種顏色，分別是代表綠色及金黃色品種(晚上還會打光)。造型很特別的遊園車KiwiKart是這裡的一大特色(好吧，它的確沒辦法馬上讓人聯想到奇異果)，參加

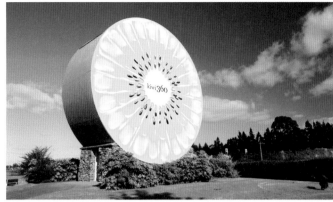

Kiwi360那巨大的奇異果招牌

團體遊行程可坐上它進入奇異果園參觀。商品店裡有賣不少美容產品及紀念衣服帽子，當然少不了用奇異果製成的保養品，綠色的包裝讓人一看就知道。而酸酸甜甜的奇異果冰淇淋至今仍讓我們念念不忘。

來這裡享受著被奇異果團團包圍的感覺吧！

Data

📶 www.kiwi360.com
✉ SH2路上(位於SH2 與轉往馬卡圖的交叉路口旁)
📞 (+64)07 573 6340
🕐 KiwiKart Tours搭乘時段夏天為09:00～16:00，冬天為10:00～15:00
💲 Kiwi360為免費參觀。參加KiwiKart Tours：成人\$20，兒童(5～15歲)\$6，家庭(2大2小)\$46

COMVITA
康維他

✤ 全球最大的麥蘆卡蜂蜜 生產地

康維他蜂蜜是紐西蘭的保健食品品牌，創辦人克勞德‧斯特福拉特(Claude Stratford)在63歲那年才開始創業。老先生當時立下了願景，他要生產有效益、對整個地球環境負責和讓世代子孫得以享用的天然產品。一切的努力都變成了美好的成果。今日，康維他成為了全球最大的UMF麥蘆卡蜂

蜜(Manuka Honey)生產及銷售商。

總部設在位於蒂普基東南方約11公里的Paengaroa，銷售中心裡有康維他的全系列商品。朋友們來這邊最常選購麥蘆卡蜂蜜，那是個非常好的伴手禮。產品上印有的UMF®(Unique Manuka Factor)標記均尾隨一個活性程度的數值，分成5+到20+等五種程度，數值越高，代表活性越高。當然，價錢也越貴。

對了，這裡的冰淇淋也很好吃喔！

康維他蜂蜜的總部，簡單而大方

Data

📶 www.comvita.co.nz(官網可連結到台灣的網頁)
✉ 23 Wilson Road South, Paengaroa
📞 (+64)07 533 1987
🕐 週一～五08:30～17:00，週六一日09:30～16:00
💲 免費

科羅曼德半島、懷蒂昂格
COROMANDEL PENINSULA & WHITIANGA

科羅曼德鎮
Coromandel town

水星灣
Mercury Bay

懷蒂昂格
Whitianga

哈黑
Hahei

處處充滿驚喜的度假勝地

從陶朗加往北走SH2公路，再順著SH25太平洋海岸公路，接著將開始進入科羅曼德半島(Coromandel Pennsula)。這個在天氣好時可以從奧克蘭遠眺的地區，夏季時可是個熱鬧的度假勝地。懷蒂昂格(Whitianga)及附近的哈黑(Hahei)是這個地區中，兩個熱鬧迷人的靠海小鎮。來到這裡，不要錯過處處充滿驚喜的Driving Creek Railway & Pottery、大教堂灣(Cathedral Cove)、神奇的熱水沙灘(Hot Water Beach)和美麗的莎士比亞懸崖(Shakespeare Cliff)。喜歡原始叢林風貌的人，就到309公路探險吧！

非常特別的命名由來

水星灣
Mercury Bay

水牛海灘上的H.M.S. Buffalo號紀念區

　　1769年庫克船長來到此地時，因為看見天上的水星正穿越太陽，因此便為這個海灣命名為水星灣。位於水星灣內的沙灘稱為水牛海灘(Buffalo Beach)，其命名來自於1840年一場暴風雨將H.M.S. Buffalo號拋錨在此。現在這裡有個小型紀念區展示它的錨及圖文看板記錄這段歷史。

四季都能進行水上活動

懷蒂昂格
Whitianga

　　懷蒂昂格是水星灣裡的主要小鎮，同時也是個受歡迎的度假勝地。游泳、浮潛、香蕉船或划小艇，這裡都有，夏天這裡可是人滿為患！即使冬天來到這裡，也可以在沙灘上散步或曬個日光浴，或是看著當地人丟球入海訓練狗狗游泳的能力。

　　懷蒂昂格的主要道路是Albert St，潮汐表及旅遊資訊可到i-SITE洽詢，它就在這條街上。

　　懷蒂昂格周圍有不少景點，建議搭乘渡輪前往會比較方便，如懷蒂昂格岩、Flaxmill Bay、前灘、莎士比亞懸崖及後方的庫克海灘。搭船地點位於Esplanade Rd上。短短5分鐘後便會在對面的渡船登陸點(Ferry Landing)下船。這個不起眼的登陸點可是大有來頭，據

Ferry Landing，它可是座古老的石頭碼頭

說它是目前大洋洲最古老的石頭碼頭，建造於1837年，到現在仍堅固耐用！

Data

渡輪船班資訊

🕐 07:30～18:30、19:30～20:30、21:30～22:30，全程約5分鐘，每天都有行駛

💲 成人：來回$4、單程$2，兒童：來回$2、單程$1。上船後再付船費即可

On the Beach Backpackers-BBH & YHA

水星灣
Mercury Bay

莎士比亞懸崖
Shakespeare Cliff

寂寞灣
Lonely Bay

Cook Drive

Buffalo Beach Rd Esplanade Rd

水牛海灘
Buffalo Beach

前灘
Front Beach

Purangi Rd

Flaxmill Bay

Albert No.6 Motel

Albert St

渡船登陸點 Ferry Landing

New World
(含加油站)

博物館

搭船地點

Back Bay

庫克海灘
Cooks Beach

Joan Gaskell Drive Campbell St

Blacksmith Ln

i-SITE

懷蒂昂格岩
Whitianga Rock

懷蒂昂格港
Whitianga Harbour

WHITIANGA ROCK
懷蒂昂格岩

🌿 三面環水的歷史保護區

懷蒂昂格岩是一個歷史保護區。庫克船長他對從半島上延伸出來狹窄的岩石岬角，三面環水且是相對高點的懷蒂昂格岩，其強大的戰略防禦位置印象深刻。這麼好的地點毛利人當然也注意到了，在岩石的頂端有個Ngato Hei Pa遺址，走步道時會經過。

步道從渡船登陸點的右手邊開始，途中會有條小徑通往Back Bay，早期居民會去那抓取貝類。上到岩石部分，會有「人鑿」的石階協助登上岩石頂端。頂端並不平坦，站立時請小心。其視野可看到對面整個懷蒂昂格小鎮、水星灣及蜿蜒呈S型的水牛海灘。往Back Bay方向看去，有許多船隻正安穩的下錨固定中。再往前走去，可以看到碼頭船塢及懷蒂昂格港(Whitianga Harbour)。

我喜歡爬上這樣的高點，因為可以把我居住的地方認識更多一點。

爬到懷蒂昂格岩上，可以看到對面的懷蒂昂格小鎮及水牛海灘

FRONT BEACH
前灘

⚜ 遠眺莎士比亞懸崖一景

下船後沿著Purangi Rd往前走，前灘會是你遇到的第一個沙灘。這片白淨的沙灘是眺望莎士比亞懸崖的理想地點，且寧靜的只有海浪拍打沙灘的聲音。

站在前灘可好好欣賞前方的莎士比亞懸崖

SHAKESPEARE CLIFF & COOKS BEACH
莎士比亞懸崖&庫克海灘

⚜ 一望無際的藍海綠樹

想像力豐富的庫克船長幫這座懸崖取名為莎士比亞，因為他認為這座懸崖的外型很像這位著名劇作家濃密的鬢角。

一個位置優越的瞭望台位在莎士比亞懸崖上，儘管爬上去需要花點力氣，但絕對值得你登高望遠一番。沿途可看到整個前灘及停泊了幾艘遊艇的Flaxmill Bay。頂端是片大草原，並有幾顆茂密且外型圓圓的大樹點綴其中。

快走到瞭望台位置前，一旁有個可使用的簡易廁所及通往寂寞灣(Lonely Bay)的小徑指示牌。從瞭望台望出去的視野很好，可同時看到庫克海灘和寂寞灣。稍稍彎曲的庫克海灘長約3公里，理想的居住環境吸引不少居民在海灘後方搭建房子，住在這裡應該挺有意思的。

↑從瞭望台上可以看到寂寞灣和庫克海灘

→莎士比亞懸崖瞭望台上的紀念碑

當地人最愛的度假勝地

哈黑周邊景點
Hahei & Around

純白的沙灘，明亮的藍色海水，美麗的哈黑是一處深受當地人喜愛的度假勝地，同時也適合進行游泳、浮潛和划小艇等戶外活動。哈黑附近有兩處知名景點，分別是大教堂灣及熱水沙灘。

與朋友們在沙灘上跳拍

科羅曼德半島周邊地圖

CATHEDRAL COVE 大教堂灣

✤ 三角相框裡的特殊景色

大教堂灣離懷蒂昂格大約有38公里遠，兩者緯度雖然差不多，但因為中間有個懷蒂昂格港，得往下繞一大圈才會抵達。步行起點從停車場開始，抵達大教堂灣大約要走40分鐘。途中有叉路可通往Gemstone Bay及Stingray Bay。下了階梯聽到大海聲音，就表示快接近大教堂灣了！

這座巨型的石灰岩在大自然的鬼斧神工下，形成了兩個互通的三角型拱門，巨大而莊嚴，果然名不虛傳！從拱門往外望出去，所有的景色都被侷限在一個三角相框裡，視野很特別，前方還有一塊巨大、看起來像艘大船的Te Hoho Rock。拱門前的這片沙灘區域稱為Mares Leg Cove，穿過拱門後才算抵達真正的大教堂灣。

要抵達大教堂灣只能以步行或乘船兩種方式達成，但它值得你花點功夫。

看見大教堂灣前的Te Hoho Rock就佇立在前方，不禁讓人停下腳步安靜地欣賞大自然的神奇力量

HOT WATER BEACH 熱水沙灘

✤ 打造專屬自己的天然 溫泉池

居於101 Must-Do's for Kiwis前十名的熱水沙灘，位在Hahei以南約8公里的地方，熱門的它每年吸引數萬人來這裡「泡熱水」。難道這裡海水是熱的？不，海水是冷的，熱源其實是來自沙灘底下約2公里深的地熱活動，地下水受到加熱後上升冒出到沙灘上形成有著60～65℃高溫的天然熱泉。許多人來到這裡就是要為自己造個天然溫泉池！退潮的前後2個小時是最佳時機。

徒手挖是普遍使用的方式，但拿鐵鍬挖是更聰明的做法。在海灘上挖掘出一個溫泉池後，利用海水流入調節池內溫度，並適當的利用沙牆擋住海水，接下來就是放鬆身心，悠閒泡湯的好時光啦。

當地告示牌提醒，這裡全年都屬於危險海域，在這裡游泳是很不明智的選擇，所以請在沙灘上享受泡湯就好。

去熱水沙灘別忘了借根鐵鍬

造訪貝殼杉群與懷奧瀑布

探索309公路
Explore 309 Road

懷蒂昂格到科羅曼德之間的連接道路除了海線SH25公路外，還有一條捷徑可選擇，那就是走山線的309公路。這條長20公里的林間小路大部分是碎石頭路，開車前往時請放慢速度。

路上有不少景點。10分鐘的輕鬆步道將帶領你見識壯觀的貝殼杉樹林(Kauri Grove)，順著步道走，一旁有平台可遠眺這些據說已經超過600歲的巨大貝殼杉群，直直的樹幹長得非常高大，樹枝在上頭像扇子般往外生長，明顯就是跟其他樹群很不一樣。懷奧瀑布(Waiau Falls)是另一個值得探訪的地方，5～7公尺高的它坐落在一個寧靜的樹林裡，瀑布底部是個天然游泳池，在夏天時會有不少遊客來此消暑一番。

309這路名是怎麼來的？原來是早期人們利用馬車往返懷蒂昂格和科羅曼德之間，旅途時間就是為3小時又9分鐘，因此這個時間就成了這條公路的路名來源，有意思吧！

巨大的樹幹連我們兩個都無法把它包圍起來

走一小段路便會抵達的懷奧瀑布

順路到美麗的海灘短暫小憩

懷蒂昂格到科羅曼德
Whitianga to Coromandel

SH25公路為懷蒂昂格到科羅曼德之間的主要道路。這條海線沿途有支路可通往幾處美麗的海灘，若想短暫離開熱鬧的人群，相信這些地點可幫助你找回身心的平靜。

Kuaotunu Store的冰淇淋給的非常大方！
一定要來嘗嘗

WHANGAPOUA BEACH
維葛普爾海灘

✤ 鯨魚小島超吸睛

維葛普爾海灘是一處僻靜美麗的地方，沿著木梯走到沙灘後，顆粒細小的金黃色沙灘讓人忍不住想快點脫下鞋子用雙腳與這片沙灘做最直接的接觸。沙灘外海有座貌似鯨魚的小島，它的名字叫Pungapunga Island。天氣好時在它的背後可看到水星群島中的大水星島(Great Mercury Island)，這座島嶼目前是紐西蘭一名商人的私人海島，他在上面蓋了兩座豪華別墅，住一晚很不便宜，而搭乘直升機是唯一可以抵達那裡的方式。

→逆光中的維葛普爾海灘
↓從這個方向看，Pungapunga Island像條鯨魚

OTAMA BEACH & OPITO BAY
奧塔瑪海灘&奧皮托灣

✦ 沙面上有岩石與小樹叢

幾塊突出的岩石嵌在沙裡是Otama Beach這片沙灘的特色，一旁還有幾叢植物在沙灘上努力生活著。沙灘背後有個濕地自然保護區，裡頭應該住了不少野生動物，因為有牌子明告禁止射擊！

Opito Bay在繼續往裡開的位置，原本以為這裡人跡罕至，沒想到還是有許多人住在這裡！沿著沙灘走到底會有一條步道通往海岬上的觀景點，而觀景點附近有處毛利遺跡Opito Pā。爬上需花點力氣，但看到壯麗景象後會讓你覺得一切值得。

LOOKOUT
瞭望點

✦ 不容錯過的瞭望點

從懷蒂昂格開往科羅曼德的公路上有一處瞭望點，登高一看，景色不會讓人失望。

沙面上有幾塊凸出石頭的奧塔瑪海灘

KUAOTUNU, QUARRY POINT
庫奧圖努，菱形石點

❀一睹絢爛多彩的黃昏
　美景

　　剛過Kuaotunu小鎮可在路旁看到一處叫Quarry Point的突出海岸，我們在這裡看到絕妙的黃昏景色。

　　找個天空沒有半朵雲的晴朗天氣到這裡，你會看到我們所看到的奇蹟景色。夕陽在遠方的科羅曼德半島身後慢慢降下，淺藍天空漸漸變為深藍夜色。靠近地平線的鵝黃陽光不動聲色的慢慢轉成橘色，第一次看到整個天空的顏色變化是如此的細膩且有深度，我們就這樣一直站著、看著和按著快門，直到最後一抹橘黃光完全沉入海面、滿天星斗的黑色夜

絕美的夕陽光線使得平凡的樹木岩石都變的精彩無比

空出現為止。

　　後面山坡上住了一戶人家，我想他們應該是每晚都看著星空睡著。

能看到顏色如此豐富，且具層次的黃昏景色，著實令人開心啊

淘金者聚集的寧靜小鎮

科羅曼德
Coromandel

賣店Golddiggers買了瓶上頭印有Coromandel字眼的本地啤酒準備在晚餐過後嘗鮮一下，嗯，順順的不太苦，口感還不錯，印象中那晚我們是微醺的睡著。

曾經繁榮，今日寧靜的科羅曼德

　　19世紀科羅曼德是個淘金者聚集的地方，這裡曾經蓬勃發展，今天的它則是個安靜的小鎮。i-SITE位於Kapanga Rd上，這棟1873年的老建築至今仍然堅固耐用，裡頭有許多景點的圖文說明、健行路線和營地安排，還有介紹附近有什麼好吃的餐廳。

　　我們在Four Square買好食材，並在酒精專

DRIVING CREEK RAILWAY & POTTERY
山路鐵路

✈ 遠離塵囂，森林中的
　火車之旅

　　知名的陶藝工巴里‧布里克爾(Barry Brickell)是個鐵路愛好者，他花了15年的時間蓋了紐西蘭唯一一個山路窄軌鐵路——Driving Creek Railway。1990年10月開始營運，2011年底已突破了100萬名乘客搭乘的紀錄。

　　入口處的橘色建築是陶藝商店兼售票處。輕敲鈴聲後，為時一小時的火車之旅即將開始。狹窄的鐵軌大約只比肩膀寬一點點，但創新設計的車廂很平穩的載著我們一大群人在

貝殼杉森林(Kauri Forest)裡鑽進鑽出，並在蜿蜒的陡坡慢慢爬升。綠色屋頂的「Eye-Full Tower」位在路段最高點，而管理者的巧思，使得鐵路軌跡悄悄融入底下這一片廣大的綠色森林裡，讓人從塔頂可盡情的以Eye-Full的視野欣賞豪拉基灣廣闊的美景。

　　如此熱門的景點建議提前預定，避免白跑一趟喔。

Data

🌐 www.drivingcreekrailway.co.nz
✉ 380 Driving Creek Road, Coromandel
📞 (+64)07 866 8703
🕐 除了聖誕節和Anzac節早上，每天10:00～17:00為開放時間
💲 成人$28，兒童(15歲以下)$12，家庭(2大2小)$68

小火車的駕駛者兼解說員正開著
火車緩慢的移動

探索天涯海角的神奇祕境

科羅曼德往北地區
Coromandel North Region

Green Snapper Cafe的入口門把需彎下腰才握得到喔

順著Rings Rd往北開會連接到Colville Rd，這條路將前往科羅曼德半島的北部區域。沿途會經過的Amodeo Bay外有幾座冒出海面的小島，一個佛教隱修處將其外頭掛著的彩色旗子會吸引你的注意力，後方出現的小鎮是較多人居住的科爾維爾(Colville)。Colville General Store販賣著基本生活所需用品，同時擁有往北抵達頂端前的最後一個加油站。旁邊有間綠色外牆的Green Snapper Cafe，它是個喝熱湯吃熱食的好地方，特別的是，它入口門把只在成人的大腿高度，需彎下腰才握得到。

再往北開會遇到岔路，左邊是Port Jackson Rd，右邊是Port Charles Rd。不管你選哪條，輪胎底下走的都將是碎石子路。當時我們計畫想前往傑克森港(Port Jackson)那帶去，但崎嶇不平的道路加上時大時小的雨勢，最後因為安全因素而作罷。根據i-SITE的旅遊資訊，傑克森港、查爾斯港(Port Charles)及更偏遠的Fletcher Bay都是值得探索的天涯海角祕境。

KUAOTUNU STORE
庫奧圖努冰淇淋店

✚ 分量double的疊疊樂 冰淇淋

在紐西蘭吃了不同地方的冰淇淋後，就屬Kuaotunu Store賣的冰淇淋最令我們印象深刻！沿著SH25公路往科羅曼德方向開，看到Jack Road轉進去，在右手邊便會看到這間外觀為暗紅色的商店。

它很好吃，但最特別的是在分量！點單球，老闆會給你兩球，若點雙球，疊疊樂的四球冰淇淋就出現在你眼前！而且慷慨的老闆會使勁的把冰往甜筒塞，然後把冰填的如一個拳頭大小。相信我，受到如此大方對待的你，待會吃冰時一定會吃得特別開心！

進來這裡點個幾球冰吧！看看你吃的速度能不能趕上冰融化到你手上的速度！

點單球給兩球，點雙球就給四球

Data
📧 16 Black Jack Road, Kuaotunu, Whitianga
🕐 09:00～18:00
💲 單球$2.5(點單球給2球)，雙球$3.5(點2球給4球)

陶波湖、湯加里羅國家公園
LAKE TAUPO & TONGARIRO NATIONAL PARK

擁有各種戶外體驗的絕佳勝地

　　巨大而寧靜的陶波湖(Lake Taupo)位在北島中部，是許多旅人造訪北島必去的地點。在那裡，你可以靜靜的欣賞美麗湖景，或是進行划獨木舟及鱒魚垂釣等活動。陶波(Taupo)是陶波湖周圍最大的城市，且這座城市也相當熱衷戶外極限運動，如跳傘和高空彈跳。還有一些有趣的景點位在郊區外，如胡卡瀑布、月球火山口和Orakei Korako。

　　湯加里羅國家公園(Tongariro National Park)位在陶波湖的南方，這座紐西蘭最古老的國家公園裡有多種令人驚奇的地形，如沙漠、火山口、雪地和山毛櫸森林。當然，最棒的景點就是公園裡那三座火山，分別是湯加里羅山、瑙魯霍伊山及魯阿佩胡山。夏天時，湯加里羅高山橫越路線是最受歡迎的活動，徒步全程需要7～9小時，辛苦但值得。冬天時，鋪滿白雪的魯阿佩胡山其兩座滑雪場將湧入大量遊客，因為滑雪季到了！

從早到晚，景色充滿變化

陶波湖
Lake Taupo

一場26,500年前的火山爆發在紐西蘭北島造成了劇烈的地形改變，並產生一個約616平方公里的大湖泊——陶波湖。現在的它，是世界上釣鱒魚最富盛名的地方，更是當地人與旅客喜愛的度假勝地，你可以在這裡進行划小艇或駕駛帆船等戶外運動。另外，陶波湖也是紐西蘭最長河流懷卡托河的源頭，從這裡出發，將轟隆隆的出現在胡卡瀑布及阿拉蒂亞蒂亞激流位置，經過了425公里的旅行後，最後靜靜的從Port Waikato流入海裡。

在天氣晴朗時，從市區穿過陶波湖可看到對面的湯加里羅國家公園的火山群。我們住在陶波時，常在湖畔邊駐足觀望湖面，從早到晚景色多變的程度始終讓人充滿驚喜。花點時間看看陶波湖，它帶給你的感受相信會是最美好的回憶之一！

往奧拉基科拉科洞穴及地熱公園
Orakei Korako Cave and Thermal Park
Aratiatia Rd

懷拉基地熱發電工程瞭望點
Wairakei Geothermal Power Station
Wairakei Rd
SH1 SH5

阿拉蒂亞蒂亞激流
Aratiatia Rapids

胡卡瀑布 Huka Falls

月球火山口
Craters of the Moon
Karapiti Rd

Taupo Bypass (SH1,SH5)

Thermal Explorer Highway

Huka Falls Rd

懷卡托河
Waikato River

Countdown
(大型超市)

Spa Rd

i-SITE
Tongariro St
陶波湖博物館&美術館
The Lake Taupo Museum & Art Gallery

Acacia Bay Rd

Lake Tce

陶波湖
Lake Taupo

Acacia Bay

往湯加里羅國家公園
Tongariro National Park
奧阿庫尼
Ohakune
SH1

往內皮爾
Napier
SH5(Napier-Taupo Rd)

陶波湖周邊地圖

遠處那三座火山頭正從雲層中努力的探出頭來，並會讓人有種海市蜃樓的錯覺

TAUPO CITY
陶波市區

🍃 紐西蘭北島戶外活動
　集中地

陶波市區位於陶波湖東北角的位置，與鄰近的羅托魯瓦同為紐西蘭北島的戶外運動度假勝地。

i-SITE位於Tongariro St路上，裡頭有完善的旅遊景點介紹、登山資訊及天氣查詢，並可在這裡預訂跳傘或是玩噴射

天氣晴朗時，站在市區便可以很清楚地看到對面那三座火山的蹤影

快艇等行程。購物商店、紀念品店、餐館及大型超市都很集中生活機能不錯。麥當勞有提供免費無線網路，我們在這裡生活時常去光顧並使用網路。

Acacia Bay位在陶波市區的斜對角，距離市區幾十分鐘車程而已，這裡很安靜。推薦可來到這裡走走並用另一種角度欣賞陶波湖。

THE LAKE TAUPO MUSEUM & ART GALLERY
陶波湖博物館&美術館

🍃 展示陶波湖的歷史
　與文物

市區內的景點首推陶波湖博物館&美術館。進入參觀後，雕工精細的毛利人集會屋Te Aroha O Rongoheikume會在第一時間吸引你的目光。往裡頭走，可看到電腦螢幕展

示湯加里羅地區目前的火山活動狀況，另外還有小而溫馨的旅行車屋、釣鱒魚的釣竿用具展示和開墾森林的伐木用品展。一個小空間正播放著介紹陶波的影片，備有椅子可坐下欣賞一番。

博物館後方有座得過花卉

展覽首獎的Ora Garden。Ora在毛利語中是Well being(安康)的意思，這座花園展示著紐西蘭的代表性植物，有溫泉梯田當襯景，還有剛在入口看到的四腳動物，它是條溫泉蜥蜴(Moko Waiwera)，這座花園的守護神。參觀完博物館，順便參觀一下展示各國當代藝術品的畫廊吧！入口就在櫃台旁。

Data

🔗 www.taupomuseum.co.nz
✉ Story Place, Taupo Town District
📞 (+64)07 376 0414
🕐 10:00～16:30，聖誕節和Good Friday休館
💲 成人$5，老年人、學生$3，兒童免費

市區的景點首選──陶波湖博物館&美術館

HUKA FALLS
胡卡瀑布

✤ 波濤洶湧的冰藍色瀑布

胡卡瀑布位於陶波市區以北約5公里遠的地方，它不是屬於有著高大落差的瀑布，但它那種全力猛衝的水流威力絕對會讓你感到前所未有的震撼！

胡卡瀑布位於懷卡托河的河道上，原本百米的河道寬度在胡卡瀑布這個區域被硬擠壓成僅20公尺寬。你可以想像當寬水道突然變成窄水域時，平靜流動的河水就變成了兇猛無比的巨大激流，並在一個11公尺高的落差噴湧而出，冰冷潔淨的河水在太陽照射下形成了美麗的冰藍色，並落入充滿翻騰泡沫的水域裡，Huka在毛利語是為「泡沫」的意思，胡卡瀑布因此得名。而它的水量有多驚人？據估計每秒可以噴發220,000公升的水量，換言之，每分鐘可以填滿5個奧運會大小的游泳池！

想要更靠近胡卡瀑布嗎？沒問題，去參加Huka Jet吧！

浪濤澎湃的胡卡瀑布相當有氣勢

ARATIATIA RAPIDS
阿拉蒂亞蒂亞激流

✤ 登高賞激流全景

紐西蘭政府在水量豐沛的懷卡托河上修建了幾座水力發電廠，第一座就是在阿拉蒂亞蒂亞(Aratiatia)這個地方。蓄水量不高的阿拉蒂亞蒂亞湖只有兩座洩洪道，每天會在固定時間上演半小時的洩洪秀。時段為10:00、12:00和14:00，在夏天會增加16:00這個時段。

順著一條Aratiatia Rapid Walk步道直驅而上，最後將來

登上Aratiatia Rapid Walk的最高點觀看阿拉蒂亞蒂亞激流全景

到Upper Lookout，從上游的懷卡托河、阿拉蒂亞蒂亞湖、洩洪道、Lower Lookout到一路蜿蜒的阿拉蒂亞蒂亞激流，這個高度能讓你清楚的將你剛才所經歷的一切盡收眼底。

WAIRAKEI GEOTHERMAL POWER STATION
懷拉基地熱發電工程

❖ 處處可見銀色U形輸送管

在陶波旅行時,一定會偶爾看到許多銀色大管子穿梭於道路兩旁,有些管子甚至還冒著白煙。其實這些都是懷拉基地熱發電廠的輸送管線。想更進一步的看看這個地熱發電工程,可從Thermal Explorer Hwy轉進Wairakei Rd進入地熱發電廠的範圍,那些銀色的地熱輸送管將如影隨形的在一旁出現。一直往裡頭開,在穿越一些U形管線後可爬升到一個瞭望點,在那裡可欣賞到巨大壯觀的懷拉基地熱發電廠正冒著白煙持續運轉的發電中。

每當看到這些銀色管線就讓我聯想到外星人與太空梭,你呢?

壯觀的懷拉基地熱發電工程一景

CRATERS OF THE MOON
月球火山口

❖ 紐西蘭最大的地熱田

月球火山口位於陶波以北,表面面積達25平方公里的這個地區是目前紐西蘭最大的地熱田。1950年代興建的懷拉基(Warirakei)發電廠使得該地區產生巨大變化。由於發電廠降低地下水位,地底的壓力產生變化並使許多間歇泉消失,但也造成月球火山口的熱量輸出增加,產生更多的水蒸氣,並進而形成了今日所看到的月球表面隕石坑。

在入口處購票進入時可索取一份地圖了解行進路線。觀看時務必留在木棧道上就好,因為你即將進入一個地熱頻繁的危險區域。跟著規畫步道走,沿途可看到不斷冒泡的泥漿池和冒出熱騰騰蒸氣的巨大坑洞。步道將引領你來到一個高處,這個視野很好的地方可俯瞰整個月球火山口,遠方的陶波湖、陶波市區及更遠的湯加里羅山在天氣晴朗時都可看到。

走進月球火山口裡,隨時都要有會被煙霧包圍的打算

Data

- http www.cratersofthemoon.co.nz
- ✉ 從i-SITE出發,沿著Wairakei Drive(Thermal Explorer Hwy)往北走,在看到Karapiti Rd往左轉,再開一段便會抵達入口及停車場
- ☎ (+64)06 385 4114 (For Chairman of Trustees)
- ⏰ 08:30~18:00(冬季提早約半小時關閉),聖誕節休館
- 💲 成人$8,兒童(5~12歲)$4,家庭(2大4小,兒童5~12歲)$20

Kei Rungaite Mania像藝術家的調色板有著繽紛的色彩

ORAKEI KORAKO CAVE AND THERMAL PARK
奧拉基科拉科洞穴及地熱公園

✤ 色彩繽紛的地熱仙境

奧拉基科拉科位於陶波與羅托魯瓦之間，隱密的它保有著未遭破壞的獨特奇景，據說他幾千年來幾乎都沒什麼變過。Lonely Planet讚譽這裡是紐西蘭甚至是全世界最棒的地熱仙境。

來到這裡，隔著Lake Ohakuri你已可清楚的看到對面冒著白煙的奧拉基科拉科地區。乘船是抵達那裡的唯一辦法，門票(含船票)在入口處的遊客中心購買。奧拉基科拉科全區大部分都鋪有建構良好的木板路，行走相當便利。跟著指標，沿途可看到有著綠色或

黃色的鮮豔台地，或登上高處的瞭望台俯瞰這些平常不易見到的自然景觀。突然間，我們似乎走進了一個跟以往認知完全不同的世界。

自然而神聖的Ruatapu Cave位於步道的後端，這是目前世界上已知位於地熱帶的兩個洞穴之一(另一個在義大利南部)。洞穴底下有個碧綠色的池子，人們稱之為「Waiwhakaata」，據說早期毛利婦女參加婚禮或重要儀式前會在這裡妝飾打扮。

這裡的一切皆是大自然的奇景啊！

神聖的洞穴Ruatapu Cave有個碧綠的鏡池

Data

🔗 www.orakeikorako.co.nz
✉ 494 Orakeikorako Road
📞 (+64)07 378 3131
🕐 夏季08:00～16:30，冬季08:00～16:00
💲 成人$36，兒童(16歲及以下)$15，家庭(2大2小)$92，6歲以下免費

尋訪毛利人時期的遺跡

陶波到湯加里羅國家公園
Taupo to Tongariro National Park

從陶波前往湯加里羅國家公園可走SH1，經過圖朗基(Turangi)後接著轉往SH47，繼續走便會看到通往公園的指標。途中會經過Lake Rotoaira這處美麗的湖泊，並有條岔路通往Opotaka Historic Place Site，那裡是毛利先民居住過的地點。

Te Porere Redoubt是一處十分特別的毛利堡壘要塞遺跡，根據考古研究，這裡是毛利先知領袖Te Kooti與他的勇士們為了戰爭(1869年)所建成的防禦工事，而這些保壘也是毛利人接受並適應英國軍方建造技術的一個絕佳例子。這處遺跡在SH47路上，有興趣的就繞進來看看吧。

範圍較大的Upper Redoubt 為主要的堡壘要塞

有胡蘿蔔之稱的小鎮

奧阿庫尼
Ohakune

奧阿庫尼位在國家公園小鎮以南約36公里的地方，是通往湯加里羅國家公園的南大門。「胡蘿蔔之都」是它另一個較為出名的名稱，在紐西蘭不論問誰，只要提到奧阿庫尼就會聯想到「胡蘿蔔」！

那根7.5公尺長、據說是目前世界上最大的胡蘿蔔模型原本是ANZ Bank電視廣告的拍攝道具，在拍完後便捐給了奧阿庫尼，從此不僅成為了當地的地標，更成為了遊客來此必定造訪的景點。

冬天時節，滑雪愛好者會不約而同的一起湧入這只有一千多人居住的小鎮，除了滑雪，也可在附近森林徒步健行、激流泛舟或去山林騎個越野自行車。

看！這大小胡蘿蔔差多少？

保存重要的毛利文化與火山地形

湯加里羅國家公園
Tongariro National Park

湯加里羅國家公園裡的奇異鳥標誌
還穿上了滑雪屐(是誰這麼調皮)

成立於1887年，湯加里羅國家公園是紐西蘭的第一座國家公園，同時也是世界上第四座成立的國家公園。由於具有重要的毛利文化以及出色的火山地形特徵，它被聯合國教科文組織(UNESCO)授予了雙重世界遺產的特殊地位，以表彰其文化與自然的重要價值。

公園裡的三座看板人物分別是湯加里羅山(Mt Tongariro)、瑙魯霍伊山(Mt Ngauruhoe)及魯阿佩胡山(Mt Ruapehu)。公園內的湯加里羅高山橫越路線(Tongariro Alpine Crossing)被譽為是「紐西蘭最好的一日健行路線」，長19.4公里，一般需要7至9小時來完成。辛苦是有代價的，你將穿過壯觀的火山地形，並看到正冒著煙的火山口及漂亮的高山湖泊。起點跟終點是在不同地方且不在主要道路上，事先安排交通方式是必要的。而在冬季，魯阿佩胡山南北兩側的Turoa及Whakapapa滑雪場將吸引大量遊客來此一展身手。

位在SH4和SH47交叉路口上的小鎮因為靠近湯加里羅國家公園而取名為國家公園(National Park)這個名字，它與山上的Whakapapa

華麗的古典歐洲風大樓就在魯阿佩胡山中

Village在滑雪季時可是塞滿了人，而夏季也會住了不少登山客。這邊並不熱鬧，僅僅只有幾間餐廳、住宿地點、一間加油站及Four Square而已。

在Whakapapa滑雪場途中，看夕陽餘暉映在瑙魯霍伊山上，迷人的景致令我們戀戀不捨

往陶瑪魯努伊 Taumarunui

陶波湖 Lake Taupo 往陶波 Taupo
SH41　SH1

圖朗基 Turangi

Te Porere Redoubt
SH47
Opotaka Historic Place Site
Lake Rotoaira
SH46
Ketetahi Rd (Ketetahi Track)
湯加里羅山 Mt Tongariro
SH4
Tongariro Alpine Crossing
SH1
Mangatepopo Rd
瑙魯霍伊山 Mt Ngauruhoe
SH48
國家公園 National Park
魯阿佩胡山 Mt Ruapehu
Turoa滑雪場
Whakapapa滑雪場
Ohakune Mountain Rd
SH49
奧阿庫尼 Ohakune
往北帕默斯頓 Palmerston North
往旺格努伊 Whanganui

湯加里羅國家公園周邊地圖

東岸、霍克灣
EAST COAST & HAWKE'S BAY

僻靜又迷人的東海岸

　　從豐盛灣的奧波蒂基(Opotiki)往東邊的太平洋海岸公路(Pacific Coast Highway)SH35開去，你將進入遊客稀少的東岸(East Coast)地區。生鏽的廢棄汽車倒在路旁，不少住家外觀斑駁油漆剝落，馬兒大喇喇的直接走在馬路上，這是我們第一次看到紐西蘭如此偏遠荒涼的一面。這裡大部分的地區都收不太到手機訊號，所以關掉手機，好好享受旅行吧！

　　繞過東岸後會先經過波弗蒂灣(Poverty Bay)，接著抵達擁有溫暖陽光及宜人氣候的霍克灣(Hawke's Bay)，它是紐西蘭第二大的葡萄酒產區(僅次於馬爾堡)，同時也是全國最古老的產區。內皮爾(Napier)、北哈夫洛克(Havelock North)和世界上最長的地名都值得花點時間親自探訪。

奧波蒂基
Opotiki

東角
East Cape

懷羅阿
Wairoa

馬希亞半島
Mahia Peninsula

霍克灣
Hawke's Bay

內皮爾
Napier

最令人難忘的沿途景色

奧波蒂基到托拉加灣
Opotiki to Tolaga Bay

從奧波蒂基到托拉加灣大約有270公里長，沿途道路彎彎曲曲，地勢起伏有高也有低。這段路上的荒涼景色將會令你印象深刻，而這也是認識紐西蘭另一面的絕佳機會。

馬兒大喇喇的霸占路面在東岸是有機會遇到的事，因此開車時請別開太快

希克斯灣 Hicks Bay
Waihau Bay
Raukokore Anglican Church
蒂阿拉羅阿 Te Araroa-East Cape Rd
Te Araroa
Te Kaha
東角燈塔 East Cape Lighthouse
Tikitiki
往陶朗加 Tauranga
SH35
Ruatoria
Raukumara Range
奧波蒂基 Opotiki
Tokomaru Bay
SH2
Tolaga Bay
往內皮爾 Napier
吉斯伯恩 Gisborne
SH2

東岸周邊地圖

RAUKOKORE
拉可可瑞區

✤ 融入毛利文化的
　白淨地區

　有著灰色屋頂、白淨外觀的Raukokore Anglican Church位於拉可可瑞區的海邊，維護很好的它是附近居民心靈上的信仰慰藉。西式建築的教堂其門口有個毛利文化的木雕裝飾，整體搭配很是特別，並反應這個地區乃至整個東岸都深受毛利文化的影響。

TE ARAROA
蒂阿拉羅阿

✤ 擁有世界最古老的聖誕
　紅花樹

　要前往東角(East Cape)，便一定會經過蒂阿拉羅阿這個小鎮。這裡有個大概是世界最東邊的加油站，加完後需到它對面的Four Square繳費。旁邊有間Kai Kart，它的炸魚薯條挺美味的。

　世界上最古老的聖誕紅花樹(Pohutukawa Tree)「Te-Waha-

這棵古老的聖誕紅花樹已經佇立在此超過600年了

O-Rerekohu」，位在小鎮以它為名的校園裡。據估計這棵樹已超過了600歲，它仍在持續苗壯中，持續的與這片土地及人們連接著。

這座就是紐西蘭最東邊的燈塔囉

EAST CAPE LIGHTHOUSE
東角燈塔

❈ 一睹全球第一道曙光

白色外觀及橘紅色底座的東角燈塔堅毅的站立在紐西蘭的最東端，它在1922年遷移到這個位置上。每到跨年時分，這裡會湧進許多民眾及觀光客，為的就是要目睹全世界第一道曙光。

East Island孤立的出現在附近外海，當你往東看時便會看到它，那裡是東角燈塔一開始(1900年)出現的位置。

TOLAGA BAY WHARF
托拉加灣碼頭

❈ 漫步步道，登高一覽碼頭全景

托拉加灣是東角到吉斯伯恩這段路上的一處亮點，這個社區因為與庫克船長有關聯而感到自豪，歷史記載這批探險隊曾在1769年10月來過這裡。660公尺長的托拉加灣碼頭為紐西蘭最長的碼頭，不過現在的它已年華老去，沒辦法再允許車輛進入或停泊船隻，但它轉變成了受歡迎的散步及釣魚地點。碼頭附近有條Cooks Cove Walkway，這條步道可讓你登高觀看碼頭全景，並帶你抵達庫克當年登陸的地方。

美麗夕陽下的托拉加灣碼頭

TE ARAROA HOLIDAY PARK
蒂阿拉羅阿假日公園

❈ 坐擁世界最東邊的電影院

並沒有事先訂房的我們在找不到BBH的情況下原本打算要睡車上了，最後還是摸黑找到了蒂阿拉羅阿假日公園安頓一晚。裡頭有廉價房間、較貴的套房及露營地可選擇，奔波了一天，我們選了設備較好的套房住。隔天在附近逛逛時才知道這裡頭有間號稱世界最東邊的電影院(The Most Eastern Cinema In The World)！東岸接近國際換日線的最東邊，因此這個「號稱」應該是實至名歸。小小間的電影院看不出是否還有在持續營運，但能親眼見識到「世界最東邊的電影院」還是覺得挺有趣的。

公園裡有座世界最靠東邊的電影院

Data

🌐 www.teararoaholidaypark.co.nz
✉ SH35, Te Araroa, Eastern North Island
📞 (+64)06 864 4873　📠 無
💲 依房型有不同訂價。帳篷區$11～$12，小屋(Cabin)$55～$65，汽車旅館(Moter)$120～$140

半月形的美麗海灣

波弗蒂灣
Poverty Bay

當庫克船長第一次來到這個呈半月形的海灣時，並沒有發現任何讓他留下深刻印象的事物，因此他為這片海灣取名為波弗蒂灣(意思為貧窮的海灣)。但其實這裡土地肥沃，各方面都非常適合人群定居。吉斯伯恩是這個地區中最大的城市，它繁榮、陽光充足且充滿活力，它會讓你完全地忘記了你才剛從偏遠的東岸沿著平凡單調的SH35公路移動過來。更棒的是，這裡緊鄰國際換日線，你將有機會看到全世界第一道曙光！來這裡逗留個幾天吧！

GISBORNE
吉斯伯恩

✦ 早晚景色多彩的橋梁之城

吉斯伯恩有個「橋梁之城」的美名，因為有三條河流分別由不同方向流經市區，最後匯集成一條Turanganui River流入波弗蒂灣。市區的主要街道為Gladstone

晚霞伴鐘樓

Rd，路中央有座醒目的城市地標——鐘樓。i-SITE門口上有個太陽升起的圖案，顯示這座城市其地理位置有多麼獨特。H.B. Williams Memorial圖書館有面非常漂亮且好大一片的彩繪玻璃，我們常去那裡使用免費網路。

禮拜六上午9:30到12:30有個Farmer's Market在泰拉懷提博物館斜對面的停車場舉行，想買點蔬果或感受市集氣氛的就到那兒去吧。

吉斯伯恩市區街道

吉斯伯恩市區地圖

Makaraka Rd (SH2)
Main Rd (SH2)
Gladstone Rd
Gladstone Rd
PAK'nSAVE
吉斯伯恩機場 Gisborne Airport
H.B. Williams Memorial圖書館
泰拉懷提博物館 & 特莫阿納海事博物館
Tairawhiti Museum & Te Moana Maritime Museum
Wyllie Cottage
Stout St
Farmer's Market
Peel St
Awapuni Rd (SH35)
往懷羅阿 Wairoa
雷利瀑布 Rere Falls
伊斯特伍德山植物園 Eastwoodhill Arboretum
i-SITE
Grey St
奧林匹克游泳池場館 Olympic Pool Complex
Awapuni Rd (SH35)
懷卡奈海灘 Waikanae
小尼克雕像 Young Nick Statue
庫克船長雕像 Captain James Cook Statue
庫克建築 Cook's Plaza
庫克登陸點 國家歷史保護區 Cook Landing Site National Historic Reserve
Hirini St
Crawford Rd
Wainui Rd
Parau Rd
Queens Drive
凱提山瞭望點 Kaiti Hill
庫克天文臺 Cook Observatory
Kaiti Beach Rd
吉斯伯恩市老式鐵路 Gisborne City Vintage Railway
往托拉加灣 Tolaga Bay Wharf
Moana Rd (SH35)
世界上第一道曙光 (我們選擇的地點)
Wainui 海灘
Kaiti 海灘
Sponge Bay Rd
Sponge Bay
波弗蒂灣 Poverty Bay
Tuamotu Island

TAIRAWHITI MUSEUM & TE MOANA MARITIME MUSEUM
泰拉懷提博物館&特莫阿納海事博物館

展示東岸毛利文化的泰拉懷提博物館

✤ 陳列東岸最古老的毛利文物

泰拉懷提博物館展示著東岸的毛利文物，以及過去發生在這裡的殖民記錄，這裡並結合一個藝術畫廊，展出當地或國際的超凡藝術作品。

後面緊連著特莫阿納海事博物館，這是一艘加拿大之星(Star Of Canada)的部分船艙所改建的博物館，裡頭展示以航海相關的文物爲主。博物館外頭不遠處有間重建的Wyllie Cottage，這棟1872年建立的木屋是目前吉斯伯恩最古老的房子。

Data

- http www.tairawhitimuseum.org.nz
- ✉ 10 Stout St, Gisborne
- ☎ (+64)06 867 3832
- ⏰ 週一～六10:00～16:00，週日、國定假日13:30～16:00。Good Friday、聖誕節、隔天的Boxing Day休館
- $ 當地人$2，遊客$5，博物館會員及12歲以下兒童免費

KAITI HILL LOOKOUT & COOK OBSERVATORY
凱提山瞭望點& 庫克天文臺

✤ 俯瞰波弗蒂灣及吉斯伯恩全景

想飽覽整個波弗蒂灣及吉斯伯恩城市風貌嗎？凱提山會是個絕佳地點。沿著Queens Drive往上開，有個瞭望點可俯瞰整座城市，並可看看河流是如何蜿蜒的造就這座城市發展。接著往上開在經過Cook's Plaza後將來到路段的最高點，這裡是觀看波弗蒂灣最棒的地方，同時也是庫克天文臺的所在地點，這裡可是全世界最靠東的觀星天文臺呢！吉斯伯恩天文學會定期會在天氣好的週二晚上舉辦一場需收費的Public Viewing Nights，我們曾在這裡利用望遠鏡第一次親眼看到土星環，驚喜程度整個大破表！

壯闊的波弗蒂灣

世界上最靠東的觀星天文臺——庫克天文臺

上凱提山飽覽吉斯伯恩城市風貌

WAIKANAE BEACH & CAPTAIN JAMES COOK AND YOUNG NICK STATUE & GISBORNE CITY VINTAGE RAILWAY
懷卡奈海灘&庫克船長和小尼克的雕像&吉斯伯恩市老式鐵路

偉大的航海家庫克船長

✤ 穿梭在百年歷史的時光

懷卡奈海灘算是最接近市區的沙灘，從i-SITE前的Grey St走到底便會抵達，這裡有很棒的沙灘可以散步及踏浪。往凱提山方向走去可遇到兩座雕像。一是庫克船長的雕像，他帥氣的站在一顆半圓形的地球儀上。另一座是庫克的船員小尼克，當年從奮進號上第一個看到紐西蘭土地的就是他。

吉斯伯恩市老式鐵路位在小尼克的後方，它裡頭有台1897年誕生的Wa165蒸汽老火車頭，目前仍在營運中，但一年只有幾次而已。經過詢問，我們竟幸運的得以進到維修站裡頭，這台百年蒸汽老火車頭就這麼好端端的停在我們面前。我們就盡情的在車廂內外爬上爬下，好好一次看個夠！

EASTWOODHILL ARBORETUM & RERE FALLS
伊斯特伍德山植物園&雷利瀑布

✤ 大自然的天然芬多精

距離市區有35公里遠的伊斯特伍德山是個讓你可盡情擁抱大自然的植物園。這裡是赤道以南引進最多北半球樹木的地方，並是15,000餘棵樹木的家。來到這裡，你可以站在雄偉高大的橡樹底下仰望它，體驗周圍環境帶給你的寧靜，並聆聽超過40種鳥類的悅耳叫聲。

沿著Wharekopae Rd再往裡頭開可抵達一處雷利瀑布，

這是個寬大的瀑布。仔細一看，這條瀑布流經道路路橋下方，但站在路橋上可看不到這壯觀的一景。

Data

🔗 www.eastwoodhill.org.nz
✉ 2392 Wharekopae Road, RD 2, Ngatapa, Gisborne
☎ (+64)06 863 9003
🕐 09:00～17:00，聖誕節休園
💲 成人\$15，長者(65歲以上)\$12，兒童(5～16歲)\$2，兒童(5歲以下)免費

林木參天的伊斯特伍德山植物園

記得早起迎接世界上第一道曙光

　　來到吉斯伯恩一定要找個機會早起看日出！為什麼？因為緊鄰著國際換日線的關係，在這裡看到的曙光可是全世界第一道啊！為了想看太陽從海面上冒出來的一景，我們駛離市區沿SH35公路往東開，經過Wainui後找塊空地等待日出(吉斯伯恩的方位並不適合看日出)。

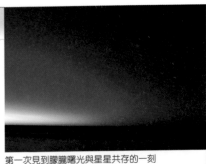

第一次見到朦朧曙光與星星共存的一刻

　　日出前，我們看到了從未見過的自然奇景。這奇景就是我們面向大海，視線的左下角是即將升起的日出其一小部分的橘色光芒，而在視線右上方還可看到星星在夜空中閃耀，這是我們第一次看到「日月同輝」的一刻！當天萬里無雲，所以我們有幸可以看到太陽從海裡「蹦」一下的冒出來！能看到這一切的自然變化，我們感到無比幸運。

相傳為毛利的魚鉤

馬希亞半島
Mahia Peninsula

　　馬希亞半島有個美麗神話，相傳在毛利文化中這座半島被稱為「毛伊的魚鉤」，就是這神奇的魚鉤讓毛伊釣起了北島這條大魚。(從空中看這座半島還真像個魚鉤。)半島位在吉斯伯恩與懷羅阿之間，這裡並沒有特別知名的景點，但我們喜歡造訪這種偏遠地區，因為總能看到這塊土地最真的一面。

較多遊客造訪的馬希亞沙灘

霍克灣最北端的小鎮

懷羅阿
Wairoa

PORTLAND ISLAND LIGHTHOUSE
波特蘭島燈塔

✦ 懷羅阿的白色地標

　　來到懷羅阿，顯眼的波特蘭島燈塔吸引人們的目光。這是由海洋工程師約翰‧布萊克特(John Blackett)在1877年所設計的木製燈塔，原本建立在馬希亞半島下方的波特蘭島上，後來在1961年被移到懷羅阿，並成為這座城市的象徵地標。

位在路邊的波特蘭島燈塔

LAKE WAIKAREMOANA
懷卡雷默阿納湖

✤ 唯美的寶藍色湖露營區

美麗的森林湖泊懷卡雷默阿納湖，位在Te Urewera國家公園裡，據說是大約在2,000年前一次巨大的山崩阻塞了Waikaretaheke河而累積成湖的。現在這個湖區是一個很棒的露營地點，同時也可進行狩獵、划船、划小艇和釣魚等

看著藍寶石色的湖泊，真是令人心曠神怡啊

活動。Lake Waikareiti和Lou's Lookout這兩條步道還不錯，前者可走到另一個湖泊，後者則可以登高欣賞懷卡雷默阿納湖湖區。我們也有沿著湖泊周圍道路開車欣賞風景，不過部分路段潮濕泥濘，繞一繞車身也沾滿了泥巴！

我們在那裡住了一晚，夜裡滿天星空，好安靜。

別錯過高架橋及瀑布

懷羅阿到內皮爾
Wairoa to Napier

從懷羅阿到內皮爾的SH2公路上有幾處迷人景點不容錯過。

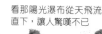

看那陽光瀑布從天飛流直下，讓人驚嘆不已

MOHAKA VIADUCT
莫哈卡高架橋

✤ 紐西蘭最高的鐵路高架橋

往南開在經過Raupunga小鎮後，97公尺高的莫哈卡高架橋(Mohaka Viaduct)很快的便會出現在視線前，這是紐西蘭目前海拔最高的鐵路高架橋。

SHINE FALLS
陽光瀑布

✤ 一瀉而下的壯麗瀑布

58公尺高的陽光瀑布是霍克灣地區最高的瀑布。一條陽光瀑布步道可前往瀑布，來回預計2小時。壯麗的瀑布景色絕對值得花點力氣前往！

歐式時尚的裝飾藝術城市

內皮爾
Napier

內皮爾，曾經在1931年經歷過一場驚人的芮氏7.9級大地震，當時撼動整個霍克灣超過3分鐘，這座城市的商業中心大部分都被摧毀，還發生大火，這無疑是一場大災難。當地人並沒有悲傷太久，重建工作隨即展開。不到幾年時間，它已蛻變成另一種新樣貌，重新出現在世人面前，就是今日我們看到的裝飾藝術建築(Art Deco)。

由於線條乾淨簡潔，加上外觀時尚，這種源自於歐洲的裝飾藝術風格很快的被用在內皮爾市區的重建建築物上。經過多年的努力及維護

毛利圖案與裝飾藝術的完美結合在轉角的ASB Bank內部可看到的

下，現在的內皮爾可是世界上保存最完好、整齊劃一的裝飾藝術城市呢！

想近距離觀賞這些藝術建築，徒步會是最推薦的方式。若要更進一步了解，則可參加由專人介紹的導覽團(Art Deco Walk)。熱鬧的TREMAINS Art Deco Weekend活動在每年2月份舉行，復古裝扮、30年代的汽車以及免費的戶外音樂會在那幾天的活動中都可以看到。想狂歡同樂的，一塊兒來吧！

往吉斯伯恩 Gisborne
Bay View
內皮爾港口
Port of Napier

Napier Hastings Expressway(SH2B)

Pandora Rd(SH2)

Hyderabad Rd(SH50)

Breakwater Rd (SH50)

布拉夫山瞭望點
Bluff Hill Domain Lookout

Coote Rd

Shakespeare Rd

Milton Rd

Browning St

Tennyson St

Dalton St

Napier Prison
Pania of the Reef
Hotel Central
ASB Bank
Marine Parade

裝飾藝術信託
Art Deco Trust

Thackeray St

Clive Square

Napier's
Farmers'
Market

Georges Drive(SH2)

Marineland of
New Zealand

紐西蘭國家水族館
National Aquarium
of New Zealand

Hasting St

多爾貝爾特別保留地步道瞭望點
Dolbel Reserve
Walkway Lookout

Taradale Rd(SH50)

Kennedy Rd

Napier Hastings Expressway(SH50)

Marine Parade

內皮爾市區地圖

往哈斯丁斯 Hastings
北哈夫洛克 Havelock North

Pania of the Reef是一個浪漫又美麗的毛利人傳說

NATIONAL AQUARIUM OF NEW ZEALAND
紐西蘭國家水族館

✦ 觀賞國寶奇異鳥的可愛風采

2002年開幕的紐西蘭國家水族館是內皮爾擁有的驕傲之一。地面樓層的Pania Reef Tank在特定時間會有餵食秀，逗趣的潛水夫會做些誇張動作使你會心一笑。後面連接一條50公尺長的海底隧道，數百條魚兒在裡頭游來游去，包含幾條慵懶的鯊魚。到1樓，可看到觸摸池、早期的深海潛水工具、長著尖牙的食人魚池及大蜥蜴(Tuatara)。

→在紐西蘭國家水族館裡看到珍貴的國寶奇異鳥

最令我們感到驚喜的，是這裡養著紐西蘭國寶——奇異鳥(Kiwi)！牠在昏暗中靠著長長的喙覓食，啄完後又走到角落藏匿起來，模樣十分可愛！

嘿！據說水族館的外觀像條黃貂魚(stingray)，你看出來了嗎？

Data

🔗 www.nationalaquarium.co.nz
✉ 546 Marine Parade, Napier
☎ (+64)06 834 1404
🕐 09:00～17:00，聖誕節休館
💲 成人$20，兒童(3～14歲)$10，家庭(2大2小)$54，3歲以下兒童免費

BLUFF HILL DOMAIN LOOKOUT 布拉夫山瞭望點

✦ 霍克灣海景盡收眼底

飽覽霍克灣最棒的方式就是登上布拉夫山去！從那往下俯瞰，霍克灣就在你眼前延展開來，底下的內皮爾港口(Port of Napier)其五顏六色的貨櫃及眾多堆放整齊的木頭也都清楚可見。這座山上住了不少居民，有些道路很陡或很窄，部分路段還會有短暫視覺死角，所以開車上來，慢慢開才是王道！

對了，在Hornsey Rd上有條小徑可步行前往山頂，我們走過，運動流點汗的感覺還不賴！

登上布拉夫山可以看見大片草原及美麗的霍克灣風景

DOLBEL RESERVE WALKWAY LOOKOUT
多爾貝爾特別保留地步道瞭望點

✤ 從不同角度遠眺內皮爾

市區西南方有處特別的瞭望地點，其視野跟布拉夫山很不一樣，它可以俯瞰整個內皮爾！這處瞭望點是在多爾貝爾特別保留地步道瞭望點上的一處高點，步道維護得很好，沿途種了不少樹木。來到山頂，最棒的動作就是往下俯瞰。布拉夫山會在視線的左手邊出現，此時可以好好看看「完整」的它。不過占據畫面最多的是底下密密麻麻的房屋，原來內皮爾住了這麼多人啊！

在這個高度上，你將重新認識內皮爾。

視野無限延伸，一覽無遺
北哈夫洛克
Havelock North

↑站上蒂瑪塔峰，霍克灣、內皮爾及哈斯丁斯都可一覽無遺

←從蒂瑪塔峰上看出去的絕色美景

TE MATA PEAK
蒂瑪塔峰

✤ 一覽綿延不絕的山峰景觀

別匆匆經過北哈夫洛克，那高聳的蒂瑪塔峰就在你面前，它值得你改變你的旅遊行程，如果你漏掉了它。

蒂瑪塔峰屬於Te Mata Trust Park公園的一部分，公園裡有許多條路徑可步行前往山頂，許多人用走或跑的上了山頂，氣喘吁吁下相信成就感十足。我們氣定神閒的開著車，穩穩的朝山頭前進。

來到山頂，你心裡一定冒出許多極好的、絕美絕妙的形容詞來讚嘆眼前所看到的遼闊美景！綿延不絕的山脈一波波的銜接下去，霍克灣、內皮爾、哈斯丁斯及底下的北哈夫洛克全都一次到位，一覽無遺！據說天氣晴朗時，連數百公里外的魯阿佩胡山和馬希亞半島都看的到。這裡是我們在紐西蘭看過視野最棒的地方。

金氏世界紀錄最長的地名

世界上最長的地名
Longest Place Name In The World

剛開始在旅遊書上看到這串英文字還以為是印刷錯誤，但在陸續看了幾個不同的旅遊介紹後，真有這地方！且是目前金氏世界紀錄公認最長的地名！這麼特別的地方當然要前往一探究竟。

這世界最長的地名就印在一塊好長好長的板子上，相當「低調」的出現在路邊。先吸一大口氣，看看能不能一次念完這一大長串地名。開始前容我提醒你，這要用毛利文發音才標準！

「Taumatawhakatangihangakoauauotamateaturipukakapikimaungahoronukupokaiwhenuakitanatahu」(85個字母)

話說回來，當地人當然不會將這麼長的文字放在自己的郵件住址裡，他們習慣稱這裡為Taumata。鄰近的Porangahau小鎮商店裡有賣這印著最長地名的T-Shirt，有興趣的話可去詢問一下，順便請他們為你來段正確發音！

「Tauma……＃&%$*@」

這就是世界上最長的地名，好酷

北帕默斯頓、威靈頓
PALMERSTON NORTH & WELLINGTON

遇見美麗海角的海港城市

　　接下來，我們將進入北島的南部地區。沿著SH2公路往南開，轉個岔路可前往位於陶波與威靈頓中間的馬納瓦圖(Manawatu)地區，那裡所見之處都是青綠的牧場及農場，主要城市是極具吸引力的北帕默斯頓(Palmerston North)。懷拉拉帕地區(Wairarapa)有幾處偏遠的美麗海角，那裡會讓你忘卻世俗的一切煩惱。最後介紹的是紐西蘭的首都威靈頓(Wellington)，一個非常美麗的海港城市。

北帕默斯頓
Palmerston North

威靈頓
Wellington

摩登現代的綠洲城市

北帕默斯頓
Palmerston North

一開進北帕默斯頓市區，迎面而來的視覺感受就是「現代摩登」！路旁矗立著高樓大廈，道路規畫的方正整齊。占地寬廣的The Square為城市中心，並號稱是紐西蘭內陸城市中面積最大的綠色空間。圖書館、公車轉運站、商店及銀行郵局都圍繞在附近，生活機能很是方便。市區裡推薦的景點以博物館為主，豐富的展示內容將花掉你一整個下午。徒步走一下市區的街道，許多藝術作品正妝點著這座城市，有些作品還會動呢！

位於Manawatu河旁的Victoria Esplanade有花園溫室及鳥籠區，並圈養著難得一見的保育類動物——Blue Duck！帶孩子來這裡走走吧！

在市區漫步時可看到不少藝術創作

外觀非常漂亮的City Library

北帕默斯頓市區地圖

城市中心——The Square廣場

NEW ZEALAND RUGBY MUSEUM
紐西蘭橄欖球博物館

✦ 每個櫥窗訴說著每一個年代的歷史

來到紐西蘭，你一定很快就會發現這個國家熱愛什麼運動。沒錯，就是Rugby！國家代表隊All Blacks，在紐西蘭人的心目中可說是如同傳奇般的存在。2011年的世界盃橄欖球賽(Rugby World Cup)就是由地主隊奪下睽違已久的冠軍，舉國歡騰的程度，只能用「超級瘋狂」來形容！

紐西蘭橄欖球博物館新遷移

以櫥窗方式陳列每個年代值得紀念的物品及時刻

到Te Manawa博物館的2樓位置，裡頭展示Rugby這項運動在紐西蘭這片土地上的完整歷史。從1870年代開始，一格格的透明櫥窗展示著各個年代的歷史片段，一張張的老照片記錄著當時比賽的重要時刻。

令我們印象深刻的是在「International Rugby Countries」的櫥窗裡，居然看到台灣國旗名列其中！雖然不曾看過國內的Rugby比賽轉播，但我相信，現在一定有一群人正努力的練習傳球跑位中！

Data

- http www.rugbymuseum.co.nz
- ✉ 326 Main Street, Palmerston North
- ☎ (+64)06 358 6947
- ◷ 10:00～17:00，國定假日閉館
- $ 成人$12.5，兒童$5(購票地點在1樓櫃台)

TE MANAWA MUSEUM OF ART, SCIENCE AND HISTORY
特瑪納瓦藝術、科學和歷史博物館

✦ 展示豐富的文化殿堂

特瑪納瓦是個集博物館、藝術畫廊及科學中心於一身的區域性大型文化中心，門口外兩隻爬在牆壁上的昆蟲歡迎你進入參觀，別被他們的巨大給嚇著。

1樓大廳有面巨大的毛利神話彩繪玻璃，生動且傳神。博物館裡展示來自海外國際巡迴演出的精彩作品，以及本地的優良創作，其中有不少是毛利文化的作品展出。

科學中心有一個互動機器，旋轉轉輪後可看到紐西蘭的土地演進史。河流會展是一個寓教於樂的地方，裡頭的展示都與這片土地息息相關。

來這裡參觀，就像參加一場知識饗宴！

Data

- http www.temanawa.co.nz
- ✉ 326 Main Street, Palmerston North
- ☎ (+64)06 355 5000
- ◷ 10:00～17:00，紐澳軍團日(ANZAC Day)13:00開館，耶誕節、耶誕節的次日、元旦及耶穌受難日閉館
- $ 免費

集博物館、藝術畫廊及科學中心於一身的特瑪納瓦博物館

MASSEY UNIVERSITY 梅西大學

✦ 色彩繽紛與創意十足的校園建築

有人說，北帕默斯頓充滿人文書卷氣息，原因無他，因為這裡矗立著一所優良學府，那就是位於城市以南、1927年創立、紐西蘭最大的大學——梅西大學。校名由來是來自於有著傑出貢獻的紐西蘭前總理威廉・弗格森梅西(William Ferguson Massey)。

校園面積很大，但不用擔心迷路，一旁有地圖看板或是路標指示方向。校園裡有銀行、書局、藥房及旅遊仲介服務中

梅西大學校園裡的建築充滿色彩與創意

心，商店裡還有賣著梅西大學的相關產品，如筆記本或手提袋。校園裡幾乎每棟建築、教學大樓、餐廳及學生宿舍的造

型都創意十足，用色鮮豔且活潑，讓看到的人充滿活力。能在這裡唸書生活，相信是件很棒的事！

TUI BREWERY
圖伊啤酒廠

✦ 酒迷們的朝聖地

在紐西蘭喝啤酒，我們的最愛始終是Tui。Tui的大本營位在北帕默斯頓附近的Mangatainoka，身為「酒迷」的我們當然要來朝聖一下！

高大顯眼的圖伊啤酒廠，讓你大老遠的就知道你的目的地在哪，那裡就是這好喝啤酒的發源地，不過想進入參觀的話得參加導覽團。沒參加的話可在一旁的博物館窺探其部分祕密，牆上掛著許多照片，顯示

←來Tui當然要喝一杯Tui！

圖伊啤酒廠，生產這款好喝啤酒的發源地

人們日常的生活與這啤酒有多麼緊密的關聯性。

來這裡最重要的當然就是要點杯Tui喝啦！種類不只一種，你可以挑選在外面喝不太到的試試看，如Wagstaff。

Data

🔗 www.tui.co.nz/Tui-Brewery/Tui-Brewery-Home

✉ Tui Brewery , SH2, Mangatainoka

📞 (+64)06 376 0815

🕐 週一～四09:59～16:03，週五～日10:03～17:01

💲 進入免費，喝酒看酒吧的價目表，參加導覽團1人$20，費用包含3杯啤酒及可讓你帶走玻璃酒杯

風力渦輪機一架架的在峽谷上排列開來，畫面相當壯觀

TE ĀPITI WIND FARM
Te Āpiti風力發電場

✈ 站在峽谷上聆聽風切聲

來到北帕默斯頓抬頭往周圍的山區看，一定可看到有許多風力渦輪機正在運轉。想近距離欣賞這些巨大的風力發電群，可到Te Āpiti風力發電場瞭望點去。這片發電場位於瑪納瓦圖峽谷(Manawatu Gorge)，由於峽谷呈現一個風漏斗的地形，因此風力資源可說是相當充足。

沿著Saddle Road開，可抵達Te Āpiti風力發電場的瞭望點，這裡視野極佳，55座風力渦輪機就在左右兩側蔓延開來。在瞭望點這裡就矗立著一架風力渦輪機，你可以大方的站在底下，聽著規律的風切聲，並享受渦輪機帶給你的強烈感受。鄰近還有一處比這裡面積、發電量更大的Tararua風力發電場，它有134座風力渦輪機。

其實風力渦輪機並沒有你想像中會發出巨大聲音，當你站在它底下且正與旁人對話時，你不用拉高嗓門，只需用正常音量就好，真的！

典型的迷人鄉村小鎮

埃克塔胡納
Eketahuna

自稱是「Kiwi Country」的迷人小鎮——埃克塔胡納位於SH2公路上，這裡有遊客中心、博物館、咖啡廳及一些商店(在紐西蘭的俚語中，埃克塔胡納也代表是「典型的鄉村小鎮」的意思。)。你可以在這裡稍做休息，看著遊客中心旁的巨型奇異鳥看板。遊客中心有提供免費無線網路，有需要的好好利用！

埃克塔胡納小鎮上的奇異鳥(它正穿著All Blacks的黑色隊服)

廣大遼闊的畜牧地區

懷拉拉帕地區
Wairarapa region

離開Eketahuna沒多久後即將進入懷拉拉帕地區，這片廣闊大地位於威靈頓的東部及東北方，最大的城市為馬斯特頓(Masterton)，它是紐西蘭最重要的綿羊畜牧區，國際金剪刀大賽(Golden Shears)每年都在這裡舉辦，這是世界上最負盛名的剪羊毛比賽。

格雷鎮(Greytown)的主要街道上擁有最完整的維多利亞式建築，徒步欣賞是相當推薦的巡禮方式。作為北島主要的葡萄種植區，馬丁堡(Martinborough)會在每年11月舉辦著名的「Toast Martinborough wine festival」，並提供上好的葡萄酒邀請愛好者前來品嘗。接下來，再介紹幾處特別的旅遊景點。

STONEHENGE AOTEAROA Aotearoa巨石群

相當獨特的Aotearoa
巨石群

✤ 重現早期文明的偉大

紐西蘭也有巨石群！沒錯，位於卡特頓(Carterton)附近有一處Aotearoa巨石群景點。建造靈感來自英格蘭索爾茲伯里平原(England's Salisbury Plains)上那著名的神祕巨大石柱群。

Aotearoa巨石群由24個直立柱子、門楣相接，形成一個圓形結構，中間有個方尖碑。地上10公尺長的日行跡(analemma)是一個巨大的時鐘和日曆，中間的「黃色8字形軌跡」，是利用方尖碑投射在日行跡上的陰影來追蹤正午的太陽在一年之中的運動軌跡。另外，方尖碑也可用來尋找地球的天球南極(South Celestial Pole)。

巨石群周圍的視野很好，同時很安靜。看著前方寬廣草地上的牛群及遠方綿延的高山，我們的心情感到無比平靜。

Data

🌐 www.stonehenge-aotearoa.co.nz
✉ 51 Ahiaruhe Road, Carterton
📞 (+64)06 377 1600
🕐 週三～日10:00～16:00，週一、二、12／24、12／25、12／26閉館。夏季每天開放，春季、秋季、冬季的開放時間依網站公告為主。(詳細時間請參考網站)
💲 導覽團費用：成人$16，長者(65歲以上)$13，兒童$8

CASTLEPOINT
城堡岬

位在海角邊上的Castle Point燈塔

✦ 登上制高點瞭望天然地形海景

看多了內陸農場風光，是否有一段時間沒到海邊了呢？距離馬斯特頓約65公里遠的城堡岬(Castlepoint)，是懷拉拉帕海岸線最壯觀的景點之一，即使地處偏遠，但仍掩蓋不住它的迷人風采。

來到這裡，可看到Castle Point燈塔孤獨但堅毅的站在海角邊的岩石上，照亮鄰近海域。踩過一小段沙灘，便可開始沿著側邊步道往燈塔前進。走到燈塔後別急著停留，前面還有一小段木棧道可登上視野更棒的制高點。從這裡可看到蜿蜒的樓梯搭配崎嶇的礁岩地形，遠方還有座162公尺高的城堡岩石(Castle Rock)，整體景色，實在天然壯麗！這裡風勢很大，停留觀看時請小心安全。

CAPE PALLISER (MATAKITAKIAKUPE) 帕利斯爾角

✦ 沿途可看到慵懶的海豹群

懷拉拉帕海岸線除了Castlepoint外，還有另一處更偏遠但很棒的海邊，那就是帕利斯爾角(Cape Palliser)，那裡幾乎快接近北島的最南端了。距離這偏遠海灣最近的城市是馬丁堡，出發前可先在那裡住上一晚。

穿過平原，在看到海洋的那一刻時，代表你已經抵達了帕利斯爾灣(Palliser Bay)，接下來將一路沿著海岸前進。

Ngawi是你在這條海岸線上唯一會遇到的小鎮，這裡除了房子與居民外，還有大型堆土機。接下來你會聞到一股氣味，那是由一群躺在路邊或岩石上的海豹群所散發出來的。觀賞牠們時請保持距離，看起來慵懶的牠們是有攻擊性的！

前往帕利斯爾角的路邊會經過一處海豹群居地

紅白相間的帕利斯爾燈塔(跟我們合照的是搭順風車的德國年輕人)

接下來差不多要進入帕利斯爾角的位置了，帕利斯爾燈塔是這裡的代表性景點。這座有著糖果條紋(紅白相間)的燈塔位在得爬250階的高處，辛苦不會白費，在天氣很好的情況下，能從這裡直接看到南島。

小巧美麗的紐西蘭首都

威靈頓
Wellington

熱鬧的古巴街(Cuba Street)

紐西蘭給世人的印象一向都是風景如畫及熱情好客。這樣的國家首都會是什麼樣子？來！造訪一趟威靈頓，看看這座小巧完美、熱鬧且迷人的海港城市。

也許名氣不如658公里外的奧克蘭那麼響亮，但威靈頓的重要性絕對是全國之最，除了身為重要的交通樞紐外(南北兩島搭渡輪往返必經之地)，政府所有的權力機構都設立在這裡。其中最為搶眼的首推蜂巢(The Beehive)。據

說設計它的英國建築師Basil Spence爵士在一張餐巾紙上就畫好了這棟受到世人推崇的建築草圖。

「徒步」絕對是探索威靈頓最棒的方式之一，這座緊湊的城市許多景點都可步行抵達，如威靈頓城市與海洋博物館、皇后碼頭、市民廣場(The Civic Square)一帶和Te Papa博物館。這裡散發出一種輕鬆緩慢的生活步調，來這裡與其他人一塊兒沉浸吧！

時間允許的話，不妨開車往南前往Princess Bay及Island Bay一帶，那裡浪花拍打著礁石，呈現出的海濱景色可讓你看見威靈頓另一種天然樣貌。路上經過的Dorrie Leslie Park裡有尊縮小版的「摩艾石像」，據說那是智利送給紐西蘭的禮物。

外觀像蜂巢的國會大廈

威靈頓市區地圖

MUSEUM OF NEW ZEALAND TE PAPA TONGAREWA

紐西蘭博物館

博物館的門口是毛利人與歐洲白人鼻碰鼻的作hongi問候禮

✤ 設置五大領域展示與探索中心

讓紐西蘭人相當引以爲傲的紐西蘭博物館Te Papa，是一間享譽全球的博物館，同時也是一棟足以代表紐西蘭國家象徵的博物館。除了Te Papa外，你也可以稱它叫「Our Place」。

入口的兩扇大門圖案就讓我很有感覺，那是毛利人與歐洲白人鼻碰鼻的作hongi問候禮，稍微了解紐西蘭歷史的人大概都知道這兩個族群，是發生了多少次戰爭後才換得今日的和平相處。

Te Papa以6個樓層展示藝術、歷史、太平洋、毛利文化和自然生態等五大領域。令我們印象深刻的有位於2樓的OurSpace、4樓的「Te Marae」及《懷唐伊條約》的放大複本，另外還有專爲孩子建造的探索中心(Discovery Centres)。Te Papa博物館，是我們認爲威靈頓最棒的地方！

大型玻璃上展示《懷唐伊條約》的放大複本

Data

🌐 www.tepapa.govt.nz/pages/default.aspx
✉ 55 Cable Street, Wellington
📞 (+64)04 381 7000
🕐 10:00～18:00，週四至21:00
💲 免費

BROOKLYN WIND TURBINE LOOKOUT

布魯克林風力渦輪機瞭望點

✤ 彷彿置身在毛利神話中

威靈頓市區旁的布魯克林山丘(Brooklyn Hill)上，有一組風力渦輪機正運轉著，那裡比維多利亞山還高，視野涵蓋更廣！前往路上會有路牌指示，且有風力渦輪機引導你的方向，這處瞭望點並不會太難找。

順利抵達風力渦輪機後站在它底下往外望，你一定會不由自主的發出讚嘆聲，從這裡眺望出去的景色實在是太棒了！從左往右看，你會看到下哈特區(Lower Hutt)、整個威靈頓港及位在中央的Somes Island、威靈頓市區、維多利亞山(你可以俯視她)、威靈頓國際機場及渡輪進出的航行路線，最後便是綿延不絕的庫克海峽(Cook Strait)。

說到威靈頓港，它在毛利神話中是毛伊釣起北島這條魚的魚嘴位置，而整個海灣輪廓眞的就像條魚張大嘴的樣子。站在這個高度，你一定會相信這個毛利神話是眞的！

來威靈頓不可錯過的紅色纜車

WELLINGTON CABLE CAR
威靈頓紅色纜車

✤ 藍綠森林裡的耀眼紅點

坐在紅色纜車的傾斜車廂內,在斜坡上緩緩爬升,並逐漸將這座城市看高看遠,這樣的特殊體驗在你造訪威靈頓時千萬不要錯過,它從1902年服務至今,目前還老當益壯中!

在Lambton Quay路上的麥當勞旁,可看到顯眼的迷你纜車車廂的指示牌,這裡就是纜車的起始地點。來到山頂後,往下望可看到纜車經過的斜坡、大學裡的寬廣運動場及層層疊疊的市區建築,遠方的維多利亞山及威靈頓港,則為整個畫面增添藍與綠的色素,望出去的景色真的很棒!

整個威靈頓至少有400座私人纜車還在使用中,而有些建造的目的,據說只是為了載隻上了年紀的老狗上下山而已。

Data

🔗 www.wellingtoncablecar.co.nz
✉ Cable Car Lane, 280 Lambton Quay
📞 (+64)04 472 2199
🕐 週一～五07:00～22:00,週六08:30～22:00,週日、國定假日09:00～21:00,每10分鐘一班車,聖誕節休息
💲 成人單程上山$4、單程下山$3.5、來回$7,兒童(5～15歲)單程上下山$1.5、來回$2.5,5歲以下免費,家庭(2大4小)來回$17
❓ 如果空間足夠,可免費載腳踏車

CARTER OBSERVATORY 卡特天文台

✤ 探索南半球的夜空

位於纜車最高點的卡特天文台,是威靈頓市區一處推薦的旅遊景點,它同時也是重要的教育設施地點。於1941年開放,2010年3月才剛完成一次大翻新,最棒的新增項目是一座9公尺高的全圓頂天象儀(full-dome planetarium)。

天文台內分成好幾個展區,入口進去的左邊是天象儀,另外還有互動展覽空間、圖書館及發出科幻綠光的黑洞隧道。

天氣允許的話便有機會使用到托馬斯‧庫克望遠鏡(Thomas Cooke telescope),那是一座歷史悠久的9又3/4英吋折射望遠鏡,在工作人員引導下,將可輪流登上樓梯透過目鏡親自感受來自外太空的光源感動。

Data

🔗 www.carterobservatory.org
✉ 位於纜車最高點
📞 (+64)04 910 3140
🕐 週一、三、四、五10:00～17:00,週二、六10:00～21:30,週日10:00～17:30,聖誕節休館
💲 成人$18.5,兒童(4～16歲)$8,家庭(2大2小)$47,4歲以下免費

上到布魯克林風力渦輪機瞭望點,整個威靈頓市區都將盡收眼底

MT VICTORIA
維多利亞山

❖ 一次享有首都360度無敵全景

想俯瞰威靈頓，不用多想，上維多利亞山就對了！有人打趣的說，能欣賞到這麼絕妙的都市景色還不用收費，這根本就是犯罪了嘛！(It's almost criminal！)

Te Papa博物館、市中心、皇后碼頭到Westpac Stadium，這座城市大部分的景點在山頂上幾乎都可看的到，連隱藏在房屋樹叢裡的紅色纜車斜坡軌

維多利亞山，觀賞威靈頓市中心最棒的地點

道也可以辨識出來。往另外一個方向看，可看到位於Evans Bay與Lyall Bay間的威靈頓國際機場，後面接著就是廣闊的庫克海峽(Cook Strait)，南島就在對面了。

無論何時上到這裡，360度的景色總是等著環繞你。

WELLINGTON ZOO 威靈頓動物園

❖ 近距離認識藍企鵝與奇異鳥

位於市郊的威靈頓動物園是個值得造訪的地方，這裡聚集了近100種動物，肯定讓孩子們看得樂不可支！裡頭可近距

相當有趣的威靈頓動物園

離觀看世界最小的企鵝——藍企鵝(Blue Penguin)、大嘴巴的鵜鶘(Pelican)、大鸚鵡(Kea)、帥氣白髮的棉冠狨猴(Cotton Top Tamarin)、狐獴(Meerkat)及看起來不大好惹的豪豬

(Porcupine)，另外也有「活化石」之稱的蜥蜴Tuatara及奇異鳥(Kiwi)，牠們兩個都是紐西蘭的特有種。

動物園會在特定時間安排Talk Times，一天將近15場，建議挑幾場去參加，多認識這群可愛的動物吧！

Data

🔗 www.wellingtonzoo.com
✉ 200 Daniell Street, Newtown, Wellington
📞 (+64)04 381 6755
🕐 09:30～17:00(最後入園時間16:15)，聖誕節休館
💲 成人\$21，兒童(3～14歲)\$10.5，家庭(2大2小)\$61，YHA會員\$16，3歲以下免費

ZEALANDIA (THE KARORI SANCTUARY EXPERIENCE)
西蘭蒂亞

本土動物的安全避風港──Zealandia

登上Viewing Tower，欣賞整片山谷與水庫的美麗

✤ 動植物生態保護區

紐西蘭國土底下有一塊古老大陸，名叫「Zealandia continent」。目前這塊大陸有93%的區域已經被南太平洋所淹沒，浮出海面的只有紐西蘭南北兩島、史都華島及鄰近幾座小島嶼。威靈頓近郊有一個特別規畫的動植物保護區，名稱就取名為Zealandia。這裡有數百名志工共同維護面積達225公頃的山谷園區，並期望能恢復成人類出現之前、單純只有動植物群的生態環境。

進入保護區後，會看到一棟紅色屋頂的建築出現在湖面上，這是一個重要的歷史大壩遺跡。若不是因為1997年一場地震導致這座大壩退役，它應該還在持續為威靈頓市區供應乾淨的水源。

保護區內有多條路線，廣受歡迎的「紅色路線」老少咸宜，嬰兒車或輪椅皆可在上頭移動，路旁不時還會出現介紹動植物的圖文看板。Viewing Tower是個制高點，登上後可看到更多這片山谷的美麗。

Data

🔗 www.visitzealandia.com

✉ 位於Waiapu Rd的盡頭, Karori, Wellington

☎ (+64)04 920 9200

🕐 10:00～17:00(最後入園時間16:00)，聖誕節休館

💲 成人$17.5，兒童(5～18歲)$9，家庭(2大3小)$44，5歲以下免費

塔拉納基
TARANAKI

塔拉納基
Taranaki

盡是牛羊成群的牧場好風光

紐西蘭北島的西部地區，有一座巨大的錐形火山，毛利人尊稱他為「塔拉納基山(Mt Taranaki，2518公尺)」，而圍繞在山的周圍地區就統稱為塔拉納基(Taranaki)。對於喜歡看大山大景的我們來說，在這裡旅行是一件相當棒的事，因為高聳的塔拉納基山隨處可見。火山平原造就了肥沃豐富的土壤，並培育了世界級的乳品行業，在這裡開車旅行時，農田和牛羊群是道路兩側最常見的風景。

夏天時，45號衝浪公路上會湧入許多衝浪好手來此大展身手，若不衝浪，也可以在海灘上走走，或是到沿路會經過的小鎮裡走走看看。新普利茅斯是塔拉納基裡最大的城市，一條位在市區旁的Coastal Walkway相當值得一走。

從陶波地區過來塔拉納基的話，可像我們一樣走一趟「被遺忘的世界公路」，道路的終點是史特拉福(Stratford)。路途中會經過一座宣布獨立的「共和國」，它隨時敞開國門，等著旅客降落「入境」。

塔拉納基是一個十分特別的地區，就像他們說的，「The region like no other！」

沿途可見歷史遺址與蔥綠農田

被遺忘的世界公路
The Forgotten World Highway

路途中會經過這種暗得令人毛骨悚然的單線隧道

位於史特拉福與陶馬魯努伊(Taumarunui)之間那段155公里長的道路，人們稱之為「被遺忘的世界公路」，它是紐西蘭歷史最悠久的旅遊路線之一。初聞這段公路名稱，給我們一種既遙遠又荒蕪的神祕感。我們特愛探索此類路線，說什麼也要特地前往造訪一番。

這段公路背後乘載著一段豐富的歷史，沿途可看到超過30個歷史遺址和自然景點，有瀑布、博物館、毛利人村莊遺跡(Pā)和暗得令人毛骨悚然的單向隧道。這裡大部分的路段旁都是鬱鬱蔥蔥的農田，還有牛羊成群的牧場風光，偶爾會路過幾處民房和經過幾個曾經繁榮的定居小鎮。

若說到這段路上最特別的地點，首推Whangamomona。這座小鎮在1989年公開對外宣布獨立，並宣稱這裡自成一個共和國(Republic)。熱情好客的Whangamomona Hotel是共和國的中心，去那裡喝個兩杯，順便辦理「護照」以確保可安全進出共和國。兩年舉辦一次的「Whangamomona Republic Day」吸引超過數千人瘋狂湧入這個平時僅有30人居住的小鎮，為的就是參加綿羊賽、橡膠靴投擲和負鼠剝皮，當天還有舉行總統選舉！(嘿！他們可是認真的！)時間大約在1月分，有興趣的可別錯過。

TIPS

油箱記得先加滿

不管從哪個方向進入這段公路，記得先把油箱打滿，因為整段公路上可沒有任何加油站！

共和國的中心Whangamomona Hotel，來這裡有機會可與「總統」喝個兩杯

進入共和國前一旁的路牌(它的背後是「歡迎回到紐西蘭」)

聆聽最動人的愛情故事

史特拉福與SH3公路
Stratford & SH3 Highway

時間一到,史特拉福的鐘琴便開始
展演羅密歐與茱麗葉的愛情故事

史特拉福小鎮是以英國戲劇家莎士比亞(Shakespeare)的出生地,雅芳河畔斯特拉特福(Stratford-upon-Avon)為名,為了向這位史上最卓越傑出的劇作家致敬,小鎮上的街道名稱幾乎都是以他作品中的人物來命名,如Regan St和Celia St。

鎮上最知名的景點就是位在Broadway路上、紐西蘭最大也是第一架的鐘琴(Glockenspiel),每天的上午10點和下午1點、3點及7點鐘,鐘琴的窗戶會打開,接著羅密歐與茱麗葉(木雕)會相繼出現,並以音樂及口語吟唱莎士比亞其不朽的愛情故事。

從史特拉福沿著SH3往北開,在經過英格伍德(Inglewood)小鎮後,便會抵達新普利茅斯;往南開的話,則是前往哈維拉(Hawera),它是塔拉納基南部地區最大的城市,許多跟農業相關的產業都設立在那裡。位於哈維拉城外約4公里的Tawhiti Museum被視為紐西蘭最好的私人博物館之一,裡頭有許多採用真人比例製作的人物模型,透過不同的動作及服飾讓來訪的遊客可以了解這塊土地的歷史。

擁抱塔拉納基海岸線

45號衝浪公路
Surf Highway 45

從哈維拉往奧普納基(Opunake)方向走,便開始進入45號衝浪公路的路線範圍。Manaia小鎮來頭可不小,它是紐西蘭的「麵包首都」!知名麵包店Yarrows就設在這裡,他們銷售的麵包遍布整個紐西蘭。繼續走,會來到奧普納基這處友好的小鎮,每到夏天,遊客會蜂擁而至來到奧普納基灣進行衝浪和游泳活動。穿過農田,經過Pungarehu小鎮後,沿著指示前往艾格蒙特角(Cape Egmont),這裡是塔拉納基海岸的最西點了,一座艾格蒙特角燈塔孤獨的待在這裡。

這座燈塔原本待在威靈頓北方的Mana Island上,不過早期的人常把它跟Pencarrow Head上的燈塔(現已退役)搞混,因此在1881年決定移來艾格蒙特角這邊,照亮西海岸附近的海域。續往北開,途經Oakura時可繞到Oakura Beach,那裡是塔拉納基地區最受歡迎的海灘之一。

經過Oakura沒多久,就會抵達塔拉納基裡最大的城市──新普利茅斯。

歡迎來到紐西蘭的「麵包首都」Manaia小鎮

在Coastal Walkway騎單車乘風而行

紐西蘭最佳生活居住地

新普利茅斯
New Plymouth

曾被評選為紐西蘭最佳生活地點的新普利茅斯，是一座相當獨特的海濱城市。在這裡，現代建築與傳統文化和諧的兼容並蓄在一起，氣候大部分都是陽光明媚的好天氣，海濱步道上遊客如織，神聖的塔拉納基山就在背後，任何地點抬頭仰望，它都在那兒也注視著你。這座城市，非常不一樣。

i-SITE和圖書館與創新的Puke Ariki博物館融為一體，這間博物館就位在海濱旁，裡頭展示了許多動物標本，以及該地區的自然、地質與人類的故事。風棒(Len Lye's Wind Wand)位在博物館對面，這根45公尺長的紅色玻璃纖維管會隨著風勢擺動彎曲，到了晚上，頂端還會發出柔和的紅光。

沿著海岸線修築的Coastal Walkway，是新普利茅斯最引以為豪的海岸步道，從Port Taranaki一路延伸到Bell Block的郊區，全長約10公里。

我們以騎單車的方式巡禮這段海岸步道，沿途會經過市區、風棒、堤防邊和公園，最後來到外觀像鯨魚骨架的特雷瓦雷瓦大橋(Te Rewa Rewa Bridge)，花點時間欣賞它的獨特造型吧！

到了晚上，位在Coastal Walkway上的風棒頂端會發出柔和的紅光，在夜空中特別耀眼

市中心充滿藝術感的一面

特雷瓦雷瓦大橋
Te Rewa Rewa Bridge
Lake Rotomanu

風杖
Len Lye Wind Wand

Coastal Walkway

Clemow Rd

Puke Ariki博物館、
i-SITE、圖書館、
Richmond Cottage

帕里圖圖岩
Paritutu Rock、
Sugar Loaf群島

往新普利茅斯機場
New Plymouth Airport
奧克蘭
Auckland

Molesworth St

Devon St East

Queen St

Liardet St

St Andrew's Church

Leach St

Eliot St

Centennial Drive

St Aubyn St

Vivian St

St Mary's
Cathedral

Fillis St

Coronation Ave

Mangorei Rd

Awanui St

Breakwater Rd

Morley St

Frankley Rd

Carrington St

Ngamotu Rd

Pioneer Rd

Devon St West

Seaview Rd

Tukapa St

↙往Oakura

普克庫拉公園 Pukekura Park
布魯克蘭 Brooklands

Junction Rd

往英格伍德 Inglewood
史特拉福 Stratford)

新普利茅斯市區地圖

PARITUTU ROCK 帕里圖圖岩

✤ 眺望塔拉納基山的完美錐形

如果你到海邊散步，很難不去注意到有一座陡峭的小山位在發電廠旁，那是一個叫Paritutu的大石頭，它與一旁的Sugar Loaf群島，是近200萬年前一場火山爆發的殘骸。

要登上Paritutu得花點力氣，前半段有樓梯可走，後半段就得抓著鎖鍊，仔細踩穩腳下凹凸不平的石頭峭壁，慢慢往上移動，別一直往下看，就比較不會感到緊張，因為真的很陡峭！

登上山頂後，先好好的喘口氣，接下來，就是好好欣賞眼前的壯闊景色啦！藍色的海洋與綠色的大地形成鮮豔的美好風景，底下的發電廠及新普利茅斯市區也一覽無遺。而塔拉納基山呢，始終是畫面中的第

上到山頂，展望無限良好。而在這個高度看塔拉納基山，感覺完全不一樣

山頂上有一座大地測量標誌

一主角。在這個完全沒有遮蔽視線的高度上，你可以好好的欣賞它那完美無比的錐形對稱比例。

PUKEKURA PARK & BROOKLANDS PARK
普克庫拉公園和布魯克蘭公園

✤ 遠離塵囂的綠洲公園

受歡迎的普克庫拉公園裡，處處是優美的花園和高聳的林木，顯眼的紅色橋梁出現在湖泊上，那是1884年建好的Poet's Bridge，天氣晴朗時，塔拉納基山的山頭會在橋梁上方毫不掩飾的出現。

順著林間小徑可來到布魯克蘭公園，大型的露天舞臺TSB Bowl of Brooklands將吸引你的注意，它非常獨特，因為舞台與觀眾座位間隔著一條小溪流。每年3月的國際音樂節

WOMAD(World of Music and Dance)就是在這裡舉辦。再往上走，有一個可愛的動物園，裡頭有家畜、鳥類和非洲來的狐獴，一旁的遊樂器材足夠讓孩子們玩上好一段時間。

這兩個公園都相當不錯，安靜的環境讓你可短暫遠離世俗紛擾，找回最真實的自己，而且，多吸一點芬多精也是對身體健康有幫助的！

大型的露天舞臺。每年3月在這裡舉辦的國際音樂節WOMAD現場總是塞著滿滿的人潮

令人敬畏的毛利聖山

塔拉納基山
Mt Taranaki

塔拉納基山在夕陽餘暉的映照下呈現一種迷人美麗的樣貌

1900年，塔拉納基山連同周圍地區(包含Kaitake及Pouakai兩座火山)面積達33,534公頃的區域，被規畫成紐西蘭第二座國家公園(Egmont National Park)，公園裡規畫許多條長短不一的步道可以徒步健行，有20分鐘到2個小時。若要登頂，主要的路線從北埃格蒙特遊客中心(North Egmont Visitor Centre)開始，從那爬上頂端大約要3～4小時(來回近8小時)，一般建議最佳登頂時間是12月到3月。塔拉納基山有另一個名字：埃格蒙特山(Mt Egmont)，那是庫克船長在1770年看到它時為它取的。

沒打算挑戰冬天登頂的我們選擇前往東埃格蒙特(East Egmont)那去看看。從這個角度(東側)看塔拉納基山會發現很不一樣，因為它的山型並不是完美的錐形對稱。原來它的左側還連接著另一座較矮的Fanthams Peak，單從北面(如新普利茅斯)看是幾乎看不到這座較矮的山。上山道路的盡頭是一個大型停車場兼瞭望點，同時也是Manganui滑雪場的入口位置。上到這個高度除了可近距離觀看塔拉納基山外，還可以俯瞰底下平坦的農田景色，翠綠的好大一片。往陶波方向望，可以直接看到群峰聳立的魯阿佩胡山山頭，即使另外兩座(湯加及瑙魯)被雲層給完全擋住。

在整理這篇文章時，參考了不少關於塔拉納基的地圖。原本以為地圖上用深色及一個圓圈是為了要標示國家公園的「區域範圍」，不過在看完自己上山拍的照片及利用Google map衛星地圖交叉比對後，才驚覺原來這個近乎圓圈的深色範圍是因為種了茂密樹林所造成的自然現象，而地圖上顏色較淺的非國家公園範圍則作為農田或牧場。當地人到底是怎麼把這麼大的區域利用種樹規劃出國家公園的涵蓋範圍呀？而且圓圈的比例近乎完美！(徒手拿筆畫一個圓圈還不見得比它正確)，這真是一個非常有趣的現象。

上到東埃格蒙特道路盡頭的停車場。那裡可將塔拉納基山的山頭看得更清楚了

馬爾堡、尼爾森、黃金灣
MARLBOROUGH & NELSON & GOLDEN BAY

尼爾森
Nelson

黃金灣
Golden Bay

皮克頓
Picton

馬爾堡
Marlborough

豐富的峽灣、沙灘海灣景觀

　　從北島威靈頓出發，三個多小時的渡輪航程在跨過庫克海峽後，將抵達擁有冰河峽灣地形的南島，沿途風景極美。進入南島後，第一印象就是望出去盡是錯綜複雜像迷宮般的峽灣地形，我們正在夏洛特女王峽灣(Queen Charlotte Sound)裡航行。我們將從馬爾堡地區(Marlborough)開始往西邁進，沿途會經過充滿藝術氣息的尼爾森(Nelson)、樂活小鎮莫圖伊卡(Motueka)、亞伯　塔斯曼國家公園(Abel Tasman National Park)，最後往黃金灣(Golden Bay)、南島那遙遠美麗的最北端開去。

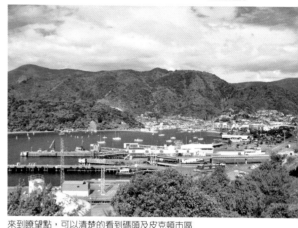
來到瞭望點，可以清楚的看到碼頭及皮克頓市區

往返南北島的重要門戶

皮克頓
Picton

對於所有從北島搭船來到南島的旅人門，皮克頓這個名字一定不陌生。因為早在訂船票時就會知道，船班是固定在威靈頓和皮克頓兩地移動。

這個迷人的小鎮除了作為迎接(或送別)來自海路的旅客外，同時也是健行者探索夏洛特女王步道(The Queen Charlotte Track)的重要基地。往哈夫洛克(Havelock)的方向上有一處瞭望點，這個地點可以好好觀看碼頭及皮克頓市區。

距離市區約10公里遠的Karaka Point是一處毛利遺跡Pā，短短的步行後可看到毛利先民們過去儲存食物及房屋居住的痕跡，從那裡也可看到與市區截然不同的峽灣面貌。

絕佳香醇葡萄酒產地

布倫漢
Blenheim

坐落在肥沃的懷勞平原(Wairau Plains)上的布倫漢是紐西蘭最佳葡萄酒的產地之一，平坦的地形與鄰近的皮克頓其峽灣地形全然不同。每到寒冷的冬天時分，許多年輕的各國背包客會不約而同的聚集在布倫漢，他們為的就是想在葡萄園找份工作。

喜歡品酒的不妨去i-SITE拿份酒莊分布地圖，然後挑幾間酒莊按圖索驥的去現場品嘗一番，通常可以任選5種酒類免費試喝，有些則會酌收點費用。我們與朋友一同去了Cloudy Bay、Allan Scott、Hunter's及Drylands酒莊，一天喝了近20杯酒！過癮呀！

喜歡吃巧克力的就去Makana Confections，香濃味美的手工巧克力加上精緻設計的包裝會讓人忍不住想買幾盒回家。

一口巧克力一口白酒，超妙的組合！

在布倫漢郊區隨處都可見到這種排列整齊的葡萄園

到紐西蘭最大的葡萄酒產區來場微醺的品酒之旅

陽光明媚的藝術之城

尼爾森
Nelson

尼爾森，南島北方最具代表性的城市，人們提到它，腦中總會出現熱情、陽光、藝術、美酒佳餚和美麗沙灘等幾個關於它的美好印象，說它是紐西蘭最宜居的城市之一，大概不會有太多人投反對票。

事實上，尼爾森可是紐西蘭第二古老的定居城市（南島最古老），因為早在1842年就有來自歐洲的移民者在這陽光明媚的地方開始定居生活。發展至今，這座擁有良好地理環境，號稱是紐西蘭最陽光充足的城市聚集了許多優秀的藝術家、工藝工匠、創意人才和葡萄酒莊，可以明顯感覺到這裡與其他城市有著不大一樣的活潑積極氣氛。不管你來到這裡停留多久，離開時絕不會帶著失望而去。

神聖莊嚴的尼爾森基督大教堂

NELSON CBD
尼爾森市中心

✤ 融合日式與懷舊風建築

寬敞的市區街道洋溢著輕鬆自在的生活氣氛，徒步逛市區是件享受的事。商店、銀行、咖啡廳在熱鬧的Trafalgar St兩側旁整齊排列著，路的另一端是神聖的尼爾森基督大教堂（Nelson Cathedral），它是當地居民乃至整個地區，一個相當重要的精神象徵。位在教堂旁的Jens Hansen就是魔戒專賣店，喜歡電影《魔戒》（The Lord of Rings)的朋友不要錯過。

固定在週六08:00～13:00於蒙哥馬利廣場（Montgomery Square）擺攤的尼爾森市集（Nelson Market），是我們逛過印象最深刻的週末市集，歡樂聲此起彼落，感覺就像來參加一場嘉年華會。在週日同一時間就換二手跳蚤市集（Monty's Sunday Market)登場，裡頭藏著許多令人驚奇的老物品。

從植物保護區（Botanical Reserve）可通往位於山頂上的紐西蘭地理中心點（The Centre of New Zealand），那裡有個象徵性的尖塔標誌，並可將整個尼爾森市區盡收眼底。創立者遺址公園（Founders Heritage Park)是個充滿懷舊風的地方，裡頭有仿照1880到1930年的尼爾森所建造的建築。公園旁有個日式宮津花園（Miyazu Garden），裡頭看的到杜鵑花、池塘和木橋，這在紐西蘭算是難得一見的正宗日本花園。

徒步逛尼爾森市區，享受悠閒氣氛

上港口山瞭望出去，海景超美

AROUND NELSON
尼爾森周邊

✈ 登上瞭望點，網羅絕美景色

　　市區周邊有幾處推薦景點。想登高望遠，可前往地勢較高的港口山(Port Hills)。從Princes Drive路旁的瞭望點往海面望，可清楚的看到Arrow Rock、Haulashore Island、蜿蜒狹長且有座燈塔矗立在上頭的Boulder Bank，天氣好時還可以直接看到對面的亞伯‧塔斯曼國家公園那端去，景色非常漂亮。

　　沿著Princes Drive往裡頭開可抵達一處Tasman Heights瞭望點，望出去可看到機場、兔島(Rabbit Island)、列治文(Richmond)和更遠的莫圖伊卡那端去。而從這裡也可以清楚的辨識到「尼爾森、列治文和莫圖伊卡」之間的三角V型相對地理位置。

　　市區西南方的塔胡納努伊海灘(Tahunanui Beach)相當受歡迎，整個沙灘寬廣且平坦，柔軟的白色沙子讓人採在上頭散步，或打場沙灘排球都相當安全。脫掉鞋子來感受一下吧！

沿著海岸線，盡是美景風光

尼爾森到莫圖伊卡
Nelson to Motueka

　　從尼爾森移動到莫圖伊卡，沿途有不少景點值得停留。另外，除了內路公路(SH60，The Coastal Highway)可走外，還有條平行的海岸公路(Ruby Coast Scenic Route)可選擇。雖然走內陸距離較短且較為平穩，然而走海路卻能看到很棒的果園及海岸景色。

RABBIT ISLAND 兔島

✈ 游泳、散步、曬日光浴

　　除了市區的塔胡納努伊海灘外，位在列治文附近的兔島也提供一個完美的海灘選擇。人們常稱的兔島實際上是由三座島嶼共同組成的保護區，也因為是保護區，通往兔島的道路會有開放時間及閘門管制，且不允許在島上過夜。

　　進出兔島只有唯一一條道路，號稱幾乎未受汙染的沙灘就在道路的盡頭位置。平坦的沙灘適合游泳、散步和野餐，同時也是曬日光浴的理想地點。野餐請自備食物，這裡並沒有設立任何商店。

　　來到這裡，你可以享有更多安靜的海灘。

在兔島的沙灘上望向尼爾森一帶

MAPUA
瑪皮爾

🌱 一流藝術工藝品聚集地

充滿美食香味和聚集許多藝術工藝品店的瑪皮爾位於兔島附近，來到這邊一定要去The Smokehouse嘗嘗它那金黃酥脆的炸魚與薯條，趁熱吃，超級美味！除了美食外，這裡還有許多一流的藝術工藝店家和畫廊，他的大門一直開著，喜歡的話就進去欣賞吧！

RUBY BAY
紅寶石灣

🌱 沙灘上多是深紅色
　碧玉石

海岸公路除了美麗的海岸風景外，還會看到蘋果園和葡萄園等農村風光，沿途會經過一處紅寶石灣(Ruby Bay)小鎮，其名稱據說是來自海岸沙灘上的深紅色碧玉石。

路上有一處叫McKee Memorial Reserve的地點令我

相當具有創意且特別的「移動房屋」

們印象深刻。這裡的海灘很不一樣，遍布的都是大小不一的橢圓石頭。另外，這裡停了許多利用巴士或大卡車改造的「移動房屋」，感覺主人已把所有家當都帶在車上，準備來段特別的荒野旅程。

二手物品的藝術創造天堂

莫圖伊卡
Motueka

莫圖伊卡，一個熱鬧且悠閒的海濱小鎮。它是進入亞伯‧塔斯曼國家公園和黃金灣的必經地點，鎮上常可看到準備行囊和補充物品的各地旅人。小鎮周圍種著蘋果、啤酒花(Hops)和綠茶，農忙時這裡會聚集許多背包客前來打季節工。它也是個活潑的藝術小鎮，平凡的東西透過藝術家的創思巧手，使得地磚甚至是腳踏車停靠架都充滿生命力。銀行郵局和商店餐廳大多集中在主要道路High Street上，並有幾間二手商店穿插其中。

i-SITE後面的停車場在每週日上午08:00～13:00會舉辦莫圖伊卡週日市集(Motueka Sunday Market)，這是當地相當受歡迎的週末活動。莫圖伊卡老碼頭(Old Motueka

熱鬧悠閒的莫圖伊卡

Wharf)那裡有艘不知已放置多久的破船，在不同時間及漲退潮汐的光影水位組合下，這裡成為一個很棒的取景地點。之後可走到Raumanuka Reserve風景保護區，那裡有段狹長的Motueka Sandspit，上頭盡是漂流木聚集的荒野景象，很特別的一個地方。

大力推薦莫圖伊卡，我們最愛的紐西蘭城市之一。

滿是金黃色的沙灘與湛藍的海水

莫圖伊卡到塔卡卡
Motueka to Takaka

從莫圖伊卡出發往北開到黃金灣前，會有一段蜿蜒的SH60山路要爬要繞，沿途風景很好。在抵達塔卡卡後代表著你也進入了黃金灣。

離開莫圖伊卡除了往黃金灣外，也可以前往美麗的凱特特里(Kaiteriteri)，那裡的沙灘非常漂亮。著名的亞伯‧塔斯曼海岸步道(Abel Tasman Coast Track)其南端出入口Marahau在凱特特里附近，許多健行者都是從這裡開始的。

ABEL TASMAN NATIONAL PARK
亞伯‧塔斯曼國家公園

✤ 擁有豐富的自然生態與海岸景色

成立於1942年的亞伯‧塔斯曼國家公園是紐西蘭面積最小的國家公園(22,530公頃)，他得天獨厚的地理位置，擁有金色沙灘及風光秀麗的海灣，而這一切都在亞伯‧塔斯曼海岸步道上看的到。這條約55.2公里長的健行步道大約需要花上3～5天完成全程，沿途會經過山毛櫸樹林、沙灘和岩石海岬。運氣好的話還可看到斑點皮毛海豹和企鵝！

來到這裡若是不走步道也有其他選擇。許多旅行社會開著水上計程車載著客人瀏覽海岸風光，或是提供裝備讓客人在安全海域裡進行划小艇活動，另外烤肉和露營活動也相當受歡迎。詳細內容可在Marahau一帶的旅行社詢問了解。

KAITERITERI
凱特里特里

✤ 猶如熱帶島國的度假小鎮

距離莫圖伊卡僅15公里的凱特里特里是個陽光充足的度假小鎮，乾淨柔軟的金色沙子、波光粼粼的藍色海水，加上岩石海岬上的綠色樹木，種種鮮豔的顏色融合在一起，美麗得令人難忘，這裡很適合曬日光浴或是悠閒的划著小艇。水上計程車也在這裡載客前往亞伯‧塔斯曼國家公園，這裡的一切幾乎都與度假相關。

Kaiteriteri Track可通往一處瞭望點，從那裡可看到美麗的海灘全景。另外步道還延伸到Little Kaiteriteri Beach，那裡同樣有著金色沙灘，且遊客還比較少一點。

←美麗得令人難忘的凱特里特里海灘

LOOKOUT
瞭望點

🔽 將整個地區盡收眼底

從莫圖伊卡前往塔卡卡的路上，沿途有幾處很棒的瞭望點值得停下車來好好瞧瞧。

第一個會遇到霍克斯瞭望點(Hawkes Lookout)。從這裡可看到莫圖伊卡、兔島、瑪皮爾及尼爾森市區一帶，基本上已將整個Tasman Bay及周邊城市都收在視野裡了！

準備從塔卡卡山(Takaka Hill)下降時會在一處髮夾彎看到哈伍德瞭望點(Harwood Lookout)。從瞭望台上可看到底部平坦寬闊、兩側群山連綿相間並直達黃金灣的塔卡卡山谷(Takaka Valley)和流經其中的塔卡卡河，並可看到SH60公路順著山勢蜿蜒的慢慢陡下。這裡位於迴轉較大的彎道上，停車時請務必小心。

從霍克斯瞭望點這裡一口氣將Tasman Bay看完

底部平坦寬闊、兩側群山連綿相間的塔卡卡山谷

一次飽覽絕美湖景與特殊景致

黃金灣
Golden Bay

抵達塔卡卡後，這裡有兩個方向可以前往：右側是前往Wainui Bay，並通往亞伯・塔斯曼海岸步道的北端；左側則將沿著黃金灣往北前進，直到南島最北端的離別角，途中會經過科林伍德(Collingwood)這座靠海小鎮，小鎮有間好吃的巧克力店Rosy Glow Chocolate House。

黃金灣i-SITE，裡頭有許多關於南島北端的旅遊介紹

充滿氣勢的懷努伊瀑布

往Wainui Bay方向前進

ABEL TASMAN MEMORIAL
亞伯·塔斯曼紀念碑

✤ 從觀景台欣賞海灣美景

經過鳥瞰像鍬形蟲大顎的Port Tarakohe海港、一道天然的岩石隧道後，便可來到亞伯·塔斯曼紀念碑。爬到高處的觀景台上除了觀看紀念碑外，還可欣賞美麗的海岸風光及位於底下的Ligar Bay和接在後方的Tata Bay，這兩處海灣的沙灘都很棒！

WAINUI FALLS　懷努伊瀑布

✤ 造訪宛如仙境般的瀑布

離開紀念碑再往裡開會經過一片廣大的Wainui inlet，電線桿就直接插在潮濕的Wainui inlet裡很是新奇，接下來便可看到懷努伊瀑布的方向標誌。

從停車場出發抵達瀑布大約需要40分鐘，一開始會先穿過農田，接下來進入林間小道及沿著河流前行。在經過只有肩膀寬的吊橋後，壯觀的懷努伊瀑布就在不遠處。

往離別角方向前進

TE WAIKOROPUPŪ SPRINGS (PUPU SPRINGS)
蒂懷科魯普普泉

美得像幅印象派畫作的Pupu Springs

✤ 世界最清澈潔淨的泉水

Te Waikoropupū Springs是黃金灣上一處知名景點，人們稱它為Pupu Springs。每秒可流出14,000公升水量的它是紐西蘭最大的淡泉水區，同時更被推崇為是世界上最清澈的泉水。根據測量，其能見度可達63公尺！

Pupu Springs泉區那裡設有觀景平台，從那望出去，眼前的泉水在太陽光線折射下呈現出一種絕美的淡藍色彩，搭配水面下水生植物的深淺綠色，加上微風吹拂水面，整個畫面美得像幅印象派畫作！

步道會經過一處名為Dancing Sands的地方，其名稱來自於因泉水湧出的力道移動了底層的沙子，使他們看起來像跳舞一樣。而這裡清澈見底，讓人以為應該很淺，但實際水深達2.7公尺。

毛利人視這裡為神聖寶藏，請尊重當地習俗，禁止觸摸泉水及禁帶寵物進入。

FAREWELL SPIT
離別岬及周邊景點

登高才看得到的離別角隱藏版美景

Welcome To:
Cape Farewell

離別角，南島的最北端

✤ 南島最北端的隱藏版美景

從科林伍德開始往北開，右側都將有很棒的海景一路相伴直到抵達離別角，經過Port Puponga時可注意一下，一旁有座以前用來運送煤礦的碼頭木頭椿基遺跡。繼續往前開，沿著指標可抵達遊客中心，裡頭有販賣熱食及展示一些老照片，外頭有副鯨魚骨架及一條步道通往底下的Inner沙灘。遊客中心附近有處瞭望點(View Point)，短短的步行便可抵達。這裡可盡情欣賞綿延數十公里的離別岬沙丘美景，並可看看周圍的農場草地和向南的海岸景色。

往西沿著Wharariki Rd開可前往離別岬(Cape Farewell)的位置，那裡是南島的最北端。視線左側一個貌似象鼻的拱形岩石很是特別，而從左邊草地可以再往高一點的地方走去，許多壯觀的洞穴就出現在剛剛站的瞭望台底下，不站在這個高度還真看不到離別角這隱藏版的美景呢！不過這裡可沒有任何護欄，觀看時請注意安全。

WHARARIKI BEACH 威爾瑞基海灘

✤ 充滿遼闊感的知名沙丘沙灘

該地區最知名的海灘首推威爾瑞基海灘。這裡的沙灘堆積成丘，形成一種相當特殊的遼闊景象。Archway Island是兩座位在近海的岩石小島，慢慢沿著沙灘走，可慢慢欣賞其不同角度的美。有幾處天然洞穴位在還要再往前走一段的位置，在退潮時可一窺究竟，不過別停留太久時間，退去的海水會在幾小時後回來。

在海岸線上騎馬是個很棒的點子，Cape Farewell Horse Treks有提供這樣的探索行程。另外，這裡屬於危險海域，嚴禁在此下海游泳！

使人充分感到遼闊感的海灘沙丘

經常出現在介紹黃金灣刊物上的 Archway Island

戶外活動愛好者的天堂

尼爾森湖國家公園
Nelson Lakes National Park

尼爾森湖國家公園成立於1956年，腹地達102,000公頃。公園裡有山毛櫸森林、崎嶇高聳的山脈和清澈的河川溪流。最受歡迎的兩個湖區分別為Lake Rotoiti及Lake Rotoroa，其美麗峽灣的地貌吸引許多人前來進行露營、健行和垂釣活動，而且周圍環境相當安靜。 不管何時來，你總是能感受它的美。

Lake Rotoroa的碼頭都泡在水裡頭了

看瀑布、玩快艇、走吊橋

默奇森
Murchison

默奇森位於莫圖伊卡以南約130公里的地方，這座安靜的小鎮有加油站、超市、二手商店及幾間酒吧。Lazy Cow是這裡唯一的BBH，屋內有許多關於牛的擺飾及物品，晚上還有免費的蛋糕點心可吃！

1929年一場7.8級大地震導致Maruia River河道發生變化，在河流持續侵蝕砂礫的情況下逐漸形成一條新瀑布，也就是今日所看到的Maruia Falls。瀑布相當寬大，值得去看一下。

110公尺長的布勒橋(Buller Swingbridge)號稱是全紐西蘭最長的吊橋，下方的布勒河起始於Lake Rotoiti，一路流向西港，全長約170公里。這裡除了有吊橋，還可玩Jet Boating及Comet Line，過了吊橋後還有幾條步道可健行，時間從30分鐘到1小時都有。

↗河面寬大的Maruia Falls
↓紐西蘭第一長橋——布勒橋

西海岸
WEST COAST

西港
Westport

格雷茅斯
Greymouth

卡拉梅亞
Karamea

哈斯特
Haast

西部泰普提尼國家公園
Westland Tai Poutini
National Park

獨特的海岸原始樣貌

　西海岸，當地人稱「The Coast」。這個地區擁有五座國家公園及一個世界遺產地區，到處充滿自然與荒僻氣息。而展現出的獨特海岸原始風光大概很難在紐西蘭其他地區可找到類似的地方。

　基本上可以卡拉梅亞(Karamea)跟哈斯特(Haast)兩個小鎮之間的區域來界定西海岸的涵蓋範圍，從北到南約600公里長，跟奧克蘭到威靈頓的距離差不多。SH6為西海岸主要道路，這段海岸公路開起來相當舒服，沿途風景極為壯麗。

　跟著我們前進西海岸吧！對了，這裡大部分的區域都沒有手機訊號喔。（事實上，我們都忘了這趟西海岸旅行哪裡有手機訊號了）

位在Palmerston St上的市政府會議廳

早期為黃金採礦重鎮

西港
Westport

　　據說世界上約有26個地方都叫西港，大部分位於北美大陸，而紐西蘭擁有唯一一個處於南半球的西港。西港早期為一個黃金小鎮，後來因挖煤而聚集更多人潮，直到今天，這裡仍在進行採礦活動。Palmerston St為主要大道，銀行、餐館商店、加油站及超市都在這條路上。而市政府會議廳、公立圖書館及路邊的牆壁彩繪都是不錯的攝影題材。

　　距西港約16公里遠的Tauranga Bay 有個海豹聚居地，那裡有數十隻紐西蘭皮毛海豹(fur seal)慵懶的在岩石上曬日光浴。Cape Foulwind位於海豹聚居地的北端，那裡有座燈塔及一條海岸步道。從步道上可看到遠方的西港市區及遠處的Mt William Range山脈，視野還不賴。

　　西港算是大城鎮喔(下一個大城鎮是南方100公里遠的格雷茅斯)，我們會在這裡加滿油，並到超市大量補貨。一般來說，在旅程出發前，我會計畫有哪幾天將在大城市停留，哪幾天會在小鎮過夜。因為這些地點都將決定我們在哪天需把車子加滿油，那幾天才有便宜新鮮的肉類及蔬菜可吃。

見識石灰岩峭壁的地質奇景

普納凱基
Punakaiki

　　從西港前往格雷茅斯的這段路上，你一定不會錯過位在普納凱基的兩處景點：Pancake Rocks和Blowholes。入口就在遊客中心的對面，建構完善的木棧道及石階可讓你近距離地觀賞這些地質奇景。

　　還有時間的話，不妨到附近的幾個景點走走，因為你正位於範圍達38,000公頃的帕帕羅瓦國家公園(Paparoa National Park)裡。Pororari River Track沿途可看到壯麗的石灰岩峭壁和清澈的河流景色，而短短的15分鐘Truman Track能讓你從濱海森林一路走到海邊，海邊那裡風大請注意安全。Irimahuwhero Lookout也很不錯，那裡可看到景色壯觀的海岸線及見識到SH6公路是多麼的蜿蜒。

Pancake Rocks，像不像一大堆煎餅疊在一起呢

色彩鮮豔的Rongo Backpackers & Gallery

褐色的Oparara River緩緩的流經Oparara Arch

前往世外桃源的唯一路線

卡拉梅亞及SH67沿途景點
Karamea & SH67

西港的Palmerston St及Brougham St交叉口為SH67的公路起點，這是目前唯一一條可前往與世隔絕的卡拉梅亞的道路。先把油箱加滿，因為接下來的92公里將無任何加油站！

沿途可停留的景點還不少，可去丹尼斯頓煤田歷史區(Denniston Coalfields Historic Area)走走，那裡曾是紐西蘭最大的煤礦產地。因採礦而生的米勒頓(Millerton)現在有「空城」之

丹尼斯頓煤田歷史區裡的採礦遺跡

稱，我們造訪當天完全沒有看到任何一個居民(我猜都在室內吧)。過了Mokihinui River後可繞進溫柔安妮海灘(Gentle Annie Beach)去看看，沙灘上有一堆漂浮木。

抵達其緯度比威靈頓還更北的卡拉梅亞後可看到一間色彩鮮豔的Rongo Backpackers & Gallery，裡頭有非常多的手繪文字及畫作，環境很不錯。繼續往北可前往著名的歐帕羅羅盆地(Oparara Basin)，澳大拉西亞(Australasia)最大的石灰岩拱門之一的Oparara Arch就在裡頭。同時這裡也是紐西蘭最新成立(1996年)的卡胡朗吉國家公園(Kahurangi National Park)的涵蓋範圍。

有車便可開到天涯海角。Kohaihai位於SH67公路的盡頭，我們來到這裡望著塔斯曼海發呆，享受孤獨，享受寧靜。

西海岸最大的濱海城市

格雷茅斯及周圍景點
Greymouth & around

人口約一萬多人的格雷茅斯是整個西海岸最大的城市，它有個毛利名字，叫做Mawhera(寬大河口的意思)。的確，整座城市就發展在靠近Grey River的出河口附近，銀行、郵局及商店主要集中在Mackay St及Tainui St上，最顯眼的地標應屬Town clock tower，一旁有條Floodwall walk很適合散步。還有，可到South breakwater去感受一下出河口的冷冽風勢，或到Rotary Viewing Platform俯瞰這座城市。

離開市區往內陸方向的SH7開，Brunner Mine的採礦遺跡以及一些老照片可讓你感受19世紀當時的開採盛況。接著

從South breakwater尋找庫克山的蹤影

可繞道去拜訪布倫納湖(Lake Brunner)，毛利人叫它Kotuku Whakaoho，面積達39平方公里的它是西海岸地區最大的湖泊，同時也號稱是南島最好的釣鱒魚地點。

找塊草皮，在漂亮的布倫納湖旁野餐

透過建築側邊上的壁畫快速了解這座城市的歷史

從Rotary Viewing Platform登高俯瞰格雷茅斯

曾經歷淘金熱潮的迷人小鎮

霍基蒂卡及周圍景點
Hokitika & around

1860年代的一場淘金熱吸引許多外地人前來霍基蒂卡開墾生活，在熱潮過去後，現在這裡是一座迷人的歷史小鎮。霍基蒂卡同時也是紐西蘭最大的玉石製造中心(Pounamu，也稱Greenstone或Jade)，多數商店集中在Weld St及Tancred St一帶，除了賣玉石，也有木雕、石頭及貝殼可看。

推薦到浮木散落的霍基蒂卡海灘，感受一下塔斯曼海奔騰的力量，並到Sunset Point Lookout去等待美麗的日落晚霞。天黑後前往Glow Worm Dell，那裡可看見許多發出藍光的螢火蟲！另外，很少看到機場會蓋在地勢比市區還高的位置上，而霍基蒂卡機場就是這麼特別，機場外的Plane Table Lookout是俯瞰這座歷史小鎮的好地方。

駛入郊區，沿著不太清楚的黃色指示路標，穿過約30公里的鄉間小路後便可抵達霍基蒂卡峽谷(Hokitika Gorge)，那裡因有著碧綠色的河水、原始森林及寧靜的河谷景觀而相當著名。

淡綠色的霍基蒂卡峽谷，正常來說河水是碧綠色的

到Sunset Point Lookout看個夕陽吧

位在圓環中央的鐘樓是市區的顯眼地標

多樣化的雪山、冰河、湖泊地形

西部泰普提尼國家公園
Westland Tai Poutini National Park

沿著SH6公路往南開，在經過Whataroa後將開始進入1960年成立的西部泰普提尼國家公園，範圍從南阿爾卑斯山脈的高山延伸到蠻荒偏遠的西海岸，廣大的區域含蓋了雪山、冰河、森林、湖泊、河流、濕地及海灘等豐富多樣化的地形，面積達131,600公頃，而這座國家公園同時也是組成紐西蘭西南部世界遺產地區(Te Wāhipounamu-South West New Zealand World Heritage Area)的四大國家公園之一。

在南阿爾卑斯山脈間流動的140條冰河中，只有兩條冰河從高山一路往下滑至低海拔，最後出現在海平面以上僅300公尺左右的位置，它們就是公園裡最出名的兩位主角：法蘭斯·

福克斯冰河步道開始前的一處冰藍色池子

約瑟夫冰河及福克斯冰河。

不須爬上高山，在溫帶氣候的位置就可以近距離的看到持續流動且充滿活力的冰河，這的確是個非常難得的機會！事實上，在地球的這個緯度(43°S)上也幾乎找不到這麼靠近海岸的冰河了。

準備好體力，展開一段精彩的冰河之旅吧！

Glacier Valley Walk盡頭看到的冰河景觀(我知道，有點令人失望)

FRANZ JOSEF GLACIER
法蘭斯‧約瑟夫冰河

前往法蘭斯‧約瑟夫冰河前會
經過的Lake Mapourika

✤巨大壯觀的移動大冰川

法蘭斯‧約瑟夫冰河是個長度達12公里的移動大冰川，當你親眼看見它時，你一定會被它的巨大壯觀給震撼得無法言喻。在它周圍大約有5～6條規畫良好的健行步道，讓人們可以不同角度來欣賞冰河之美，但有可能會因天氣因素而關閉某些路段，出發前可先到i-SITE及DOC了解狀況。

大部分的步道其出發地點距離小鎮約5公里，沒有開車的朋友可向住宿地點或i-SITE詢問接駁資訊。走路需40分鐘

的Glacier Valley Walk為熱門路線，在沿著河床步行時請務必依照沿途的路線指標(綠底黃頭)前行，千萬不要貿然的想抄捷徑，因為你不知道河水會不會因為冰崩而在下一秒氾濫！

我們當時有參加「Glacier Heli Hike健行活動」，為了等待好天氣，毫不猶豫的多待了兩天。不過等候是值得的，因為我們經歷了一個超棒的冰河體驗！

宏觀巨大的法蘭斯‧約瑟夫冰河

FOX GLACIER
福克斯冰河

❧ 以冰藍色湖面為起點

別急著離開冰河區，即使你已經看過了法蘭斯‧約瑟夫冰河，距離它23公里遠的福克斯冰河仍然值得你多待一天。

小鎮到冰河步道起點約6公里，基本上在起點就可以看到福克斯冰河了！沿著Fox Glacier Valley Walk的指標，半小時後便可抵達冰河前緣。在徒步到步道盡頭的人形立牌後，即使兩側山谷滑落的砂石覆蓋了冰河部分面積，但仍未

寬大的福克斯冰河前緣(好吧，它也被砂石搞得灰灰的)

減損福克斯冰河的寬廣遼闊，而且這裡還比法蘭斯‧約瑟夫冰河更能近距離觀賞冰河呢！

馬瑟森湖(Lake Matheson)是另一個推薦造訪的景點。環湖一圈大約90分鐘，沿途會經過濕地及數個觀湖地點。在晴朗無雲的日子裡，遠方高聳的塔斯曼山(Mount Tasman)及庫克

山會倒影在湖水上形成一幅極美的山水畫面！

TIPS

離開前記得先加油

對了，離開福克斯冰河前先記得檢查車子的油量是否足夠，因為往南的下一個加油站是在120公里外的哈斯特。

拍攝海景的最佳地點

福克斯冰河到哈斯特
Fox Glacier to Haast

從福克斯冰河向南開，將在布魯斯灣(Bruce Bay)看到好久不見的海岸線。在經過Lake Paringa及Lake Moeraki兩處美麗的湖泊後，將可抵達這段路上最著名的景點——Knights Point，那些位在海洋上的礁石使得從瞭望台上看出去的海景相當漂亮，許多攝影師都非常喜歡來此取景。

相當漂亮的Knights Point

別錯過天色連成一線的傑克森灣

哈斯特
Haast

寧靜美麗的傑克森灣

哈斯特位在西南部世界遺產地區的心臟地帶，它分為三個定居點，分別是哈斯特匯合處(Haast Junction)、哈斯特海灘(Haast Beach)和哈斯特本身。

傑克森灣(Jackson Bay)位在離哈斯特還要再往西南邊行駛約48公里的位置，我想那裡大概是西海岸最西邊的定居點了。沿途一旁有高山，另一側是海洋，景色相當迷人。傑克森灣這個小漁村居住人口很少，大部分的時候你都可以擁有絕對的安靜，且我們幸運的在這裡碰到一件很棒的事。

就是這位帥氣的大叔送我們兩隻龍蝦

一位大叔從漁船跳上碼頭，看見我們問我們從哪裡來，我們微笑回答：「Taiwan！」他也微笑回應，然後就又跳回船上。沒多久，他就拿著兩隻活跳跳的大龍蝦出現在我們面前，說：「來，這兩隻龍蝦給你們當晚餐。」這……這是龍蝦耶！這位大叔人也太好了吧！那天晚上的龍蝦大餐，真是令人吮指回味啊！

今日晚餐吃龍蝦

一路欣賞湛藍色的湖泊之旅

哈斯特到瓦納卡
Haast to Wanaka

　　離開哈斯特，若要繼續往南前往瓦納卡，那麼暫時先跟海洋說再見吧，往內陸挺進後，將開始進行一連串的湖泊之旅。

　　道路將會慢慢爬升至哈斯特山口(Haast Pass)，同時也將進入阿斯匹靈國家公園(Mount Aspiring National Park)的區域範圍。沿途經過的瀑布區都值得一看。而Pleasant Flat是個野餐露營地點，那裡有水、廁所和有屋頂的野餐桌。

　　藍池(Blue Pools)是個很棒的景點，在太陽的照射下，晶瑩剔透的湖水將呈現一種漂亮的藍綠色。繼續移動，在經過瑪卡羅拉(Makarora)小鎮後將進入瓦納卡地區。

　　開車經過瓦納卡湖(Lake Wanaka)及哈威亞湖(Lake Hawea)會是一件超棒的享受，因為湛藍的湖水及高聳山脈搭配起來的景色實在是美麗極了！

　　看完我們的介紹，西海岸之旅是不是很棒很迷人呢？還等什麼？開始計畫出發吧！

位在藍色河流另一側的Roaring Billy Falls，神祕感十足

湛藍色的哈威亞湖，你說這景色有多棒就有多棒

瓦納卡、皇后鎮、中奧塔戈
WANAKA & QUEENSTOWN & CENTRAL OTAGO

格倫奧奇
Glenorchy

皇后鎮
Queenstown

瓦納卡
Wanaka

克倫威爾
Cromwell

網羅南島最美的山脈湖景

　　瓦納卡(Wanaka)，有著優美湖泊及翠綠山脈的熱鬧城市，這裡的美景俯拾即是。不管是冬天還是夏天來，身為南島旅遊重鎮的皇后鎮(Queenstown)總有法子可以填滿你的旅遊日誌，遠近馳名的她位在瓦納卡南方。許多人會先繞到中奧塔戈地區(Central Otago)的克倫威爾(Cromwell)，再走SH6公路過去，但還有另一條經由卡德羅那(Cardrona)的高山道路可選擇，且風景較為壯麗！

　　亞歷山大(Alexandra)是中奧塔戈地區另一個較多人居住的城市，從那裡開始沿著SH85公路往東行駛，在經過幾處看似荒涼但仍有人居住的小鎮後，將抵達位於東海岸的帕默斯頓(Palmerston)，那裡將可看到許久不見的大海景色。

令人讚嘆的夢幻藍綠色湖畔

瓦納卡
Wanaka

瓦納卡，一座位在瓦納卡湖旁的熱鬧小鎮，人們提到它，通常都會說那裡有著令人難忘的美麗景色，我們造訪多次，這些描述都是真的！來到湖畔旁，夢幻般的藍綠色湖水搭配湖畔左側的翠綠山脈及遠方的高聳山峰，老天，眼前的景象真是美得令人讚嘆啊！

購物中心、商店及餐廳大部分集中在Ardmore St、Helwick St以及Dunmore St上，相對距離都不會太遠。平價住宿我們推薦YHA Wanaka及Wanaka Bakpaka BBH，兩處地點離湖畔都很近，而後者地勢較高，視野很棒！

說到要欣賞市區，最棒的觀景地點是在Mt Iron山上，爬到548公尺高的山頂需要花點力氣，不過先苦後甘，登上後可飽覽瓦納卡湖區及遠方雄偉的南阿爾卑斯山脈。

不管來這裡幾次，每次都是帶著滿滿的快樂回憶離去。

天氣晴朗時，瓦納卡湖其周圍景色美得令人讚嘆

瓦納卡市區地圖

Wanaka Bakpaka BBH

Lakeside Rd

Roys Bay

Wanaka-Luggate Hwy　Mount Iron Track

i-SITE

Ardmore St

天堂電影院
Cinema Paradiso

往克倫威爾 Cromwell
皇后鎮 Queenstown →

New World (大型超市)

Helwick St

令人費解的世界
Puzzling World

YHA Wanaka

McDougall St　Brownston St

Dunmore St

往羅布羅伊山谷步道 Rob Roy Valley Track
鑽石湖保護區 Diamond Lake Conservation Area

美麗的瓦納卡湖全景

PUZZLING WORLD 令人費解的世界

✦ 繽紛色彩的童趣世界

路邊有棟快倒掉的鐘塔？五顏六色的房子奇異的擠在一

看到這群擠在一塊兒的房子就知道來到Puzzling World啦

塊兒？「Puzzling World」？一個令人費解的世界？沒錯，這裡頭有不少會搞亂你思考、顛覆你想像的錯覺空間(Illusion Rooms)。

其中的AMES Room這個神奇的小房間會使一側的人看起來巨大，而另一側的人則小得像個哈比人。還有一個仿古羅馬時代的廁所，不少人喜歡把身體塞在糞坑裡頭，然後拍出一些挺具喜感的照片。

外頭有一座差不多花半小時

到一小時便可闖出的大型迷宮(Great Maze)。不用擔心走不出去，好好享受迷宮樂趣吧！

Data

- http www.puzzlingworld.co.nz/index.html
- ✉ 188 Wanaka-Luggate Hwy 84 Wanaka
- ☎ (+64)03 443 7489
- ⊙ 08:30開放，最後入場時間：夏季17:30，冬季17:00。(聖誕節10:00～15:00)
- 💲 大型迷宮：成人$14、兒童(5～15歲)$10；錯覺空間：成人$14、兒童(5～15歲)$10；大型迷宮+錯覺空間：成人$17.5、兒童(5～15歲)$12

ROB ROY VALLEY TRACK
羅布羅伊山谷步道

✦ 壯闊冰河與瀑布岩石的高山景觀

在瓦納卡也可看到冰河？沒錯，距離市區約一小時車程遠的West Matukituki Valley就有數條冰河聚集在那裡，其中最受歡迎的就是羅布羅伊冰河(Rob Roy Glacier)。

從步道出發後，一開始將沿著Matukituki河走上一段，到了叉路需右轉經過吊橋，往

Rob Roy Lookout方向前進，接下來將在山毛櫸樹林裡慢慢爬升。等到視野漸漸開闊後，你一定會馬上注意到遠方山頭上那散發著淡藍色彩的白色物體，沒錯，那就是羅布羅伊冰河！

別急著結束，最佳觀賞冰河地點還在前頭。經過約莫20多分鐘的路程後將會抵達有數個告示牌矗立的地點，那裡就算

左側山頂上就是壯觀的羅布羅伊冰河區

是步道的終點了。大面積的壯觀冰河、數條不知名瀑布及岩石峭壁，整個視野形成一幅相當美的高山風光！

羅布羅伊冰河區的全景畫面

CINEMA PARADISO
天堂電影院

在瓦納卡超有名氣的Cinema Paradiso

✤ 有如家庭般溫馨懷舊的電影院

你有曾經希望外出看電影時，能像坐在家裡舒服的沙發上看電影嗎？還有，你有曾經幻想過像電影中男女主角坐在車子裡欣賞電影嗎？這些願望通通都能在Cinema Paradiso實現！

這裡跟我們常見的電影院真的很不一樣，裡頭有幾個可窩在上頭的舊沙發、老式座椅及一台老金龜車。這裡放映著主流電影，不過一天播放的場次並不多。不過誰在乎呢？今天看不到明天再來就好啦。特別的是當電影進行到一半時，會有一個「休息」時間(是啊，你在家看電影不會從頭到尾一直盯著螢幕看吧？)，這時你可以伸伸懶腰，上個洗手間，或者到外頭商店買塊新鮮出爐的餅乾吃，噢對了，它的啤酒也很棒！

Data
- http www.paradiso.net.nz
- ✉ 72 Brownston St, Wanaka
- ☎ (+64)03 443 1505
- ⊙ 電影院及咖啡廳在早場電影前30分開始營業，週一～五早場12:00開始，週六、日11:00開始。(播放時間及場次依網站公告為主)
- $ 成人$12.5

DIAMOND LAKE CONSERVATION AREA
鑽石湖保護區

能看到這麼漂亮的景色真是令人開心啊

✤ 尋找夢幻的鑽石湖與瓦納卡湖

鑽石湖保護區是瓦納卡近郊一處很棒的健行地點。這裡除了有一池很優美的湖泊外，從瞭望點看出去的景色堪稱一絕！

步道的起點在停車場旁，約莫10分鐘後便可看到鑽石湖，而它的瞭望台則要再往上走一段的位置。我們在拍照時使用偏光鏡偏掉大部分反射光後，這座湖泊美得像顆黑鑽石。

接著再往上走會有兩個選擇，我們往右前往Lake Wanaka Viewpoint，另一個是往Rocky Mountain的方向。那天天氣極好，抵達瞭望點後眼前看到的瓦納卡湖呈現夢幻般的土耳其藍，幾座延伸的半島及小島嶼增添了湖面的豐富性，再加上圍繞在湖泊旁的高聳群山，當時看到如此絕美畫面的我們，彷彿置身於天堂啊！

Lake Wanaka Viewpoint的絕美全景畫面

走公路欣賞高原叢林之景

瓦納卡到皇后鎮
Wanaka to Queenstown

沿途盡是美景的The Crown Range Road公路

從瓦納卡到皇后鎮有兩種選擇：一是走SH6公路先繞到克倫威爾再穿越Kawarau Gorge來到皇后鎮；二則是走距離較短但較為起伏的The Crown Range Road，這段路將爬升到海拔1,076公尺高，是紐西蘭最高的公路段。

我們選擇The Crown Range Road來走走看。路上會經過卡德羅那，顯眼的Cardrona Hotel就在路旁，建於1863年的它是紐西蘭最古老的旅館之一。隨著海拔漸漸拉高，公路兩側已不見樹木蹤影，取而代之的是乾禿山脈表面及草叢點綴其中的高原景色。有兩個紀念碑矗立在路段最高點的位置，從那裡往下望可看到皇后鎮機場、法蘭克頓(Frankton)及蜿蜒的Kawarau河，皇后鎮及瓦卡提普湖被視線左側那高高的卓越山脈(The Remarkables)給擋住了。

最後行駛到SH6公路前會經過極度拐彎的Z形公路，請務必減速慢駛。

中國礦工淘金的歷史小鎮

箭鎮
Arrowtown

大約是1862年左右，人們在箭河(Arrow River)流域發現金礦後，各地想發財的淘金客便開始聚集在此，而這個當年據說超過7,000人的大型聚落，順理成章的利用河流名稱成為了今日所看到的箭鎮，它的秋天美景常出現在各大旅遊文宣上。主要街道是Buckingham St，餐廳、博物館及商店都集中在這條街上，另外還有幾間各具特色的藝術商品店低調地出現在巷子內。

市區景點首推華人定居點(Chinese Settlement)。大部分的遺跡點前都有圖文介紹看板，透過這些介紹，可以想像這群中國礦工當時的生活是多麼的困頓與不易。

市區有座叫Feehly Hill的小山，那裡可提供你以另一個角度欣賞這座安靜的歷史小鎮。

風景優美的歷史小鎮——箭鎮

遊客眾多、熱鬧的皇后鎮街道

紐西蘭極限運動發源地

皇后鎮
Queenstown

皇后鎮，南島最出名的旅遊城市，相當受歡迎的她位在美麗的瓦卡提普湖旁，搭乘纜車上山後，你將會看到不可思議的驚人美景。而號稱是極限運動發源地的她則提供了許多活動給尋求冒險刺激的人，如高空彈跳、高空跳傘、滑翔翼以及冬天才有的滑雪活動，另外也有百年歷史的TSS Earnslaw號蒸汽船和高爾夫等較不激烈的活動可選擇。不管何時來，這裡都很好玩！

若是開車來，可先將車停在Lake Esplanade路上，然後再沿著瓦卡提普湖步行進入市區，除了較好找停車位外，步行過程中也可欣賞湖畔風景。

進入市區後開始可以感受到旅遊城市的輕鬆氣氛，街上四處可見悠閒散步的觀光客，草地上及湖畔邊有人或坐或躺的享受著日光浴，熱鬧但不擁擠。一間叫

FERGBURGER的漢堡超好吃！不論何時去，那裡總排著滿滿的人。紐西蘭知名的餅乾品牌CookieTime也在這裡設立專賣門市，它的巧克力餅乾在熱騰騰的時候吃，非常美味！

皇后鎮花園(Queenstown Gardens)也很不錯，裡頭有著高大參天的樹木、寬敞的人行道、漂亮多彩的花園、池塘以及修剪有型的園藝作品。另外可從這裡看到對面Lake Esplanade沿路一帶，那隨著坡度慢慢蓋上去的房屋景觀其實滿有意思的。

超過百年歷史的TSS Earnslaw號蒸汽船

皇后鎮市區地圖

奇異鳥與鳥類公園
Kiwi Birdlife Park

天際纜車
Skyline Gondola

Brecon St

i-SITE

FERGBURGER

CookieTime

Ballarat St

Coronation Drive

Stanley St

Man St

Shotover St

Beach St

Camp St

TSS Earnslaw號蒸汽船

Searle Ln

Park St

Sydney St

Frankton Rd(SH 6A)

Lake Esplanade

Flame Bar
& Grill

Chocolates
Patagonia

皇后鎮花園
Queenstown Gardens

Frankton Arm

往格倫奧奇
Glenorchy

瓦卡提普湖
Lake Wakatipu

搭纜車上Bob's Peak山後可看到皇后鎮的無價景觀

SKYLINE GONDOLA 天際纜車

✈ 飽覽整座皇后鎮世界級景觀

幾乎每一個來到皇后鎮的旅客都會願意掏錢搭天際纜車，因為他們知道，搭纜車上Bob's Peak山後便可盡情的飽覽皇后鎮她那獨特的世界級景觀。

隨著纜車以每秒4公尺的速度緩慢上升，視野也逐漸拉高拉遠，途中還會經過AJ Bungy的高空彈跳台。

湛藍的瓦卡提普湖、皇后鎮花園、市區全貌、連綿的卓越山脈，以及視線右側高聳的Cecil Peak高峰，這些湖光山色景觀都在當你站在觀景台往下望的那一刻，通通出現在眼前，能看到如此美麗的景觀，相信是在皇后鎮最無價的享受了！

戶外還有地方可以走走，除了可以更高的視野往下望外，還可看到正在玩Luge的人從你身旁呼嘯而過。在山頂上的餐廳用餐也是很棒的體驗，那裡有現場Live演出及供應滿滿的美味海鮮。我們去山上用餐時適逢農曆新年，進去的門口旁還貼有「新年快樂」的中文字呢！

Skyline Gondola纜車的入口

Data
- http www.skyline.co.nz/queenstown
- ✉ Upper Brecon St, Queenstown
- ☎ (+64)03 441 0101
- ◷ 每天都有開放，纜車09:00開始，Luge 10:00開始(詳細關閉時間請參考網站，因有季節之分)
- $ 纜車來回：成人(15歲以上) $27，兒童(5～14歲)$16，家庭(2大3小)$76(其他套裝組合請參考網站)

KIWI BIRDLIFE PARK 奇異鳥與鳥類公園

✈ 近距離體驗熱鬧餵食秀

奇異鳥與鳥類公園位於纜車站底下，那裡照顧的動植物與鳥類豐富且多樣性，而且在這裡你可以輕而易舉地看到奇異鳥！

在入口處購票後，你可以順便借一台語音導覽機，費用是含在門票裡的，接下來在園區內若是看到有耳機圖案的黃色牌子，鍵入那上頭數字便有一段關於動植物的語音介紹。

這裡沒有固定的遊園路線，你可以隨意的在高大的樹林裡散步。不要錯過有趣的餵食秀(Conservation Show)，工作人員會熱情的介紹數種可愛鳥類的相關知識，並讓現場遊客觸摸很大一顆的奇異鳥蛋。

這裡很安靜，會短暫的讓你忘記你正身處在熱鬧的皇后鎮裡。

Data
- http kiwibird.co.nz/kiwi
- ✉ Upper Brecon St, Queenstown (就在纜車前面一點的位置)
- ☎ (+64)03 442 8059
- ◷ 09:00～18:00，聖誕節休館
- $ 成人$42，兒童(5～14歲)$21，家庭(2大3小)$95，5歲以下兒童免費

相當有趣的餵食秀

熱愛幽靜氛圍的旅人朝聖地

格倫奧奇
Glenorchy

格倫奧奇的周圍景觀，盡是大山大景

　　皇后鎮本身的風景已經夠迷人了，而在她附近還有一處美景指數爆表的地方，那就是位在瓦卡提普湖最前端的小鎮，格倫奧奇。

　　前往格倫奧奇目前只有單一道路，這段沿著瓦卡提普湖行駛約46公里的道路沿途盡是令人驚嘆的美景。位在25公里處的停靠點是我們認為全段公路中觀看絕妙湖景最棒的地點，那平靜的藍色湖水和棕綠相間的環湖山脈其所構成的畫面美的實在是無與倫比啊！

　　或許因為沒有太多旅客，格倫奧奇顯得十分安靜。Mull St街上有這裡大部分的商店、住宿、餐廳及一間加油站。Islay St底碼頭是市區裡最棒的去處之一，站上碼頭環顧四周，相信你會為你所看到的美景感動不已。

　　離開格倫奧奇往北還可開往許多地方。越過Rees River後有條碎石路通往天堂(Paradise)，以為是個景點的我們後來才知道那裡只是個牧場區域，不過沿途風景很美，途中還會遇到一個很大的鑽石湖。沿著Priory Rd往西邊開，在經過達特河(Dart River)後將會遇到叉路，往北是通往路特本步道(Routeburn Track)，往南則是前往Kinloch，那裡有間YHA，裡頭住著不少登山客和尋求幽靜的旅人。

公路25公里處的瞭望點所望出去的絕美景色

遍布廣大葡萄園與翠綠山脈

皇后鎮到克倫威爾
Queenstown to Cromwell

從皇后鎮前往克倫威爾走SH6公路是最方便的選擇，公路將沿著翠綠色的卡瓦勞河前進，並會經過兩側望出去皆是翠綠山脈的Kawarau Gorge。沿途有幾處景點可停留看看。

路旁可看到好大一片的葡萄園，這裡是屬於Gibbston Valley of Vines的區域範圍

KAWARAU BUNGY CENTRE-AJ HACKETTS BUNGY
卡瓦勞高空彈跳中心

✤ 世界第一個商業化的高空彈跳地點

卡瓦勞高空彈跳中心位於著名的卡瓦勞大橋旁，這裡在1988年成為世界上第一個商業化的高空彈跳地點。皇后鎮因為創始人之一的AJ Hacketts所帶動的這股極限運動熱潮而聞名於世，這個獲得巨大商業成功的男人，曾在法國艾菲爾鐵塔縱身一跳。

門口小小的彈跳中心其實內部空間很大，順著螺旋步道可走到底下的服務台。彈跳地點就在外頭的卡瓦勞大橋上，旁邊有數個平台可以觀賞挑戰者的彈跳(尖叫)過程。

ROARING MEG LOOKOUT
咆哮梅格瞭望點

✤ 俯瞰湍急的河流與水力發電站

這處瞭望點可看到底下湍急的卡瓦勞河及一旁的發電站。這個發電站實際上是個下遊發電站，它上方還有一個上遊發電站，而推動這兩個發電站水力發電的是距離這裡往上約3.6公里處的咆哮梅格水壩。

在咆哮梅格瞭望點觀看湍急的卡瓦勞河

從Cromwell Lookout看到的全景畫面

離海洋最遠的水果小鎮

克倫威爾
Cromwell

克倫威爾的巨大水果地標

位於鄧斯坦湖(Lake Dunstan)旁的克倫威爾,早期這一帶曾是淘金者的群居地,在金礦被挖盡後,當地居民開始靠著這裡天生就擁有的肥沃土地及陽光充足的氣候條件,搖身一變成為南島相當知名的水果重鎮。

來到克倫威爾,你一定馬上會看到那由蘋果、梨子、杏桃和油桃所組成的巨大水果地標,不過現在這裡還盛產葡萄及櫻桃。地標後方是克倫威爾的市中心The Mall,餐廳、銀行及i-SITE都很集中的出現在這個區域裡,住宿地點則分散在市區其他地方。

想俯瞰這座城市的話,最棒的地點是在往亞歷山大SH8公路上一處名為Cromwell Lookout的瞭望點,那裡除了可以清楚的看到克倫威爾鎮及湖邊那條老克倫威爾鎮街道外,還可以看到鄧斯坦湖在這裡一分為二,分別流往皇后鎮及亞歷山大,這裡望出去的景色相當漂亮。值得一提的是,你現在所處的這座小鎮可是紐西蘭離海洋最遠的地方喔。

在舒服的草皮上進行「曬眼皮」運動(睡午覺啦)

OLD CROMWELL TOWN
老克倫威爾鎮

✤ 保留鎮上最完整老建築

　　為了要興建克萊德大壩(Clyde Dam)，當地政府創造了一個26平方公里的大型蓄水湖——鄧斯坦湖。也因為如此，受到影響的克倫威爾必須付出有部分房子和果園即將被淹沒的嚴重代價。

　　所幸，一群具有遠見的當地人為了完整保留這些過去具代表性的建築物，不辭辛勞、大

受到完整保留的老克倫威爾鎮街道及老建築

費周章的將這些老房子拆解，然後運到現在的老克倫威爾鎮現址將其組裝重建。現在這個區域可看到過去的商店、馬廄、穀倉和酒店建築，走在鋪滿碎石子路的街上，我們彷彿回到了那個只有馬車的年代。

　　如果你在11月到復活節間來到這裡，那麼禮拜天早上可以過來看看這個小而活潑的Central Otago農夫市集，它擺攤在一個四周由木頭和石頭房屋環繞的廣場裡，整個市集氛圍很棒。

AROUND LAKE DUNSTAN 鄧斯坦湖周邊景點

✤ 遊覽兩大公路的沿途美景

　　狹長的鄧斯坦湖左右兩側分別被SH6及SH8兩條公路所包圍著，沿途有數個景點及步道可去走走看看。

SH6公路上

南緯45度紀念碑
45th Parallel Monument

　　克倫威爾這裡為南緯45度經過的地方，路旁可看到一個跟成人差不多高的紀念碑。

Lowburn Terraces Walking Track

　　往瓦納卡方向開，在過了

Lowburn Inlet看到Clarks Rd左轉進入後，你可以看到前方光禿禿的丘陵有條往上走的路徑。順著這條路徑將可上到一塊平坦高地，沿著高地邊緣走一段，會看到一個黑白相間的大地測量標誌。從這個高度，幾乎可將狹長型的鄧斯坦湖從北一路看到南端的克倫威爾市區一帶，這裡的展望極好！

Lowburn Inlet

　　寧靜的小湖泊，在那野餐或午休都是很棒的選擇。

→沿著Lowburn Terraces Walking Track走所看到的鄧斯坦湖景色

SH8公路上

Bendigo Picnic Area

　　這個野餐區位在鄧斯坦湖北端一帶，陽光照在深淺不一的湖面上，加上這裡富含綠色水生植物，因而形成一幅豐富多層次的藍綠湖水景色。在平凡的地方看見不平凡的美景，讚！

邊開車邊欣賞絕美湖景

克倫威爾到亞歷山大
Cromwell to Alexandra

從克倫威爾走SH8公路可前往32公里外的亞
歷山大，途中會經過寧靜的克萊德小鎮。公路
上有部分路段是沿著鄧斯坦湖行駛，每次開在
這段高低起伏的路上都會覺得特別開心，因為
沿途湖景超美！

從Goldfields Monument停靠點所看出去的美麗湖景

歐洲鄉村風的百年建築

克萊德
Clyde

進入克萊德之前，你一定不會錯過路旁那巨
大的克萊德大壩，這座排行紐西蘭第三大的水
力發電廠在興建時就頗具爭議性，因為它淹沒
了克倫威爾部分區域。

克萊德所散發出的氛圍是一種悠閒的慢活
風，到街上走走，看看那些百年老建築，如
1900年建的Dunstan Hotel。或到商店餐館集
中的Sunderland St上，聽聽友善的當地人分享
這裡過去的歷史。

喜歡騎自行車或健行的朋友不要錯過奧塔
哥中部鐵路步道(Otago Central Rail Trail)，
從克萊德開始，可往東一路騎到150公里外的
Middlemarch，全程大約要花3～5天，不過你
會獲得一種難忘的荒野感覺。

熱鬧的年度慶典千萬別錯過

亞歷山大
Alexandra

位於SH8與SH85交界處的亞歷山大以前曾有
一段輝煌的掏金歷史，現在的它跟克倫威爾一
樣，果園及葡萄園占滿了市區周圍土地。

i-SITE是博物館兼美術館，其後方是很大一
片的Pioneer Park，在樹下乘涼或在草地野餐
都是很棒的選擇，而從這裡可清楚的看到位於
山上的亞歷山大鐘(Alexandra Clock)，直徑有
11公尺大的它自1968年便開始出現在那裡。

另外位於Kerry St街底的Shaky Bridge也值
得一看，它是一座非常古老的木製吊橋。固定
於9月分舉辦的「Blossom Festival」是亞歷山
大的年度慶典，在熱鬧活動中可看到精采的花
車遊行及很棒的管樂隊表演。

峽灣、史都華島、卡特林斯
FIORDLAND & STEWART ISLAND & THE CATLINS AREA

蒂阿瑙
Te Anau

因弗卡吉爾
Invercargill

卡特林斯
Catlins

史都華島
Stewart Island

最美的森林、農田、湖景、海岸風光

從皇后鎮往南出發，將開始進入一條沿途可看到湖景、森林、農田和海景的南部觀光路線(Southern Scenic Route)。路線將會經過蒂阿瑙(Te Anau)，那裡的湖泊及山巒景色美得令人印象深刻。紐西蘭人最推崇的景點米爾福德峽灣(Milford Sound)會在SH94公路的盡頭等著旅人到訪。

接下來往南行駛前往熱鬧的因弗卡吉爾(Invercargill)，城市裡沒有太多景點，不過當你造訪布拉弗(Bluff)及史都華島(Stewart Island)時，它會是一個非常好的補給基地。續往東走，將進入擁有許多天然美景的卡特林斯地區(Catlins)，沿途有許多值得造訪的海灣及景點，但它們幾乎不在主要道路上，所以得花點時間繞進叉路裡去。

南島南部地區擁有眾多令人難忘的天然風景及美麗峽灣和湖景，更棒的是，這裡沒有太多遊客，我們相當喜愛在這個地區旅遊。

一望無際的農田景觀與大山景色

皇后鎮到蒂阿瑙
Queenstown to Te Anau

從皇后鎮開往金士頓的路上必會看到的大山湖景

從皇后鎮往南走SH6開往蒂阿瑙的方向，首先會先沿著瓦卡蒂普湖走上一段，沿途的大山大景使人心曠神怡。金士頓(Kingston)位在瓦卡蒂普湖的南端位置，這是座位在大山腳下的安靜小鎮。當你經過這裡時也意味著接下來周圍景象將由湖景轉變成一望無際、綿羊牛群在旁低頭吃草的農田景觀。

往前是Lumsden小鎮，在那之前會有路牌指示需右轉改走SH94前往蒂阿瑙及米爾福德峽灣的方向，接下來沿著指標便會抵達蒂阿瑙了。

瞭望周邊峽灣景色的最佳地點

蒂阿瑙
Te Anau

↗穿著All Blacks衣服的Takahe

住在靜僻美麗的蒂阿瑙湖旁，一定很棒

蒂阿瑙，一座周圍被壯觀的山脈、茂密的原始森林，和波光粼粼的湖泊所圍繞著的小鎮，它位在紐西蘭第二大湖蒂阿瑙湖(Lake Te Anau)的南端，比起同樣位在湖畔邊的瓦納卡和皇后鎮，這裡顯得靜僻許多，且它絕佳的地理位置成為探索周圍峽灣景色最好的基地。附近有著名的米爾福德步道(Milford Track)及開普勒步道(Kepler Track)，因此可看到不少登山客聚集在此補給物品。

沿著湖邊的Lakefront Drive路走可看到一些還不錯的住宿選擇，在看到一個圓環右彎進去便是市中心的位置，大部分的商店、餐館和銀行都集中在這裡。這裡最受歡迎的活動就是參加螢火蟲洞穴之旅(Te Anau Glowworm Caves)，其最大賣點就是搭著小船進入黑漆漆的洞穴裡欣賞頭頂上那成千上萬的螢火蟲光亮。而且，在黑暗中漂流是一種相當神奇的體驗。

靜謐的Lake Gunn

在翠綠山峰間峽灣巡航、欣賞瀑布

蒂阿瑙到米爾福德峽灣
Te Anau to Milford Sound

從蒂阿瑙要到米爾福德峽灣只有唯一一條SH94公路可選擇。這段公路約有120公里，出發前記得把油滿上。沿途上會經過Te Anau Downs，這裡是前往米爾福德步道的搭船點。繼續前行，兩側將變成農田景色，道路也漸漸變的高低起伏了起來。

Eglinton Valley是個視野開闊的峽谷，Lake Gunn是個靜謐的湖泊，而鏡湖(Mirror Lake)在晴朗無風時就像面大鏡子。1.5公里長的Homer Tunnel是整段路上唯一一個隧道，且為單向通車，進入前需要先看一旁的電子看板了解是否已可進入或需再等個幾分鐘。The Chasm是個非常奇特的地方，沿著步道可看到被河水及石頭侵蝕的壺洞(Pothole)。

公路盡頭便是米爾福德峽灣了。這處地點號稱是地球上最美麗的地方之一，「101 Must-Do's for Kiwis」推舉它為排名No.1的景點。這裡有幾間公司營運著遊船，可載著客人在峽灣裡巡航及欣賞兩側高聳山峰和野生動物，並讓你近距離的觀看瀑布。絕不會錯過的Mitre Peak就在眼前，1,692公尺高的它是紐西蘭出鏡率最高的山峰之一。右邊還有氣勢磅礴的Bowen Falls，它的白色身影在翠綠的山脈中非常明顯。想要再多了解這個地區的美，可以像我們一樣花個四天三夜健行米爾福德步道，那真是一段相當棒的體驗。

←站在岸邊看著前方高聳的Mitre Peak，身為人類的我們是顯得多麼渺小
↓只允許單向通車的Homer Tunnel

美麗湖畔旁的寧靜小鎮

瑪納普里
Manapouri

在瑪納普里湖旁來個野餐

瑪納普里位於蒂阿瑙往南約20公里的地方，平時的它很寧靜，不過這裡是探索道特福爾峽灣(Doubtful Sound)及周圍步道的主要起點，觀光旺季時的搭船人潮會使這裡變得熱鬧些。不過不管何時來，這裡都值得停留一下，因為小鎮就位在瑪納普里湖旁，眼前美麗的湖景搭配周圍安靜的空氣，非常適合野餐！

走吊橋、湖景風光、洶湧海景

瑪納普里到因弗卡吉爾
Manapouri to Invercargill

離開瑪納普里後便將開始往山區開去，道路兩側有牧場農田及羊群相伴，開起車來相當舒服，且沿途有多處景點可停下來看看。

往叉路彎進去可抵達克里夫登吊橋(Clifden Suspension Bridge)，長111.5公尺的它是紐西蘭境內最長的懸索橋。Lake Hauroko是紐西蘭最深的湖泊(深達462公尺)，這裡非常安靜且風景優美。從主幹道轉進到這裡需開32公里。

跟著樹一起歪斜吧

繼續往南開會經過Tuatapere小鎮，以前靠伐木為生的它現在搖身一變成了知名的香腸之都。位於路邊的McCRACKEN's Rest可讓旅人停車休息一會兒，順便看一看好久不見的洶湧海景。

經過Orepuki時可看到許多樹木都被來自塔斯曼海的強勁海風，逼得往歪斜甚至近90度扭曲的方向生長，大自然的奇景看得令我們嘖嘖稱奇！還可以繞進叉路去有座瞭望台的Monkey Island及衝浪度假好選擇的Colac Bay看看，那裡的沙灘都很不錯。經過里弗頓(Riverton)時看看路邊的巨大鮑魚殼，這應該是你目前看過最大的了。

紐西蘭境內最長的懸索橋——克里夫登吊橋

南部博物館和藝術畫廊，i-SITE也在裡頭

熱鬧的Southern Farmers Market (每個禮拜天上午舉辦，地點在Herbert Street上的Southland Boys High School裡)

紐西蘭最南端的繁華城市

因弗卡吉爾
Invercargill

初次來到因弗卡吉爾的我們有種驚喜的感覺，因為原本以為偏遠的這裡會有點荒涼，不過在駛入市區後完全顛覆原本想像。這裡街道整齊、熱鬧繁華，不時可看到裝飾華麗的建築物，以及一些優雅的遺產別墅和教堂。而且，這座城市還住了不少居民呢！

i-SITE位在女王公園(Queens Park)邊，它同時與南部博物館和藝術畫廊(Southland Museum & Art Gallery)結合在一起，裡頭有展出毛利人的歷史文物、活生生的Tuatara蜥蜴區及一台世界最快的Indian Scout號。

市區內較熱鬧的區域在Dee St及Esk St周圍一帶，銀行郵局餐館住宿地點大部分都集中在這裡。而據說是世界上最南端的星巴克咖啡就位在Esk St上。

若是你打算經由布拉弗搭船前往史都華島，需要現金的話得先在這裡提領出來，因為布拉弗及史都華島都沒有ATM及銀行。

因弗卡吉爾市區地圖

往溫頓 Winton
Herbert St
Southern Farmers Market
往溫頓 Winton
Dee St(SH6)(Southern Scenic Route)
Kelvin St
女王公園 Queens Park
Queens Drive
南部博物館和藝術畫廊 Southland Museum & Art Gallery
i-SITE
Cala St
Leet St
Invercargill Water Tower
Doon St
Yarrow St
Spey St
Deveron St
Don St
Jed St
往高爾 Gore 但尼丁 Dunedin
星巴克咖啡 Starbucks Coffee
Esk St
Countdown
Tay St(SH1)
Tay St(SH1)(Southern Scenic Route)
Clyde St(SH1)
往布拉弗 Bluff
PAK'nSAVE
First Presbyterian Church

Dee St圓環上的鐘樓，它其實也是個南非戰爭紀念碑

相傳是毛利神話中的錨石

布拉弗
Bluff

布拉弗位在因弗卡吉爾以南約28公里處的地方，那裡可說是南島最南端的小鎮了。265公尺高的布拉弗山(Bluff Hill)是一個很棒的景點，從那兒可全景飽覽周圍風光。沿著Marine Parade開到底可抵達斯特林角(Stirling Point)，那裡是紐西蘭主要道路SH1公路的終點(當然也可說是起點)。一旁有條環環相扣的巨大錨鏈引起我們的注意。

相傳毛伊(Maui)當時站在南島這艘獨木舟上準備要釣起北島這條大魚時，為了穩固船身，它利用神力從海底拉出了史都華島並用繩子拴住它，這才順利將北島拽出了海面。現在這條巨大錨鏈象徵性的連接了布拉弗與史都華島(在史都華島上也可看到類似的錨鏈)，並讓人們了解，這裡在毛利神話中可是占有了一席重要地位。

從海上看斯特林角和巨大錨鏈

尋訪奇異鳥與信天翁的蹤跡

史都華島
Stewart Island

前往史都華島基本上有兩種選擇。可從因弗卡吉爾搭飛機，不然則是從布拉弗搭船前往。我們選擇搭船，上船地點在Foreshore Rd上。

渡輪開始駛離碼頭後，此時在船上的你可完整的欣賞到布拉弗，斯特林角和巨大錨鏈。還有狗島，它在你橫越Foveaux海峽時可清楚的看到它上頭的燈塔。另外我們還在海面上看到了White-capped Mollymawk信天翁！

↓到碼頭買船票後可順便拿張奧本市區地圖

航程約1個小時便可抵達紐西蘭第三大島、外型像三角形的史都華島。停靠點是在半月灣(Halfmoon Bay)，全島唯一的小鎮——奧本(Oban)就在那裡。史都華島有85%的面積屬於Rakiura國家公園的範圍，這裡是紐西蘭最南端的國家公園，裡頭有條環形的Rakiura Walk步道可以徒步行走。

島上居民大部分都群聚於半月灣邊，裡頭也有停靠著許多船隻

172

另外，想在野外看奇異鳥，來史都華島準沒錯！島上的叫做 Brown Kiwi(又稱Tokoeka)，它在白天時間也會出來覓食，只要在適當地點(如Mason Bay)及一點運氣，便有機會與低頭尋找食物的牠們撞個正著。

奧本小小的人口也不多，整體感覺悠閒自在。幾間商店、餐館及住宿地點都集中在上岸的碼頭附近。那裡還有沙灘、兒童遊樂場以及一個大型的西洋棋。我們在靠近碼頭的海上還看到布勒氏信天翁(Buller's mollymawk)，它的眼神相當帥氣有型！

島上有不少景點值得前往瞧瞧，大部分都需要花點時間徒步抵達。而島上也有腳踏車、機車及汽車可以租借。

前往Ackers Point方向上會經過 Lonnekers Beach

ACKERS POINT LIGHTHOUSE
阿克爾角燈塔

✤ 沿途可見島上最古老的歐洲建築

阿克爾角距離市區約有4公里遠。看著指標並依著半月灣走，沿途會經過Lonnekers Beach及Leask Bay，並有岔路可通往Evening Cove下去瞧瞧。路上會經過石屋Lewis Acker's Stone House，那是島上最古老的歐洲建築。小徑終點便是阿克爾角，那裡有島上唯一一座燈塔，小型如烽火臺的它盡責的為進入半月灣的船隻提供正確方向。

海灘旁是當地人最喜歡的聚集點，這裡有沙灘、兒童遊樂場以及一個大型的西洋棋

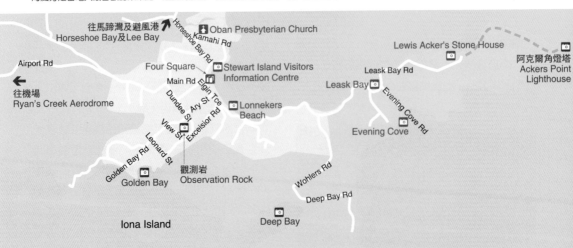
史都華島市區地圖

HORSESHOE BAY & LEE BAY
馬蹄灣及避風港

✈ 漫步在美麗的長沙灘

之前提到在史都華島上也有一處地方，有跟布拉弗一樣的巨大錨鏈，那個地點就在避風港，這處海灣位在市區的北邊。前往避風港的路上會先經過一個像馬蹄形的馬蹄灣，沙灘很長而且沙子很細，走起來很舒服。途中我們曾爬上Garden Mound再繞過去，不過登頂後的視野沒想像中好。

避風港位在道路的終點，那裡同時也是進入Rakiura國家公園的起點。來到這裡若不是進去走步道的話，可到前方平坦美麗的沙灘走走，或是看看一旁那條巨大錨鏈，它是暗紅色的。

位於海灘邊的奧本市區招牌

OBSERVATION ROCK
觀測岩

✈ 瞭望帕特森水灣全景

觀測岩是一處瞭望點。從這裡可欣賞到帕特森水灣(Paterson Inlet)的景色，熱門的一日遊首選Ulva island就在這廣大的水灣裡，上頭有規畫步道及瞭望點，那裡可說是鳥類的生活天堂。

我們在史都華島待了四天三夜，離開前還有點捨不得走，因為這裡到處都聽的到鳥叫聲，且望眼看去都是綠色的大自然環境，那種遠離塵囂的生活我們很喜歡！這真是一段很棒的旅程。

位在避風港上的巨大錨鏈是暗紅色的

從觀測岩看帕特森水灣。畫面中有一狹長小島就是Ulva island

南島觀光路線的海岸區域

卡特林斯
Catlins

從因弗卡吉爾前往但尼丁，若是走南部觀光路線的話將會進入到卡特林斯區，這是片自然廣大的海岸區域。範圍大約是從南方的Fortrose一路到北方的Kaka Point，其中以奧瓦

↖分岔兩路然後又結合在一起的McLean Falls

卡(Owaka)為主要的商業小鎮。沿途有許多景點值得花點時間好好造訪，為自己的南島南部之旅增添美妙回憶。

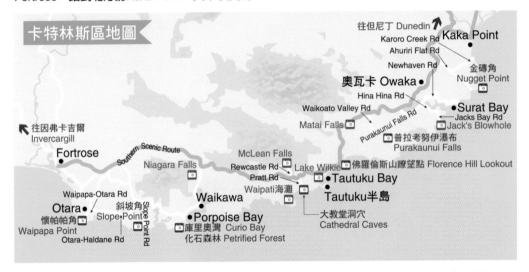

卡特林斯區地圖

往但尼丁 Dunedin ↗
Karoro Creek Rd ● Kaka Point
Ahuriri Flat Rd
Newhaven Rd
金磚角
Nugget Point
奧瓦卡 Owaka ●
Hina Hina Rd
Waikoato Valley Rd
● Surat Bay
Waikoato Valley Rd ── Jacks Bay Rd
Matai Falls ● Purakaunui Falls Rd Jack's Blowhole
Purakaunui Falls Rd 普拉考努伊瀑布
Purakaunui Falls
往因弗卡吉爾
Invercargill
Fortrose
Southern Scenic Route
McLean Falls
Niagara Falls Rewcastle Rd
Lake Wilkie 佛羅倫斯山瞭望點 Florence Hill Lookout
Pratt Rd
Waipapa-Otara Rd Waipati海灘 ● Tautuku Bay
Otara ● 斜坡角 Tautuku半島
懷帕帕角 Slope Point
Waipapa Point ● Porpoise Bay 大教堂洞穴
Waikawa 庫里奧灣 Curio Bay Cathedral Caves
Otara-Haldane Rd 化石森林 Petrified Forest
Slope Point Rd

PURAKAUNUI FALLS
普拉考努伊瀑布

✤ 層層一瀉而下的瀑布景觀

當你看到普拉考努伊瀑布時，你一定會跟我們一樣在腦海中馬上浮現層層疊疊等相關的形容詞。雖然落差沒有很高，但透過數階有層次的奔流而下，其景色令我們印象深刻。

層層疊疊的普拉考努伊瀑布

WAIPAPA POINT
懷帕帕角

✤ 有著照亮全海域的古老燈塔

　　經過Fortrose後可沿著指標前往Otara小鎮，在那裡可看到指標前往懷帕帕角。這處偏遠的海角上有一座古老燈塔，會在這裡設立它是因為1881年這裡發生了一場重大海難，燈塔在1884年元旦首次啓用，至今仍堅守崗位照亮周圍海域。

↓風景很棒的佛羅倫斯山瞭望點

FLORENCE HILL LOOKOUT
佛羅倫斯山瞭望點

✤ 一次看盡金黃沙灘與Tautuku半島

　　佛羅倫斯山瞭望點是公路上一處很棒的瞭望點。底下是Tautuku灣及同名的狹長金黃沙灘，視線中還會看到一處自陸地延伸出去的Tautuku半島，仔細一瞧，上頭還有不少住家呢！

SLOPE POINT
斜坡角

✤ 南島的最南端

　　往Waikawa方向開去，沒多久後便可看到Slope Point方向指示。抵達外頭停車場後接著會經過一段私人牧場，一段十幾分鐘的愉快散步後便可抵達南島的最南端點。那裡立了座標示赤道及南極點的方向指示牌，來這裡的人都不忘跟這象徵性的地理標誌拍照留戀。

　　這處景點將在每年的9月到11月間暫停開放，因爲母羊產小羊的季節到啦！

←我們所站的位置就是南島的最南點了

CURIO BAY & PETRIFIED FOREST
庫里奧灣及化石森林

✤ 保存侏儸紀時代的化石遺跡

　　往Waikawa方向繼續往東開去，沿著指標可抵達一處Curio Bay海灣。這裡風景很好，露營車也有秩序的排了好長一排。這裡最特別的景點是位在一旁的化石森林，這裡保存了可追溯到侏羅紀時代的古老樹樁和樹木遺跡。不同於動物化石，植物化石要被保存下來可是相當罕見的。想觀看這些化石的最佳時機是在退潮時間，蹲下來近距離的看看這些至少已超過1.5億年之久的樹木紋路吧。

　　值得一提的是，在紐西蘭不少地方可看到的蜥蜴Tuarara就是從侏羅紀時代活到現在的活化石。

侏羅紀時代的古老樹樁和樹木遺跡

NUGGET POINT　金磚角

✤ 尋訪黃眼企鵝的夢幻海角

　　經過奧瓦卡後繼續往北開，沒多久便可看到指標前往Nugget Point及Kaka Point。不過當你正在前往的途中，一定會注意到遠方的海角上有一座燈塔，沒錯，那裡就是Nugget Point。

　　從停車場沿著步道前往燈塔的途中，你必須保持精神且集中注意力，會這麼說是因為路徑不寬且地處高處，周圍並沒有護欄保護。若有帶兒童一塊前往的話請一定要注意他們的安全。不過沿途風景非常棒，且真有種要走往天涯海角的感覺。

　　Nugget Point燈塔開啓於1870年，它並不孤單，因為周圍有數十顆岩石小島(Rocky islets)陪伴著。這一帶也是許多動物的出沒地，最常見的就是底下幾隻在岩石上懶洋洋活動著的海狗，運氣好時有機會可瞧見黃眼企鵝，甚至可看到赫氏海豚(Hector's dolphins)！

位在陡峭岬角上的Nugget Point燈塔，旁邊有數十顆岩石小島陪伴著

CATHEDRAL CAVES 大教堂洞穴

雄偉寬廣的天然海蝕洞穴

別錯過大教堂洞穴這處景點，它跟北島科羅曼德半島的大教堂灣都是天然洞穴，不過這裡的規模更大更寬廣。

這裡每天都會根據潮汐表更改開放時間，因為只有在退潮時(前後2小時)才可允許進入，而這裡為私人土地，所以進入需收取門票費用。沿著小徑通往海灘再走一段路抵達洞穴後，這天然海蝕洞穴真的大得好雄偉呀！據說高度達30公尺高！進去內部瞧瞧，裡頭有點黑暗及潮濕，不過透過剪影可感受一下洞穴的真實輪廓。

McLean Falls位在大教堂洞穴附近。徒步大約10多分鐘後，22公尺高的瀑布便出現在你面前。站在一旁好好觀賞它落下來的水在下游處分岔兩路，然後又結合在一起的在天然石梯一階一階的往下奔去。

雄偉巨大的大教堂洞穴

但尼丁、中南部坎特伯雷
DUNEDIN & MIDDLE AND SOUTH CANTERBURY REGION

歐拉基／庫克山
國家公園
Aoraki／Mt Cook
National Park

蒂卡波湖
Lake Tekapo

奧瑪魯
Oamaru

但尼丁
Dunedin

一睹小藍企鵝、第一高峰的風采

　　離開了風景秀麗的卡特林斯地區後，繼續沿著南部觀光路線往北移動，熱鬧繁榮的但尼丁(Dunedin)就在眼前不遠處，這座大城市值得你花點時間認識他。一旁連接的奧塔戈半島上處處是美景，好好花個一天完整的繞他一圈。奧瑪魯(Oamaru)的小藍企鵝千萬別錯過，為了看他們歸巢時的可愛模樣，在夜裡吹冷風等了2小時都不會覺得辛苦。

　　沿著SH83公路將進入懷塔基地區(Waitaki District)，沿途盡是美麗的農田風光。接下來往北走SH8公路前往蒂卡波湖(Lake Tekapo)，及歐拉基／庫克山國家公園(Aoraki/Mt Cook National Park)，你將會看到聞名遐邇的美麗湖景及紐西蘭第一高山的雄偉氣勢。

充滿人文藝術的南島第二大城

但尼丁
Dunedin

位於南島西南方的但尼丁是一座集人文、建築遺產與藝術於一身的迷人城市，整個地區住了十幾萬人，是南島的第二大城。紐西蘭最古老的奧塔戈大學(University of Otago)設立在市區裡，隨處可見的年輕學子使這座城市充滿青春氣息。八角形廣場(The Octagon)是城市的心臟，周圍有許多景點、咖啡廳和餐館。另外有幾處位於近郊的瞭望點值得前往，因為上到高處，視野將無限延伸。

造型相當漂亮的第一教堂

往帕默斯頓 Palmerston

往卡吉爾山 Mt Cargill Lookout

鮑德溫街 Baldwin Street (世界上最陡峭的街道)

SH1 S (Dunedin-Northern Motorway)　Pine Hill Rd

Pine Hill Rd

North Rd

Blacks Rd

往信號山瞭望點 Signal Hill Reserve Lookout

Opoho Rd

Signal Hill Rd

但尼丁植物園 Botanic Garden

Dundas St

奧塔戈博物館 Otago Museum

Great King St

Cumberland St

奧塔戈大學 University of Otago

往查莫斯港 Port Chalmers

但尼丁醫院 Dunedin Hospital

Gowland St

Albany St

Malcolm St

George St

Anzac Ave (SH88)

Ravensbourne Rd (SH88)

St Paul's大教堂
但尼丁中心 Dunedin Centre
但尼丁圖書館 Dunedin City Library

Saint Andrew St

New World

Moray Pl

八角形廣場 The Octagon

但尼丁公共美術館 Dunedin Public Art Gallery

Stuart St

Castle St

Cadbury World

i-SITE

但尼丁火車站 Dunedin Railway Station

第一教堂 First Church Of Otago

Toitu Otago Early Settlers Museum

但尼丁中國花園 Dunedin Chinese Garden

Princes St

Crawford St (SH1 S)

Cumberland St (SH1 S)

Wharf St

往摩斯吉爾 Mosgiel

但尼丁市區地圖

DUNEDIN CENTRAL
但尼丁市區

✦ 佇立著許多華麗的特色建築

位在八角形廣場旁的St Paul's大教堂與但尼丁中心夜景

但尼丁火車站(Dunedin Railway Station)是一座典雅華麗的巴洛克式建築，它完全不像刻版印象中的車站外觀。前面綠地花園的漂亮搭配使它成為紐西蘭出鏡率最高的建築物之一，而室內的馬賽克地板及彩繪玻璃也相當特別。在八角形廣場周圍有許多特色建築，如美術館、St Paul's大教堂及但尼丁中心(Dunedin Centre)，你可以徒步慢慢欣賞它們。

廣場裡有座詩人Robert Burns的雕像，用來紀念他們這群早期來自蘇格蘭的開墾者。事實上，但尼丁這個名字就是來自於蘇格蘭首府

外觀典雅華麗的但尼丁火車站

愛丁堡古老的蓋爾名字(Dùn Èideann，指「愛丁堡」)。

第一教堂(First Church Of Otago)是建築師Robert Lawson設計的新哥德式建築作品，用來紀念當時長老派教會首位

牧師托馬斯‧伯恩斯(Thomas Burns)。教堂四周有寬敞的草地及幾棵大樹，到這裡時不妨在樹下的座椅待上一會兒，享受當下片刻的寧靜。

DUNEDIN PUBLIC ART GALLERY 但尼丁公共美術館

✦ 當地最知名的藝術展覽中心

位在八角形廣場上的但尼丁公共美術館，是當地最主要的藝術展覽中心，透過大型玻璃及天花板玻璃的自然採光使得內部空間相當明亮，且整體規畫相當寬敞，在觀賞每件作品

時都會有足夠的空間可以好好駐足欣賞。

美術館共有三層樓，展出作品包含了自1860年到現今的紐西蘭藝術品、歐洲的藝術繪畫、來自東洋的日本印刷版畫和令人耳目一新的裝飾藝術。逛累了，館內有數個地方放置

著舒適沙發供遊客使用，若餓了，有間咖啡廳就位在入口旁。貼心的服務，不是嗎？

Data

- http dunedin.art.museum
- ✉ 30 the Octagon, Dunedin
- ☎ (+64)03 474 3240
- ⏰ 10:00～17:00，聖誕節閉館
- $ 免費

OTAGO MUSEUM
奧塔戈博物館

✤ 親子共遊，寓教於樂

　　但尼丁市區裡最富盛名的景點首推奧塔戈博物館。三層樓的博物館分為好幾個展區。Tāngata Whenua廳裡收藏非常多的毛利人古老文物及雕刻，最顯眼的就屬一艘製作精美的獨木舟戰船。

　　Pacific Cultures廳裡展示南太平洋的島國生態，這裡可看到每個小島國家自己獨特的生活方式及使用器具。Southern Land, Southern People廳則介紹關於紐西蘭南島南部地區的

走在博物館前的寬敞草皮相當舒服

人文風情及景觀環境。這個廳同時展出許多從奧塔戈地區挖崛出來的動物化石，我們就在這裡第一次看到蛇頸龍的化石！對了，適合孩子的探索中心位在1樓，帶孩子去那玩要學知識吧！

值得花一個下午好好造訪奧塔戈博物館

Data

🔗 www.otagomuseum.govt.nz
✉ 419 Great King Street, Dunedin
📞 (+64)03 474 7474
🕐 10:00～17:00，聖誕節閉館
💲 免費參觀，若要參加導覽團每人 $12

從信號山瞭望點望出去的夜景，真是漂亮啊

SIGNAL HILL RESERVE LOOKOUT
信號山瞭望點

✤ 超美麗的繁星點點夜景

　　從但尼丁植物園(Botanic Garden)旁的Opoho Rd轉往Signal Hill Rd，路段最後會抵達信號山山頂上的一處瞭望點。從這裡可全景的將但尼丁市區盡收眼底，仔細看，第一教堂和但尼丁火車站都可以看到！將視線慢慢左移，則可看到從陸地往外延伸的奧塔戈半島，而再往遠一點，就會看到往南島南端的蜿蜒海岸線了。

在卡吉爾山山頂上將崎嶇的奧塔戈半島從頭看到尾

MT CARGILL LOOKOUT 卡吉爾山

✤ 俯瞰整座但尼丁市區

位於但尼丁市中心以北約15公里處的卡吉爾山是另一處更高的瞭望點,其山頂上有一座高聳的微波發射塔,所以位在市區平地都可以輕易地找到它的方位。

來到山頂處,你已可以俯瞰剛剛介紹的信號山,因為這裡高度有676公尺高,視野所及之處除了繁華的但尼丁市區外,還有往遠方延伸最後消失於天際的海岸線。

穿過發射塔底下,這時你所站的位置,可將崎嶇的奧塔戈半島從陸地連接處一路看到半島的最北端,這裡的展望實在是棒極了!

BALDWIN STREET 鮑德溫街

✤ 全世界最陡峭的街道

想知道全世界最陡峭的街道長什麼樣子嗎?走!到鮑德溫街就知道。這條長350公尺的直線街道在金氏世界紀錄可是榜上有名,街道最陡處其斜率達到了1:2.86,意思就是每移動2.86公尺,高度就上升1公尺。走起路來已經不輕鬆了,沿途居然還有不少民眾住在這裡!不過賣力登頂的感覺還是挺有成就感的,其實沒有想像中那麼累啦!

鮑德溫街大挑戰(Baldwin Street Gutbuster)每年都在這裡舉辦,從底部開始跑到頂點然後再折返回起點就算完成比賽。目前最佳紀錄是1分56秒,等你來挑戰看看!

這是在一旁商店買的,上頭可寫名字及日期喔

我們就站在全世界最陡峭的街道——鮑德溫街,這坡度可真陡呀

皇家信天翁唯一的陸地棲息地

奧塔戈半島
Otago Peninsula

一座孤獨的燈塔位在半島最北端Taiaroa Head的岬角上

　　從市區前往半島有兩種路線選擇，我們是先循著山線Highcliff Rd進入，返回時再沿著海線Portobello Rd回到市區。

　　Larnach Castle是紐西蘭唯一一座城堡，建於1871年，除了氣勢恢宏的城堡主體外，這裡的花園也相當具有可看性。繼續往北，一條岔路可通往Sandfly Bay，那個海灣天生充滿蠻荒氣息，海灘邊設有一個觀測企鵝回巢的隱密地點，不過要看到他們現身得多點耐心。山線道路最後會在Portobello小鎮與另一條海線道路相交，從這裡開往北方就只有單一道路了。

　　道路的終點會抵達半島北端頂點Taiaroa Head，這裡是皇家信天翁在世界上唯一一處位於陸地上的自然棲息地，由自然資源保護部(DOC)管理的皇家信天翁中心(Royal Albatross Centre)就在這裡，裡頭有豐富的圖文看板介紹中心及各種信天翁，而想進入棲息地近距離觀看這群大鳥唯一的方式就是參加團體遊。中心外頭可看到位於岬角上的燈塔，而岩壁上可看到不少嘰嘰喳喳的海鳥。

　　沿著海線回程跟剛剛從山線進入半島有著完全不同的感覺，路上會經過幾處海灣小鎮，大多都十分寧靜，住在這裡應該挺不錯的。

循著山線Highcliff Rd進入奧塔戈半島

沙灘裡的奇幻巨石景觀

但尼丁到奧瑪魯
Dunedin to Oamaru

從但尼丁往北開向奧瑪魯的路上有一處奇幻景點，那就是聚集在海灘上的摩拉基巨石(Moeraki Boulders)。這群巨石大部分都埋在沙灘裡，每一顆都長的不大一樣，有些圓的相當完整，有些則破裂的像被炸開一樣，還有些巨石的紋路非常突出及明顯，我把它們聯想成電影「酷斯拉」裡的恐龍蛋。

這處景點相當奇特，經過時下來看看吧！

站上奇特的摩拉基巨石拍張照吧

彷彿置身於維多利亞時代

奧瑪魯
Oamaru

說到奧瑪魯，人們都說那裡是看小藍企鵝的好地方，但事實上讓奧瑪魯最感到驕傲的，是他們保留許多維多利亞風格的建築及傳統。Harbour & Tyne Historic Precinct歷史城區有相當完整的維多利亞時代的街景，這些建築物大部分建於1870～1890年間。

每年舉辦的維多利亞慶典(Victorian Fete)都會吸引相當多民眾前來參加，在為期一天的活動裡，有音樂、舞蹈和街頭藝術，並會有穿著復古服飾，騎乘大前輪小後輪的Penny Farthings腳踏車的表演，時光彷彿回到了19世紀。

往懷馬蒂 Waimate
Thames St
Itchen St
i-SITE
Steampunk HQ
Tyne St
Harbour St
Harbour & Tyne Historic Precinct 歷史城區
Waterfront Rd
Friendly Bay
King George Park
小藍企鵝群居地 Blue Penguin Colony
Tamar St
瞭望點
Brinkburn St
South Hill Walk
Bushy Beach Rd
奧瑪魯地圖
黃眼企鵝群居地 Yellow Eyed Penguin Colony

BLUE PENGUIN COLONY
小藍企鵝群居地

✤ 世界體型最小的可愛企鵝

想想看小藍企鵝這群可愛的居民嗎？沒問題，就到海港邊的小藍企鵝群居地去吧。這裡有間服務中心，裡頭有關於企鵝的圖文介紹及禮品店，另外也可參加導覽團由專人介紹這世界上體型最小的企鵝物種。

若想免費觀看，可到服務中心附近的碼頭邊耐心等候牠們上岸回巢。根據一旁維護秩序的工作人員說明，這群小藍企鵝白天會游入海中尋找食物，

到了夜晚便會陸續回巢，並將藏在身體裡的食物餵給嗷嗷待哺的幼兒吃。牠們大部分都居住在碼頭邊的紅色建築物底下，因此我們便有機會站在牠們回巢的路線旁觀賞牠們。等待牠們需要耐心，因為沒人說得準牠們何時上岸。

微光中有數個小小身影慢慢走上岸，看牠們搖頭晃腦、一扭一扭的動作實在非常可愛。但牠們並不是一上岸就一直走，而是走一會兒停一會兒，

老婆剛好就站在適當位置，幾隻小藍企鵝就這麼朝她方向走去，能近距離看到牠們真是太開心啦

環顧四周確認無異狀後，在與後來跟上的同伴繼續前行。

觀看小藍企鵝回巢是一個相當令人開心的愉快經驗，因為牠們就在你面前！但請記住，用眼睛看就好，別打擾牠們。

YELLOW EYED PENGUIN COLONY 黃眼企鵝群居地

✤ 從瞭望台尋找牠們的蹤影

被認為是世界上最稀有的黃眼企鵝在奧瑪魯也有機會看到，位於市區南方的Bushy Beach就是牠們的出沒地點。事實上，能在奧瑪魯發現黃眼企鵝算是相當罕見的機會，因為牠們通常生活在較南端的地方，如史都華島和坎貝爾群島(Campbell Island)。

來到這裡可前往一個能眺望海灘的觀景台，遊客可在這裡尋找黃眼企鵝的蹤影。下午3點前可允許進入海灘，但3點後就得離開，因為接下來便是

黃眼企鵝開始上岸的時間。為了尊重及保護牠們的棲地，沙灘使用權得還給牠們。我們呢，回到觀景台觀看就好。

拿著望遠鏡尋找Bushy Beach上黃眼企鵝的蹤影

景色相當漂亮的奧豪湖全景

奇幻的象岩曾是電影《納尼亞傳奇》的拍攝地點

即使山脈光禿禿，Lindis Pass這處高寒山口卻有一種難以言喻的美麗

著名電影《納尼亞傳奇》的拍攝地

懷塔基地區
Waitaki District

接下來，我們打算走SH83沿著懷塔基河(Waitaki River)進入懷塔基地區，裡頭有起伏的農田和碧綠的湖泊，以及很多值得花點時間停留的景點。

象岩(Elephant Rocks)這處景點具有相當獨特的視覺感受，散落在草地上的盡是些造型怪異的巨大石頭。繼續移動，會經過一處毛利岩石遺址(Takiroa Maori Rock Art)，岩石上可看到赭紅色的抽象圖像及用木炭畫的歐洲帆船和動物，據說這些壁畫創作已有數百年之久，但沒有人知道到底是誰畫上去的。

Kurow小鎮位於SH82及SH83的交集處。我們走在街上看到一旁海報上登著All Blacks隊長Richie McCaw的照片，這才發覺，這裡是他的故鄉呀！還是現役球員的他相當受到紐西蘭人的喜愛，當地父老在小小的博物館裡就特地設立一區展示他從小到大的比賽照片。對紐西蘭人來說，家鄉裡能出了位All Blacks的隊長可是相當光榮的大事。若想多看點風景，可以像我們一樣橫跨Lake Aviemore大壩上方，這條路將會帶領你看到另一個巨大的Lake Benmore大壩。

周圍因有著壯觀連綿的山脈，使得站在奧瑪拉瑪(Omarama)小鎮裡不論往哪個方向望出去都可以看到很棒的風景。小鎮往南是前往瓦納卡的方向，途中會經過Lindis Pass這處高寒山口，沿途的山脈接近光禿，呈現一種難以言喻的美麗。奧豪湖(Lake Ohau)在奧瑪拉瑪往北開的方向，開進去看看，這個冰河湖周圍的風景極為漂亮！

我們造訪Kurow時，Richie McCaw他當天早上才在這裡參加活動呢，沒碰到他的我們只好做做動作過乾癮

擁有超過3,000公尺的高山

歐拉基/庫克山國家公園
Aoraki/Mt Cook National Park

偉大的紐西蘭登山家埃德蒙·希拉里爵士，就是5元鈔票上的那個男人

面積超過70,000公頃、裡頭有19座超過3,000公尺高山的歐拉基/庫克山國家公園位在SH80公路走到底的位置。這段公路闢建在普卡基湖(Lake Pukaki)旁，有這麼漂亮的湖景相伴而行是一件令人愉悅的事，且若是天候良好，幾乎整段路都能一直看到3,754公尺高、紐西蘭的最高峰──庫克山。

人們為了向偉大的紐西蘭登山家埃德蒙·希拉里爵士(世界上第一位登上聖母峰的人類)致敬，特地選在靠近庫克山的地方設立一個高山中心(Sir Edmund Hillary Alpine Centre)。裡頭有展示多張希拉里爵士與夥伴挑戰世界高峰的珍貴照片，相當值得一看。

國家公園裡有規畫數條很棒的短程健行步道，時間從10分鐘到3小時都有，而部分步道

歐拉基/庫克山國家公園地圖

庫克山
Mt Cook

Ball Shelter Route

胡克冰河
Hooker Glacier

Sealy Tarns Track

塔斯曼冰河
Tasman Glacier

胡克湖
Hooker Lake

穆勒冰河
Mueller Glacier

藍湖
Blue Lakes

胡克谷步道
Hooker Valley track

Kea Point Track

塔斯曼湖
Tasman Lake

穆勒湖
Mueller Lake

White Horse Hill營地

塔斯曼冰河步道
Tasman Glacier View Track

Hooker Valley Rd

Mt Cook YHA

Hermitage &高山中心
Sir Edmund Hillary Alpine Centre

Tasman Valley Rd

Mt Cook Rd (SH80)

Red Tarns Track

往特威澤爾 Twizel

的起點將從White Horse Hill營地附近開始。國家公園裡的群居地主要集中在Aoraki Mt Cook Village一帶，這裡有遊客中心、餐館和住宿旅店，平價住宿我們推薦Mt Cook YHA，裡頭餐具齊全，環境乾淨溫暖。

從普卡基湖瞭望點看庫克山及碧藍的湖景，好一幅美麗畫面啊

TASMAN GLACIER VIEW TRACK 塔斯曼冰河步道

✤ 碧藍的湖景，猶如一幅美麗的畫

離開Village，開一段8公里的碎石子路，便可以抵達塔斯曼冰河步道的起點，從停車場前往冰河瞭望點只需短短15分鐘。途中會經過藍湖(Blue Lakes)，不過其實看起來更像綠湖。上到瞭望點後，寬大扁平的塔斯曼冰河就在前方，身上有層厚厚的塵土，只有前緣部分才看的到稍微露出的冰藍色冰塊。(這個地區的冰河都流行這樣嗎？)

回頭往剛來的方向望，壯麗的塔斯曼谷在眼前延展開來，那寬闊的景色讓人的心胸也跟著開闊了起來。

爬段路看看寬大扁平的塔斯曼冰河

HOOKER VALLEY TRACK 胡克谷步道

胡克谷步道，庫克山就在前方

✤ 前往終點仰望歐拉基聖山

胡克谷步道是公園裡一條

相當知名的步道，最大的賣點就是有庫克山搭配步道沿途的美麗峽谷風景可看。路途會經

過兩座吊橋，幫助旅人跨越湍急的胡克河(Hooker River)。其中進入第二座吊橋前會有段靠著岩壁走的小徑，下雨時易濕滑，慢慢走比較安全。接下來的路段將會有一段木棧道可走，庫克山就在前方，朝著他走就對了。

步道終點就是胡克湖，從那裡可以觀看高聳入天的庫克山，及布滿塵土的胡克冰河(Hooker Glacier)。可以再沿著胡克湖側邊走段路往前推進一些，然後給自己一點時間好好的仰望前方那座被毛利人尊稱為「歐拉基」的聖山。

KEA POINT
Kea瞭望點

❈ 瞭望第一高山與冰河湖景

從White Horse Hill營地旁開始步行約30分鐘便可抵達的一處瞭望點,沿途路段起伏不大,走起來算相當輕鬆。抵達瞭望平台後其實還可以再往前走一段,從那裡除了可看到

從Kea Point看庫克山,底下是同時共存兩種顏色的穆勒湖

庫克山外,還可看到底下的穆勒湖(Mueller Lake)和左側身

上蓋著厚厚塵土的穆勒冰河(Mueller Glacier)。

全世界最佳的觀星地點

蒂卡波湖
Lake Tekapo

湖景絕美的蒂卡波湖是許多旅人到南島旅行必定造訪的重要景點之一。美麗的碧藍色湖水配合周圍清澈的空氣,白雪皚皚的南阿爾卑斯山脈在一旁當作背景,在這裡怎麼拍都是漂亮的風景照。2012年6月,麥肯齊盆地(Mackenzie Basin)被指定為世界上最大的國際黑暗天空保護區(International Dark Sky Reserve),而位在盆地中的蒂卡波湖因此成為了世界上最佳的觀星地點之一。

樸實無華的牧羊人教堂(Church of the Good Shepherd)是當地最富盛名的景點,位在湖畔旁的它每年吸引無數遊客前來造訪。開放時間可入內參觀,從祭壇前的窗框望出去的景色相當漂亮。教堂附近有一座牧羊犬雕像(Dog Monument),用來紀念那些曾

經幫助開墾此地有著卓越貢獻的狗兒。

Mt John山頂上的展望實在是好極了,天明氣清時,遼闊的麥肯齊盆地、蒂卡波湖小鎮、蒂卡波湖和另外一側白雪覆蓋的連綿山脈及狹長的亞歷山大湖(Lake Alexandrina)全都可以看得一清二楚,這些景色實在是漂亮到快爆表了!我們在山上待了好一陣子,因為底下的景色真的好漂亮。夜晚是不允許沒參加團體遊的民眾開車上山,但白天時間是自由開放的。

在蒂卡波湖停留時我們選擇住在Lake Tekapo YHA,它很靠近湖邊,且環境房間相當乾淨。Kohan日本料理的鮭魚丼(Salmon don)相當好吃,推薦進去嘗嘗。

在蒂卡波湖旁拍攝星軌

基督城、阿瑟山口、凱庫拉
CHRISTCHURCH & ARTHUR'S PASS & KAIKOURA

泡溫泉、賞鯨看海豹、健行活動

我們造訪紐西蘭時，南島第一大城基督城(Christchurch)才剛受到大地震侵襲沒多久，因此有很多景點不是關閉，不然就是在進行維修。即使如此，樂觀的紐西蘭人持續在進行復建工作，因為他們知道，全世界的旅人都在等著進城觀光。

不管夏天或冬天，有著高原景觀的阿瑟山口國家公園(Arthur's Pass National Park)總是有活動可吸引人們上山。下山後你可接著進行一段西海岸之旅，或是往北開上SH7公路，經過Reefton小鎮前往漢默溫泉(Hanmer Springs)找個溫泉池好好的泡一泡。

位在大山底下的凱庫拉(Kaikoura)是賞鯨的最佳地點，而這裡也以吃龍蝦聞名。往外延伸的凱庫拉半島(Kaikoura Peninsula)上有不少自然景觀及健行步道，或是到海豹聚集地看看岩石上那群幾乎成天都在睡覺的大海豹。別離牠們太近，牠們可是有起床氣的。

漢默溫泉
Hanmer Springs

皮克頓
Picton

凱庫拉
Kaikoura

阿瑟山口
Arthur's Pass

基督城
Christchurch

南島第一大的花園城市

基督城
Christchurch

素有「花園城市」美名的基督城，儘管在2011年經歷了一場破壞性極大的大地震，但這座南島第一大城沒有悲傷太久，它積極努力的復原受損地區，並試圖製造出一些新的話題，讓來訪的旅客不會帶著失望離開。

受到地震影響而封閉的市區一景

基督城市區地圖 ▶

Harper Ave
往國際南極中心
The International Antarctic Centre

Park Tce

Central Library Peterborough

Madras St

Barbadoes St

Fitzgerald Ave

Peterborough St

基督城賭場
Christchurch Casino

Kilmore St

Foley Towers BBH

坎特伯雷博物館
Canterbury Museum

YHA Christchurch
Rolleston House

Gloucester St

基督城美術館
Art Gallery (尚未開放)

大教堂廣場
Cathedral Square (尚未開放)

植物園
Christchurch
Botanic Gardens

i-SITE

Worcester Boulevard

Rolleston Ave

基督城藝術中心
Arts Centre (尚未開放)

Bridge of Remembrance

雅芳河
Avon River

Riccarton Ave

基督城醫院

Cambridge Tce

Antigua Boat Sheds

Durham St

「Re:START」區

Lichfield St

公車轉運站
Public Bus Interchange

Saint Asaph St

Madras St

Fitzgerald Ave

Montreal St

South City Mall

Moorhouse Ave

PAK'nSAVE
Moorhouse Ave

Cashel St街上令人耳目一新的「Re:START」區

CHRISTCHURCH CENTRAL
基督城市區

✦ 結合藝術與建築，並擴
　展新區

我們造訪時，市中心的大部分區域還是處於封閉狀態。不過勇於面對逆境的居民積極的創造出新話題。令人印象深刻的「Re:START」區有五顏六色的貨櫃屋，很有美感的堆疊排列在一塊，有銀行、商店、餐廳及書店，這裡熱鬧多了。雅芳河(Avon River)就在附近，河邊草皮上有不少人正舒服的曬著日光浴。

大教堂廣場(Cathedral Square)、藝術中心(Arts Centre)、有軌電車(Tramway)和美術館(Art Gallery)等市區景點在我們造訪時仍處在復建狀態，但我相信，再過不了多久，他們將以嶄新的面貌重新回到世人面前！

想登高看景的千萬別錯過Gondola纜車，頂端有一間咖啡廳及餐廳，你可以邊喝咖啡邊欣賞遠方的利特爾頓港(Lyttelton Harbour)。

THE INTERNATIONAL ANTARCTIC CENTRE
國際南極中心

✦ 可親身體驗南極風暴

位在機場附近，兩次受到紐西蘭最佳旅遊景點讚揚的國際南極中心(The International Antarctic Centre)，致力提供一個獨特的環境讓遊客能認識關於南極洲的歷史及野生動物，這裡還可讓你體驗看看南極風暴有多寒冷！

CANTERBURY MUSEUM
坎特伯雷博物館

✦ 豐富的毛利文化與人類
　演化史

著名的坎特伯雷博物館(Canterbury Museum)，收藏豐富的毛利文化及人類演化相關文物，自然、動物、亞洲文物及南極探險隊等主題則分散在其他樓層，另外，還有展出很棒的裝飾藝術及現代化創作。植物園就在隔壁，去這片綠色大地走走散步大口吸收芬多精會是個好點子。

坐落在新哥德式歷史建築裡的坎特伯雷博物館

植物園就在博物館旁，去那大吸一口芬多精吧

充滿法式風情的海灣小鎮

班克斯半島
Banks Peninsula

遠眺阿卡羅阿及輪廓蜿蜒的阿卡羅阿海港

充滿迷人自然風景的班克斯半島位在基督城東南方，早在1770年庫克船長就發現了它，但當時他以為這是座孤立的小島。1830年左右，英國和法國的殖民者相繼抵達這裡，法國人最後選擇在阿卡羅阿(Akaroa)住了下來，使得這座海灣小鎮成為了今日紐西蘭最「法國風」的地方。

阿卡羅阿大部分的商店、餐廳及住宿地點都集中在Rue Lavaud街和Beach Rd街上，若要巡禮市區，基本上沿著海岸線走就對了。另外，阿卡羅阿附近的海域是紐西蘭特有種，同時也是世界上最稀有最小的鯨類動物——赫氏海豚的出沒地之一，許多人專程來此就是為了參加搭船賞豚行程。

這座燈塔原本位在陡峭的Akaroa Heads上，它在1980年搬家來此，沿著Beach Rd街一直走便會抵達

半島上還有很多海灣及自然景點可前往一探究竟，如我們換宿曾待過的小阿卡羅阿(Little Akaroa)海灣。通往這些地區大部分都是碎石路，行駛時請注意安全。

最早供電與設置路燈的小鎮

瑞夫頓
Reefton

←瑞夫頓是南半球第一個擁有自己帶電系統和路燈的小鎮

從阿瑟山口下山抵達西岸後，往北可前往格雷茅斯，走SH7可前往瑞夫頓小鎮。這內陸小鎮有什麼特別的呢？早在1888年，它可是全紐西蘭及南半球最早擁有大眾供電系統及路燈的地方呢！街上有很多商店都是始於1870年代，看著老照片、老房子及路邊的採礦遺跡，當年這裡一定比現在還要熱鬧多了！

Reefton小鎮街道

大石塊四處散落的城堡山一景

前往阿瑟山口的路上，一旁的湖泊是Lake Grasmere

高原景色一覽無遺

阿瑟山口
Arthur's Pass

「驅車橫越阿瑟山口」是我們在南島旅行時一直很想進行的事，說不上來為什麼，但光是聽到阿瑟山口這個名稱，就讓我們腦海裡浮現出一幅美好迷人的高原景色。

前往阿瑟山口方向上會遇到城堡山(Castle Hill)這處獨特景點，整個地區可看到許多大岩石四處散落於山頭上，看起來就像座廢墟城堡，果然地如其名。繼續走會遇到皮爾遜湖(Lake Pearson)，從高空看這處湖泊就像個大沙漏，夏天時這裡是個良好的露營場所。

當公路蜿蜒到Waimakariri River時，代表即將進入到阿瑟山口國家公園的範圍。人口不多的阿瑟山口小鎮住著許多來公園旅行、登山或冬天滑雪的旅客，打算來這裡住個幾天的話建議從山下帶點食物或補給品上來，因為山上賣的會貴一些。

離開小鎮沒多久後可看到奧蒂拉高架橋瞭望點(Otira Viaduct Lookout)，這座445公尺長的高架橋可說是工程界的創舉，它的出現是為了取代原先位在山壁上那段曲折險峻的Z字形老舊道路。越過山口後，下山便是西海岸一帶了。

我們造訪漢默溫泉時是秋天時分，街道上的樹葉都變成應景的黃色

南島最享受的泡湯勝地

漢默溫泉
Hanmer Springs

從Reefton前往漢默溫泉的SH7公路上會經過Springs Junction、Maruia Springs及Lewis Pass等地區，一路上並沒有特別的景點，能停留的大多都是健行步道。不過沿途風景還不錯，這樣一路開過來很是舒服。看到指標，轉往SH7A公路前往漢默溫泉。

位於山中的漢默溫泉是南島的泡湯勝地，

其地理環境跟北島的溫泉鄉羅托魯瓦截然不同。這處度假勝地不只提供溫泉浴，還有山野自行車、騎馬旅行、滑雪、噴射快艇和高爾夫球等戶外活動可選擇，因此不管你什麼時候來，這裡都有活動可玩。

Hanmer Backpackers裡頭乾淨整齊且大部分都是木頭擺設，老闆也相當友善，我們很是推薦。附近有條短程的Conical Hill Walkway可去走走，稍為花點力氣登上山後的景色還不錯。

我們現在手指的是全紐西蘭占地最大的Molesworth Station農場招牌，它180,787公頃的面積大約跟史都華島差不多大

Hanmer Backpackers，裡頭乾淨舒適，我尤其喜歡窩在閣樓上那個溫暖小客廳的沙發上。

路上可見管風琴狀的風化奇景

漢默溫泉到凱庫拉
Hanmer Springs to Kaikoura

　　從漢默溫泉往東移動開始，我們將進入一段太平洋高山三角公路(Alpine Pacific Triangle)的路段範圍。這段路線連接了南島的三個重要地點，分別是凱庫拉、懷帕拉山谷(Waipara Valley)及漢默溫泉，因此這段路線將會經過連綿起伏的高山丘陵，看到滿山滿谷的葡萄園和迷人美麗的海岸線，這絕對會是趟令人期待的旅程！

　　在SH1公路往北移動時，一條岔路通往安全的衝浪海灘戈爾灣(Gore Bay)。途中有條岔路通往Hurunui Mouth，那裡是個偏遠的海灣和露營地點。快抵達戈爾灣前路旁有一處大教堂峽谷(Cathedrals Gully)，從觀景台上可看到這風化成管風琴形狀的地質奇景。

　　從Cheviot開始往北開，在經過一段舒服的農田景觀後，地勢將慢慢下降，然後開始走在海岸旁，往凱庫拉前進。

外觀呈管風琴形狀的大教堂峽谷

登上海豹群居地背後那條健行步道

嘿！注意到了嗎？有隻海豹在這裡睡覺

南島賞鯨的最佳旅程地

凱庫拉
Kaikoura

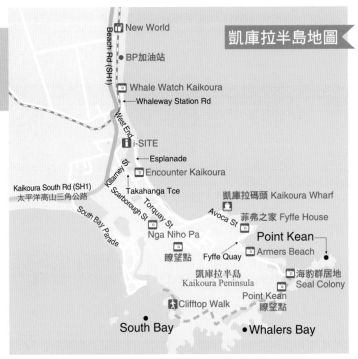

凱庫拉半島地圖

New World

BP加油站

Beach Rd (SH1)

Whale Watch Kaikoura

← Whaleway Station Rd

West End

i-SITE

← Esplanade

Encounter Kaikoura

Killarney St

Kaikoura South Rd (SH1)
太平洋高山三角公路

Takahanga Tce

Scarborough St

South Bay Parade

Torquay St

凱庫拉碼頭 Kaikoura Wharf

Avoca St

菲弗之家 Fyffe House

Point Kean

Nga Niho Pa

瞭望點　Fyffe Quay　Armers Beach

凱庫拉半島
Kaikoura Peninsula

海豹群居地
Seal Colony

Point Kean
瞭望點

Clifftop Walk

South Bay

Whalers Bay

當移動至凱庫拉時，我們被這坐落在Seaward Kaikoura Range底下的海濱小鎮給驚豔到了，那一整排的大山是如此的高聳雄偉，而小鎮是如此的寧靜美麗。才剛抵達，我們就留下了深刻印象。

眾所皆知，凱庫拉是南島賞鯨的最佳地點，同時也是許多海洋生物的棲息地，如信天翁、海豚、海豹和逆戟鯨。想要出海觀看這些海洋野生動物可參加旅行社的賞鯨之旅，嘿，上船前請先確保你的攝影器材都是正常的，天知道抹香鯨的尾巴會不會突然甩出海面！而凱庫拉也是品嘗小龍蝦的理想地點。事實上，凱庫拉的「Kai」在毛利語中是指食物，而「koura」就是指小龍蝦。

從i-SITE旁的那條路可開往海豹群居地(Seal Colony)，中途會經過鎮上最古老的建築菲弗之家(Fyffe House)，那是捕鯨時代就存在的房子。海豹群居地位在道路盡頭，觀看海豹時請保持一段距

從半島上眺望Seaward Kaikoura Range大山

離，即使他們處於睡眠狀態。

　　Clifftop Walk從海豹群居地背後那片山坡開始，10分鐘便可步行到「Point Kean Viewpoint」，這個瞭望平台提供一個很好的視野，可以觀看遠處的高山及底下的海岸線，另外還有圖文看板介紹步道上有哪些毛利人村莊遺址。整段步道走起來算是輕鬆愜意，沿途看到的蜿蜒海岸線景色相當特別。這是一段還不錯的短程步道。

這段位在陡峭懸崖上的步道其沿途海岸景色相當特別

在陽光底下找片草地望著海野餐是人生一大樂事啊

夕陽照耀下的金黃色葡萄園

→看石頭狀態就能知道現在是什麼氣候的一個簡易氣象站 (Yeah right.)

凱庫拉到皮克頓
Kaikoura to Picton

　　從凱庫拉到皮克頓的這一段路並沒有特別的景點，不過有海岸線和葡萄園的陪伴，沿途景觀還是值得期待。路過Ohau Point可稍停一下，車子停好往下望就可以看到一群慵懶但可愛的海豹。

　　從凱庫拉到皮克頓大約有156公里，完成這段道路後，我們的南島一大圈之旅也即將告一段落。記得當時我們的心情是有一點開心、夾雜一點落寞。開心的是我們完成了一段極其美妙的南島旅行，打了兩份工，跟家人一塊兒旅行，還有在一些很棒的家庭換宿。而落寞的是，我們要「暫時」離開這個充滿驚奇美景的

葡萄樹的葉子在夕陽斜射下發出一種金黃色調。這一刻，真美

地方了。

　　我們在南島待了近8個月，滿滿的回憶，說不完的感動。

Join HelpX, and live with local family

NEW ZEALAND 換宿篇

透過換宿，我們得以有機會與當地家庭一同作息，並體驗在 地生活。本章節將介紹我們在紐西蘭的換宿經驗，換宿真的超有趣的！

HELPX
換宿體驗須知

輕鬆體驗在地生活

出發到紐西蘭前，我們曾在台東都蘭的「背包狗」進行為期2週的換宿工作，主人凱傑跟Party他們之前也曾到紐西蘭打工度假，因此我們有許多可以請益的話題。他們的經驗分享讓我們像吃了顆大補丸，除了減少很多出發前的疑慮外，也對之後融入到當地生活幫助甚大。他們說，去紐西蘭可以去嘗試看看「換宿」，除了可以省下不少盤纏外，還可以增加與當地人相處的機會。

帶著這似懂非懂、簡單而重要的分享來到了紐西蘭，我們藉著成為HelpX會員，前前後後在

南北兩島總共13個家庭換宿過，待的時間最少3天，最長則有1個月。

什麼是換宿

什麼是換宿呢？簡單來說，就是換宿者為主人家工作，努力換來回報，主人將免費的提供住宿及膳食。主人家可透過換宿者完成沒時間處理的園藝整理或是簡單耗時的家務事，而換宿者本身也可省下可觀的吃住開銷，因此換宿可以說是雙方互惠，彼此雙贏(Win-Win)！

透過換宿，我們得以住進當地人家裡，與他們一同作息，一塊兒活動，真真切切的體驗在地生活。透過互動與聊天分享，了解他們的文化及生活方式，嘗試並學習他們的飲食習慣，甚至是父母教育小孩的方式。

在紐西蘭換宿生活中，我們曾將一片雜草堆變成有花有樹的景觀花園，曾學習如何飼養牛、豬、雞、鴨、羊等動物，還有機會學習木工建造圍籬，偶爾也充當保母，陪小孩又跳又叫。雖然換宿期間並不會有金錢的收入，但所得到的文化交流及生活體驗卻是無價的，而這珍貴記憶也將伴隨著我們一生。如果問我們來紐西蘭做了什麼最棒的事，我會毫不猶豫的回答，換宿！

WWOOF(World Wide Opportunities on Organic Farms)及HelpX(Help Exchange)都是備受歡迎的換宿平台，我們選擇加入了後者，原因很單純，因為HelpX有較多的種類(Category)可選擇，不單單像WWOOF只有有機農場可選擇而已。

「背包狗」的凱傑與Party是我們的良師益友

什麼是HelpX

HelpX是一個國際性的換宿平台，加入的國家超過130個。在這平台上，你可以找到農場住宿、寄宿家庭、牧場、旅館、青年旅舍，甚至是帆船上的換宿機會，18歲以上的任何人都可以來嘗試體驗(18歲以下要有父母陪同或同意)。

基本上，換宿者(HelpXers)一天大約要付出4小時左右的勞動時間才可以得到免費的住宿及三餐，我們也有遇過一天只需工作2小時，但三餐就得自己烹煮打理。換宿是每天都要工作的，因為有付出(勞動)才會有收穫(免費吃住)，因此我們也會在需要放假時跟主人家協調能不能將兩天工時集中在同一天，這樣隔天便有一整天的外出時間。不過我們運氣都還不錯，主人家通常都會主動給予我們假期可出外走走，而理由通常是國定假日或是今天天氣好。

充當保母真好玩

認識 HelpX

接下來我們來初步認識HelpX的網站。上網搜尋HelpX，或輸入www.helpx.net。進入HelpX網站後，可在首頁上方看到幾個國家列表，如Australia、New Zealand和Canada等國家，而按入Europe和International則可看到更多其他國家。以紐西蘭為例，點選「New Zealand」進去後可看到區域地圖(Regions Map)及一旁的區域名稱(Region Names)，兩者都可以點選進去選擇感興趣的區域，而區域名稱旁的括號數字是代表這個區域內有多少間換宿選擇，比方說Auckland就有210個換宿選擇。

可以推測的是，若想在旅館換宿，市區有許多機會，但若是想到牧場待個幾天，那肯定得往郊區找才比較有機會。點選Auckland後便可開始瀏覽這210個換宿家庭的基本資料，如ID編號、所在位置、需求時間、需求人數和工作性質，以及一些關於主人或換宿工作的基本介紹，部分還會貼上幾張照片。一般瀏覽者只能看到這些基本資料，其他就看不到了。若是要進行換宿，看到主人的聯絡電話及email是一定要的吧！怎麼看到這些聯絡資訊呢？付費成為主要會員(Premier Helper)是唯一的方式。

加入會員

加入一般會員基本上是免費的，不過在透過付費成為主要會員後才算完整加入HelpX。為什麼需要付費才能成為主要會員呢？我想付費的用意除了可以減少一些玩票性質的人加入外，也是對在HelpX上願意提供換宿機會的主人一個基本尊重，因為付費的主要會員將可以完整的看到他們詳細的連絡方式。

說到這裡，想必已經有了基本認識。有興趣的、喜歡的、想嘗試的你，一起來成為HelpXers吧！底下幾張圖文介紹將帶領你(妳)輕鬆註冊！

註冊會員步驟教學

Step 1 進入HelpX首頁

上網搜尋HelpX，或鍵入www.helpx.net，簡潔易懂的HelpX首頁就出現啦。請點選頁面下方亮眼橘色的「Join Now」，那是加入會員的第一步。

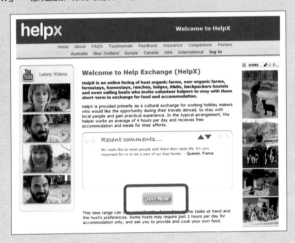

Step 2 點選「Helper」

請選「Helper」。(想成為Host的請選右邊那項)

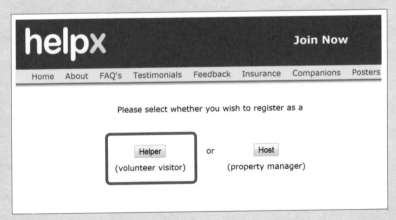

Step 3　按「I Agree」

點選後會出現一個關於換宿者的章程頁面，看完同意後請按「I Agree」。

Step 4　選擇身分

請選擇你的身分。我們是選「Couple」。

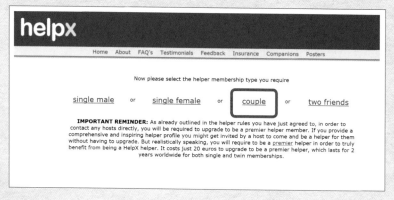

Step 5 填寫表格

接下來會出現幾個需要填寫的表格。以選擇Couple為例，這裡需要填入兩個人的基本資料，填寫完後便可按「Submit Details Now」送出。

不過我們建議在底下的Optional 1填寫一下關於自己的介紹，當你開始有換宿經驗後，則可以在Optional 2寫下自己的經歷。(Optional 3及4可依自己需求填寫)當你透過HelpX站內寄信給感興趣的主人家後，他們便會透過你所寫下的這些內容來認識你(一開始你也是透過他們寫的內容來認識他們呀)，所以，好好寫吧！

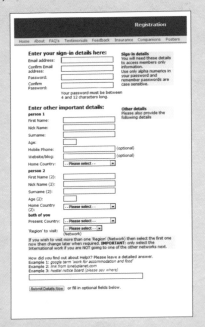

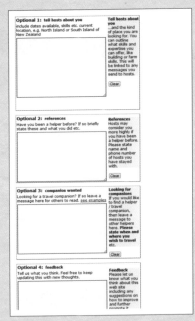

Step 6 至信箱確認申請成功

恭喜成為HelpX一員！按「Log In Now」用剛剛註冊的帳號進去看看。(下面有文字提醒，記得先到你剛剛註冊的信箱收信並確認已申請成功。)

Step 7　登入帳號

用你剛剛的帳號登入後可看到底下的歡迎畫面。目前你的身分是免費會員，權限仍然有限。

Step 8　升級為主要會員

　　舉例來說，先進到New Zealand，選Auckland，接著會看到的畫面如下，你可以看到主人介紹及圖片，只比沒登入會員的瀏覽者多看到主人的Last Updated及Read/Write Reviews而已，重要的連絡方式仍是隱藏的。所以，請花點費用升級成主要會員吧。

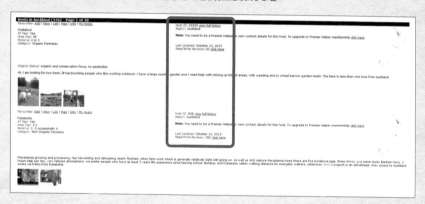

Step 9　選擇貨幣匯款

　　按下Note那串文字後面的click here，接著會跑出匯款畫面，這裡有3種貨幣 (歐元、美金、英鎊)可以選擇。擇一選擇並填寫一些信用卡及基本資訊後，便可成為主要會員。注意，時間並不是永久的，有效期限為「2年」。

Step 10 正式成為會員

在成為正式會員後再登入至Step 8的頁面，你可以發現，這時已經可以看到主人家完整的連絡電話及email，甚至連他上回什麼時後登入都可看到！恭喜你正式成為HelpXers一員，接下來可盡情地瀏覽想去的地區，看到感興趣的換宿主人，就寄一封信給他表明自己想到他家換宿的意願吧！

Tips：不管是個人或是雙人，所註冊的帳號背後都是代表一個獨立單位。

🌱 經營自己的聲譽

HelpX是一個雙向的平台，你可以看到主人家的圖文介紹，相對的主人家也可以看到關於你的個人資料。也就是說，不僅只有你可以聯絡主人家，他們若是對你有興趣也會主動聯絡你。

當你結束一段換宿經驗後，你可以寫篇Review來分享對換宿主人家的印象，不論褒貶，日後都將成為別人的參考。若你的表現令人印象深刻，主人家也許會為你寫上一篇讚賞的推薦函，這對你日後在找尋其他換宿地點時將會有極大的幫助，因為有他人的背書掛保證，就是對自己努力的最大肯定。

因此，真心的為換宿家庭提供幫助，並努力的建立並經營自己的聲譽，你將會成為受歡迎的HelpXer。

用心經營自己的聲譽，有時換宿機會就會自己找上門來

TIPS

帳號請勿借其他人使用

帳號請不要隨意借給他人使用或共用，因為每個帳號背後都有專屬使用的申請者(個人或雙人)。請尊重自己的聲譽，也請重視來自換宿家庭的信任。

信件內容怎麼寫

寄信的內容，簡單來說就是介紹自己及說明來意，最後清楚說明幾月幾號後你將會有時間可進行換宿，並詢問主人那段時間是否有空缺。底下是我們的email寄出範例，可依照不同主人家的工作內容作適度修改，當然自己有空的時間也要先確定後才能寫上去。寄出去的信不一定都會有回應，而有回應的也不一定有機會邀請你去換宿，所以，多找幾間覺得不錯的當作備案會是個明智的選擇。依照我們的做法，我們是一次丟一間，最多丟出2間，若回應沒有缺或石沉大海沒回信，就找備案的再寄1～2間出去。不過若是同時寄2間出去的話會有一個小問題，就是如果這兩間同時都說歡迎你來換宿時，你不是得錯開這兩間換宿時間，不然就是得忍痛拒絕其中一間了。所以，認真看待每一封發出去的信，因為主人家也會認真的看待你的來信。

若主人家有回應說歡迎你去他們家換宿時，那就太棒啦！接下來就是確認見面時間或是你抵達他們家的時間，若沒有交通工具，那就要約碰面地點及時間，讓他們好來接送你到他們家。所以，彼此的聯絡方式當然要清楚明瞭。當時我們自己有交通工具，所以都是自己前往抵達的。依照主人家的指示找路有時也有一種探險的樂趣。

email範例

Hi, Chrissy and Karl, I am PR and my wife Roxanne, we are cheerful and happy couples from Taiwan.We have applied the Working Holiday Visa and have a chance can stay in New Zealand for one year. This year is valuable to us. We like to meet new people, lovely person, and experience different culture, of course, to learn more Kiwi life style !

We've seen your introduction in the helpX webiste and we are very interested ! We hope have a good time with you. Wonder if we can have a opportunity to stay with you.

Please feel free to email us or by txt on 0220869135. After September 7, we will be available, if we could stay with you for about one week or more, that will be awesome !

Thank you and hope to hear from you soon !

Cheers,
PR & Roxanne

🐧 安排換宿時間規畫

在抵達紐西蘭後，我們就計畫若有機會一定要來嘗試換宿生活，但沒有特別設定地點及時間，一切就依照當時我們的狀態來考量決定。比如說人在哪裡？那時是什麼狀態？或為什麼想到這個地方換宿等。

比如說第一次換宿是在懷蒂昂格的Albert 6

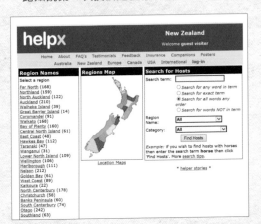

Motel，那時是因為我們已經在奇異果工廠打工了近兩個月的時間，想換個方式過生活。又因為當時是冬天，工作並不好找，我們便打定主意要利用換宿來度過整個冬天。因此接下來我們便開始設定幾個沒去過的地方，然後利用換宿來一一造訪。懷蒂昂格結束後，我們依序在陶波及吉斯伯恩換宿。在吉斯伯恩換宿時，我們就敲定好要參加9月底在威靈頓舉辦的Rugby世界盃比賽，因此我們在9月中希望可以在威靈頓找到換宿地點，而中間間隔的這一個多月時間就必須在往南的方向也找到2～3個換宿地點，當然這段期間也不方便找工作了。因此在吉斯伯恩就一口氣找好了內皮爾和北帕默斯頓的換宿地點，最後也順利在威靈頓找到Diana家換宿。你可以看到，透過換宿的地點安排，我們從科羅曼德半島出發，經過東岸，一路旅行到北島南端。就這樣，我們連續換宿了將近3個多月，沒有刻意計畫，只有按照當時的狀態作規畫。

透過換宿，我們住進當地人的家裡，與他們一同作息，體驗在地生活

作者換宿經驗談

結束完威靈頓換宿生活後，那時抵達紐西蘭與已經有半年之久，是該前進南島的時候了。那抵達南島要繼續找換宿嗎？還是該找份工作了？這個問題並沒有困擾我們太久，因為一來我們在南島北方找不到換宿，二來是我們透過朋友介紹找到莫圖伊卡(Motueka)的海鮮工廠工作。很快的，我們的狀態便轉變成了固定上下班的打工族。海鮮工廠結束後又緊接著櫻桃季，而再次體驗換宿生活已經是抵達南島5個多月後的事了。

好好的了解主人家的自我介紹及曾在那裡換宿過的參考Reviews是必須的功課。每個地點的停留時間我們是大概先估一週，若是主人家答應讓我們停留久一點，那我們就會待個10天到2週左右。我們通常是第一天抵達後會先評估一下周圍環境及主人家的氣氛，若是覺得不錯就會在隔天或幾天後找個時間跟他們討論一下我們想待在這裡的時間，理由可以是你想多點時間在這裡停留探索周圍景點，或者是因為你的下一個計畫會在什麼時間發生，換宿結束後剛好可以銜接上。通常他們都會說OK，同意我們停留久一些。但我們也有幾次遇到是主人家已安排好我們可停留的時間，通常是因為幾天後全家人會外出不在，或是週末有家人要回來需要房間等原因。換宿並不是輕鬆的事，它也算是一種工作。即使沒有金錢收入，但仍需展現出你的敬業精神，不得馬虎。你的努力，都將會變成主人家友好無私的對待，更重要的是，你也將得到一份真摯的友誼。

我們一直都十分享受那種透過換宿然後來到全新的環境、與新認識的人一起生活與體驗不同的事物，中間當然也伴隨著一點點未知的緊張。總之，這一切的生活經歷，都將使你變得更獨立、變得更有自信！準備好了嗎？來體驗換宿吧！

換宿雖然沒有實質收入，但所獲得的生活經驗是無價的

WHITIANGA
懷蒂昂格

非體驗不可的換宿天堂

換宿時間 ✗**24** Days

背包客口耳相傳的換宿天堂——On the Beach Backpacker

經過了2個多月的奇異果夜班工作後，我們打算在季節結束後先休息一下並換個方式過生活。嗯，那就來換宿吧！這時想到了先前在網路上有看到不少人都說位在懷蒂昂格(Whitianga)的On the Beach Backpacker是換宿天堂，我們的足跡還沒到過那個地區，若

1.老闆Richard和他的助手Ian，他們對我們非常的照顧與幫忙
2.絕佳的夕陽光線讓我拍下這張很有感覺的照片 3.我們與換宿朋友們一起跟著Steven出海去

1

2

3

團結力量大，大家一起分工合作打掃房間

有機會到那兒生活一陣子也不錯呀。因此在工作結束前幾週，我們寫了封email給On the Beach Backpacker表達換宿意願，幾天後我們便收到了回覆。

Hello PR

You are welcome to come and work for us on the 20th june. We are min 1 month and 2 hours work a day for exchange we have free internet in the house for you to use. If your plans change in any way please let us know if not we will see you on 20th june.

Regards

Sue

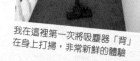

我在這裡第一次將吸塵器「背」在身上打掃，非常新鮮的體驗

4.Richard養了隻可愛的貓　**5.**外觀藍白相間的Albert 6 Motel　**6.**第一次從海上看大教堂灣，感覺很不一樣

4　5

6

🐾 Motel換宿初體驗

哇！沒想到一問就成功！這真是個好消息！

在陶朗加住處打包上車後，載著滿車行李沿著SH2及SH25公路一路向北。快抵達懷蒂昂格前，Sue打電話來問我們人在哪，並說明由於預計離開的人還沒離開，而這段時間又太多人進來因此造成床位不夠，所以將會安排我們到On the Beach老闆Steven的弟弟Richard所經營的Albert 6 Motel那去，並說那邊正住著我們認識的朋友！唉呦？有我們認識的朋友？開門一看，原來是之前在威莎認識的Mandy及Wendy兩姊妹，哈哈，咱們

還真有緣。就在這麼一個陰錯陽差的巧合下，我們在Albert 6 Motel開始了紐西蘭換宿初體驗。(這還是我們第一次住進Motel裡呢！)

Motel外觀是藍白色調的兩層樓建築物，老闆Richard把2樓一個大房間改成我們換宿者住的地方，裡面還有兩間浴廁及一個小廚房，整體空間感覺很大不擁擠，裡頭住著我倆、M&W姊妹和新認識的朋友ViVi及Carol。上網是插網路線而不是WiFi無線網路，雖是免費，但我們仍盡量節制不使用太多網路流量。洗衣機及烘衣機皆位於1樓，還有提供洗衣精，我們在這裡都可以免費使用。

而Motel地理位置還滿不錯的，斜對面有Four Square超市及炸魚和薯條店(Fish&Chip)，1分鐘可到達水牛海灘(Buffalo Beach)，3分鐘可步行到碼頭。如果要到市區商店，散個步就到了；但距離大型超市New World就會有段距離，走路大概要10幾分鐘，開車會比較方便。

🐾 Fight！學習當個 Housekeeper

一天的打掃時間為2小時，早上10:00我們會準時在1樓集合，並等待Richard告知今日工作內容。他通常都會直接把需要整理的房間號碼寫在一張紙

一起在Albert 6 Motel換宿的室友們(分別是ViVi、我倆、M&W姊妹及Carol)

上，自動自發的我們就依各種不同的房型，事先準備好需要更換的物品，接下來就開始工作啦！

我們幾個人各司其職，團結力量大。有人收拾房客用完的早餐，有人負責刷馬桶、清洗浴室，有人擦拭冰箱及微波爐內部，連烤麵包機都擦得亮晶晶！有人換床單、被單及枕頭套，並把乾淨的毛巾捲好並整齊的放在床上；另外還需要有人擦玻璃、補充咖啡茶包及衛浴用品，最後再用吸塵器仔細的將每一吋地毯都清理乾淨。在確認房間都整理乾淨及補充齊全後，我們便可關上房門，前往下一間客房打掃。若是遇到客人續住，這時我們盡量不動到客人的物品，做簡單的整理補充即可，像是重新將床單棉被鋪好，但不會更換枕頭套及被單、補充茶包及衛浴用品。大家一起分工合作，事情很快便會完成。

由於正值冬天，來此旅行的遊客並不多，所以在住房率不高的情況下我們有好幾次都不到12點就提早收工。若當天都沒有房間需要整理的話，那麼Richard就會安排我們到外頭拔雜草、掃落葉或是清理蜘蛛絲……等戶外工作。每當完成交辦的事項後，我們都會再去詢問Richard是否還需要幫忙，但他通常都會笑笑的說：「NO～」，這樣就下班啦！

準備好工具，上工啦

換宿天堂，好康福利多

這裡會被稱為換宿天堂不是沒有原因的。因為這裡有許多好康福利！

在Motel換宿的我們跟在On the Beach換宿的福利是一樣的。每週日中午有免費的Fish & Chips可以吃，我們超愛吃這味的！每週二的晚上有「Jazz night」，Steven會和他幾位朋友演奏音樂給大家聽，現場還有啤酒和洋芋片可以邊聽邊享用。而天氣好時可以跟Steven借小艇(Kayak)，我第一次划Kayak就是在水星灣(Mercury Bay)！

另外，說到最棒的好康大概就是可以跟著Steven出海！

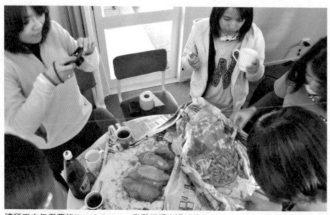
禮拜天中午免費的Fish & Chips，我們超愛吃這味的

Steven有艘船，換宿期間我們與其他的換宿朋友共跟著他出海兩次。大方的Steven還會讓我們試著操作船隻，享受一下當船長的威風。第一次出海我們就開到接近大教堂灣(Cathedral Cove)的位置，第一次從海上看到全景，感覺很不一樣！而運氣很好的我們在回程時還看到海豚在旁作伴，牠們輕輕的躍出水面就讓我們一群人開心興奮到不行。第二次出海則看到一大群海鳥停在海上休息，很是特別。偶爾會將船停在靠海灣的地方，並讓我們用麵包餵魚，看會不會有機會可以看到較大隻的魚游上來海面。就這樣一群人在甲板上或座艙裡一邊聊天一邊看著外頭海上景色，一起看著夕陽落下，享受美好的一天。這段回憶至今仍令我們回味無窮。

Steven讓我享受了一下當船長的威風

生活，不就該是如此簡單平凡嗎

我們在這裡換宿的感覺一直都是十分悠閒，也許是這裡靠海，也許一天只工作2小時，也許時值淡季所以小鎮顯得很安靜。因此只要天氣好，下午就是出外玩樂的時間。這裡附近除了水牛海灘外，搭個渡輪到另外一邊去，那裡有懷蒂昂格岩、前灘、莎士比亞懸崖和庫克海灘等景點。而若是遇到下雨天，大概就是窩在Motel、

逛逛New World或是過去On the Beach換宿者住的宿舍串串門子。

在這裡換宿只有免費住宿不含三餐，因此我們得常到New World補給食材及生活用品。由於換宿沒有收入，所以購物清單的內容得精打細算。再加上廚房的冰箱並不大，因此我們跟室友們還必須控制好自個兒的「食物庫存量」，以免採買過多冰箱冰不下。義大利麵、炒飯及炒麵是我們常吃的菜色，偶爾會炒個菜配白飯吃中式口味。至於最愛的白酒跟牛排，久久吃一次就好。有時候懶得煮，就會出外找餐館吃。我們吃過附近的「Cafe Nina早午餐」、「Chang Thai泰式餐廳」、「Snapper Jacks Takeaways」及「Tua Tua大漢堡」，這些餐館提供的食物都相當美味，我們很是推薦！

美好時光總是過得特別快

懷蒂昂格天生就是個適合慢活的度假地點，我們常在下午天氣好時到街上或海灘散步，充分享受輕鬆悠閒的步調及海風柔柔的吹拂，這種感覺真的很美好。在這裡我們也認識了很多朋友，一起去騎馬、一起去購物和一起到附近景點走走，團體出遊的時光非常歡樂。

換·宿·小·手·札
我們感謝他們的事
對我們總是很好的老闆Richard和來自英國的老闆助于Ian在我們準備離開前還特地買些零食餅乾為我們舉辦一個小小的送別會，貼心的舉動讓我們又驚又喜，真的很感謝他們的照顧與幫忙。我們在這靠海的城市待了3週，我們非常享受在這裡的生活。

這艘船與後面的山脈及夕陽構成一幅美麗的海上景色，我很喜歡這個畫面

有一回車子突然發不動，檢查之下才知電瓶沒電，Richard還開他的車幫我充電，Ian也來幫忙。最後還是花了$150換了顆全新電池

TAUPO
陶波

熱愛奔放草原的英國家庭

換宿時間 ✕ **18** Days

與活潑好動的James踢足球

原本以為換宿地點是在美麗的陶波湖邊，但隨著GPS指示，我們似乎一直往山裡頭開。快抵達時已是傍晚，靠著車燈慢慢的查看住家的門牌號碼，最後停在一棟亮著燈的屋子前，沒多久，一位小男孩跑過來為我們打開閘門。

1.Ian正在製作送給Gillian的生日禮物
2.小小Adam最喜歡做的事就是拿到東西往嘴巴裡頭塞　3.我們換宿期間剛好遇上據說是15年來的一場大雪，外頭世界白茫茫的真是美呀

我們就是在這個美麗的郊區換宿

🐾 第一個家庭換宿開始啦

　　Ian和Gillian十幾年前從英國移居過來紐西蘭，並育有3個可愛的孩子，分別是雙胞胎兄妹James、Rebecca以及可愛的Adam。Ian是個專業木匠，從事木工製造已有30多年，他本身還是個激流划Kayak的好手。Gillian是一位兼職護士，

大部分的時間都是待在家照顧最小的兒子Adam。

　　住家坐落在離陶波市區約有8公里遠的地方，房屋周圍是占地很廣的草原樹林，裡頭常充滿鳥叫聲。除了主屋外，還有倉庫、有機菜園、Ian自己蓋的一座12角形的木製蒙古包(Timber yurt)以及生產製造的

木工工廠。3匹馬及2頭牛養在附近，他們會幫馬兒蓋上一件外衣，除了禦寒外也可方便辨識是哪戶人家的馬。Ian提到他們不會幫牛取名字，因為牠們未來是這家人的食物來源。

　　我問Gillian說為什麼會選擇來此定居而不是在陶波湖畔？家鄉遠在英國Harrogate的她

4.與可愛的Adam拍張照　5.專心及認真創作的Gillian　6.換宿最後一天與Gillian的合照

說，這樣的選擇是來自於兒時記憶，原來她小時候就是住在郊區、住家周圍皆是草原的地方。她希望她的孩子能像她小時候一樣，可以自由的在草地上奔跑，在樹上的樹屋擁有自己的小天地，或是騎著馬到山坡上奔馳一番。這一切的安排及努力，都是為了傳承自己美好的生活記憶，並讓孩子及家人有個美好的生活環境。

我們的房間並不在主屋內，而是在對面木工工作坊的2樓。裡頭有張單人床與雙人床，外加一張桌子及一對椅子。牆壁上掛著壁式暖氣機，那是房間的熱流來源。床上3層不同材質的毛毯棉被疊在一起使我們半夜不會被冷醒，但

準備搬磚頭囉

比較怕冷的我們還是在每晚入睡前塞兩個熱水袋進去被窩裡讓棉被暖和點來獲得一夜好眠。比較不方便的是廁所在1樓，所以如果半夜醒來想上廁所，還是得披上外套才不會邊走邊發抖的下樓。但第一次住在這種工作坊的閣樓房間，感覺非常特別。

以勞力換取食宿

Ian和Gillian在年輕時也曾去別人家庭換宿過，現在他們成為主人，提供機會給來自各國的換宿者。換宿工作雖不輕鬆，且需花上不少力氣，但這些都是我們從未做過的工作，所以並不覺得辛苦，反而覺得還挺有趣的。以下是我們在這裡嘗試過的工作：

搬磚頭

簡單的勞力工作。戴上手套，將原本在草地上的磚頭一塊一塊的放進推車，然後再搬運到房子旁邊整齊堆放好。需要與之抗衡的是藏在磚頭底下的各類蟲子及蜘蛛，有時沒注意一溜煙的就爬到手上來。這時你可以選擇尖叫，或是冷靜的將牠們從身上彈出去。

移小樹、種小樹

住家附近有一片樹林，裡頭長了不少大大小小的樹木。不過小樹若生長在大樹旁，因為大部分的養分都會被大樹吸收，小樹在吸不到養分的情況下就會漸漸枯萎死亡。我們的任務就是要將小樹連根部整株挖起，移到另一處空地挖個洞將之種下。

聽Gillian說，大部分的樹木只能選在冬天移走，因為此時

她們身上所穿的衣服是自己剪裁，圖騰也是自己畫上去的！

1.斑駁老舊的玩具木馬　**2.**上完第一層白漆後，再用粉色補土填平凹陷處　**3.**煥然一新的木馬搖椅　**4.**我們小心翼翼的移植小樹

樹木正緩慢生長。若在夏天樹根枝葉正努力生長的情況下來移樹，恐怕會對樹有不良影響。現在是冬天，所以適合移小樹。移小樹較為辛苦的地方是必須在樹的周圍用鏟子盡量挖深，且盡可能不要切到樹的氣根，因為這些細小的氣根可是樹木的命脈。若有些根已深入地底，此時我們會輕輕地搖晃樹枝，看能不能將最後一段樹根慢慢轉出來。

種樹比移樹輕鬆，因為只需挖個洞，但挖洞挖到乾硬的土質就比較累人。而挖多深則看要移種的樹根有多長。挖好洞後把剛移出的樹放進去，先將土填到一半，用腳稍微踩一下土壤使樹木固定，接著放入兩顆養分肥料後再填土至七八分滿，最後再倒桶水滋養水分，這樣就完成「種樹愛地球」的工作啦！這工作需手腳並用，較為辛苦。我們的紀錄最多一天4.5小時可移種8顆樹。

玩具木馬搖椅

這是Gillian小時候的玩具，並遠從英國帶到這裡，現在她想要恢復這匹馬兒往日的容貌。由於年代久遠，外觀都已斑駁，我們先以砂紙將凹凸不平的表面盡量磨平，接著上第一層白漆，等油漆乾掉後再上粉紅色的補土填平缺處，並補滿整匹馬的外觀。等補土乾後再開始用更細的砂紙磨平一次，接著再上第二次白漆，底座也上了兩次深綠色漆，這項工作我們大約做了4～5天。接下來Gillian說她還要去找馬鞍及一些預計要裝在馬兒上的裝飾，但當時還沒找著，所以我們就只先油漆而已。幾天後又再次幫這匹白馬換成棕色外觀，因為女主人說這才像一匹真馬的顏色！

整理家裡

到家庭換宿，整理家裡是必定會做到的工作。擦窗戶、吸地板及掃廁所都是基本工作。所以，捲起袖子做吧！

製造肥料

Ian及Gillian年輕時有不少有機農場的換宿經驗，現在他們把這些知識用在自己的生活上。他們把一些果皮及葉菜與樹枝植物混合攪拌並放置在一個黑色的塑膠桶裡，透過溫度與濕度使裡頭製造出有機養分的肥料可供日後使用。我們用鏟子把這些看起來雖然噁心但對植物卻很營養的肥料從一個桶子移到另一個桶子。

修剪樹枝

修剪樹枝並不困難，但雙手握著一把大剪刀一天重複開合數百次，沒經驗的我們剛開始還真是有點吃不消。為什麼需

要修剪樹枝呢？因為上方若持續生長，會讓底部及側邊的樹枝長的比較慢且稀疏。為了讓樹枝整體能均衡生長，我們的工作就是把一整排的樹木修剪成一樣高，並把樹叢其頂端較茂密的部分修剪掉，讓底下周圍的樹枝得以生長。

我們用了兩種不同類型的剪刀進行修剪，大支剪刀擁有較大範圍的修剪特性，但只能對小樹枝產生效果。若是遇到較為粗壯的樹枝，就是小支剪刀上場的時候了，雖然範圍小，但扭斷樹枝能力可是一流。我們就這麼互相配合使用下把住家周圍的樹枝都修剪得整整齊齊。完成後有一種成就感！

入境隨俗跟著吃

崇尚自然的他們吃得相當簡單健康。家裡不用微波爐，要加熱食物只用瓦斯開火或用烤箱，因為他們認為微波食物並

可愛的Rebecca和Adam

不健康。這是我們第一次在現代家庭裡沒看到微波爐這方便的玩意兒。

早餐是麥片加熱成粥狀，並加入糖及葡萄乾還有和著牛奶吃，Ian說他們的早餐就只吃這味，不論冬天夏天都是一樣，數十年來都維持著相同習慣。午餐的話以麵包三明治為主，自製的全麥吐司切片後塗上美乃滋，中間夾著火腿、起司、番茄及各式生菜就是份美味的午餐了。

簡單清爽的美味餐點

一開始這樣吃有點不太習慣，也許是之前台灣午餐都吃麵食或便當。但就這樣吃上幾次後，我還滿喜歡這樣的方式，簡單好準備，不會太油膩也不會太飽，下午活動時也不會昏昏欲睡。晚餐部分就會吃到熱食了，簡單的南瓜湯配上麵包也是豐富營養的一餐；有時Gillian和Rebecca會做蛋糕

揮動大剪刀，將樹木修剪得整整齊齊

↑早餐很固定的就是煮燕麥灑點黑糖及葡萄乾吃，外加一杯香醇的熱奶茶　╱午餐多以三明治及簡單的生菜為主

或餅乾等小點心當飯後甜點，一切都很美味！

另外，老婆也包辦了幾次晚餐主食，她拿手的炒飯讓Ian一家人吃得碗盤見底，一點都不剩呢！吃到炒麵時我們則教他們如何拿筷子夾起麵條放入口中，我們習以為常的方式卻

讓他們學得手忙腳亂，逗趣的James在試了幾回後，決定以湯匙輔助筷子才得以順利吃到麵條。吃一頓飯，就是一場互相學習的中西交流。

晚餐過後便是孩子們洗澡並準備睡覺的時間。Ian及Gillian規定要上學的孩子們一天必須

睡滿10小時，他們認為這樣能得到充足休息與睡眠，隔天起來才有體力並集中精神上課，且對身體及發育也比較好，所以最晚的上床時間是8點！(在台灣，8點還有孩子正在補習呢。)

晚餐時與Ian一家人

Ian從英國帶來的鐵路遊戲，一家大小玩得很開心

晚餐後就是孩子洗澡及就寢時間(晚上8點)，睡覺前孩子們會窩在媽媽身邊聽床前故事，多麼溫馨的一刻呀

樸實溫馨的家庭生活

結束一天的工作後，下午便是自己可利用的時間。陶波周圍有許多景點可去，天氣好時便會安排出遊。而待在家也挺有趣的，比方說看著Adam陪著他玩。我們很久沒有跟年紀這麼小的孩子玩了，看著他童言童語，用他的小手不熟練的抓起東西左邊搖搖右邊敲敲。他也喜歡拿起東西往地上丟，看看會不會有什麼不一樣的事情發生。Gillian會讓Adam在家裡地毯或外頭草地隨意到處爬，她說，孩子正透過這樣的小動作練習手眼協調及認識周遭環境。

另外，Adam喜歡抓起東西往嘴裡咬呀吃的，但她不擔心Adam會吃到髒東西，因為透過自己的手將東西抓起來放到自己嘴裡的過程中，孩子本身就會知道是好還是不好，是可以吃還是不可以吃。如果一昧的阻止孩子不能做什麼事或跟他說做這件事是錯的，孩子自己本身都還沒做過，怎麼知道是錯的？Gillian讓Adam用自己的方式來認識這個世界。(不過一些危險物品還是會事先收起來，讓Adam不會有機會看到抓起來吃)

耳目一新的教養方式

他們教小孩的方式也令我們耳目一新。若是有人不聽話，

我們送給Adam的一歲生日卡片

Ian會叫他(或她)回房間冷靜獨處，好好反省一番，這是一段Countdown Time。而待在房間不准出來的時間跟年齡成正比。比方James目前為10歲，那麼他必須回房冷靜10分鐘。而若是Ian犯錯了，他就必須回到房間冷靜40分鐘，因為他目前40歲。他們並不會因為我們在場而對孩子有較寬容的管教，他們一樣善盡自己做父母的責任，該兇的時候還是要嚴正的管教指導，關心孩子的時候自然溫和的表現出來。

Ian雖然白天時間較忙，但他會指導我們正確的工作方式，並介紹附近有哪些值得去的景點。而充滿智慧的Gillian也不吝惜指導我們生活大小事，透過談話分享許多生活智慧。她會與Rebecca一塊兒動手做食物，參加活動時會一起動腦DIY製作服裝，不設限的隨意發揮，並藉此訓練孩子自動自

發的態度。母女倆偶爾會各騎一匹馬到附近的山頭轉個幾圈，並且會幫馬兒梳理毛髮、清理馬蹄，學習與動物相處；溫柔的她還會在孩子睡覺前念個床前故事給他們聽，兩個孩子就這麼一左一右的窩在旁邊，邊聽邊看著眼前的書冊翻頁，多麼溫馨的一刻呀！

換·宿·小·手·札

他們教會我們的事

在這個家庭我們看到的是，父母願意花很多很多時間來陪伴小孩子，與他們一起成長。我們很羨慕他們生活在周圍遍是樹林的環境裡，讓孩子們可以在這種大自然的環境下自由自在的奔跑。雖然生活簡單，但內心卻是豐富快樂的！這是我們在這家人身上學到的生活智慧。

GISBORNE
吉斯伯恩

體驗毛利家族的生活

換宿時間 ✕**19** Days

Berniece家外觀是簡約的白色平房

開在顛簸的SH35太平洋海岸公路(Pacific Coast Highway)上雖然有海景陪伴，但看久了還是會覺得有點無趣，好在幾天後我們便離開荒野，進入文明城市——吉斯伯恩(Gisborne)。

我們首次在同一地區待了兩個家庭就是在這裡，第一個是

1.努力清理烤箱上那厚厚一層的油漬 2.拿張椅子，報紙挖洞，套上脖子，互剪頭髮開始 3.Berniece的愛犬整天都想找我們陪牠玩球

Linda是位和藹的毛利老奶奶

主要換宿家庭Berniece家，第二個則在她的媽媽Linda家。由於兩人都在醫院當護理師，值班時間長，多半時間都不在家，因此她們倆的工作交代方式都是寫在紙上並貼在冰箱上。也因為主人是這樣的工作形態，因此大部分的白天時間都只有我倆在家，儼然我們才是這間房子的主人！

② 兩個毛利女主人的家

　　Berniece白色外觀的家格局並不大，因為只有她跟她兒子。四周有草地花圃圍繞著，而喜歡園藝的女主人種植了不少植物及果樹。偌大的草地是我們跟她們家的英國可卡犬玩你丟我撿遊戲的地方，牠可以玩這種遊戲玩一整天。房子旁有架高的木製平台，窩在那裡喝杯熱茶很是舒服。家裡成員除了狗狗之外還有三隻貓，但這裡不會上演貓狗大戰，因為狗狗只允許在外頭活動，只有偶爾會不小心跑進屋內瘋狂亂竄。

4.刷Linda家戶外的木製地板　5.每天要做的工作內容都貼在冰箱上　6.簡單又豐盛的午餐

貓咪不是安靜的窩在屋子裡不然就是在外頭溜達，吃飯時間或肚子餓時才會現身喵喵叫。外頭花園裡還養了兩隻雞，一整天咕咕咕的在自己的小地盤上找東西吃。

Linda家距離Berniece家約有10～15分鐘車程遠，她一個人獨居在她的大房子裡，並沒有像她女兒一樣有養寵物，因此房子大部分的時間都還挺安靜的。我們的床是在主屋後門旁的一個小房間(倉庫)裡，可能是許久沒人住，剛住進去時還得打掃一下；另外，洗澡及廁所都在主屋裡，因此得再開門進屋使用。比較起來Berniece家格局雖小，但我們的房間是在室內且地上還有地毯，在冬天時分感覺起來較為溫暖。

清烤箱、刷油漆，樣樣都要會

我們在兩個家庭所做的工作都算是非常輕鬆，有些還是我們首次嘗試的呢！而且不管我們完成了什麼，她們總是非常感謝我們所做的一切。分享一下我們在這裡曾做過的工作：

清理烤箱及烤肉架

烤箱是許多kiwi家庭必需的生活家電，許多慢煮(slow cook)及烘烤食物都得靠它。而使用頻率很高的它若很久沒清理，一層厚厚的油垢就會很扎實的卡在上頭，因此我們得使用特別用來清理烤箱的清潔劑來清理。首先噴灑周圍並等待一段時間後，開始用菜瓜布及抹布交叉使用，而裡頭放置烤盤的架子就用刷子及鋼刷搭配使用。經過一段時間的努力，這台烤箱看起來像新的一樣！

愛BBQ的家庭其院子裡都會放一台烤肉架，而Linda家的這台看起來已擱在一旁許久未用，因為打開一看時，發現裡頭住了幾隻昆蟲及蟑螂。不想用手去驅趕的我們先用水柱將裡外沖洗一輪，確定沒有生物住在裡頭後，接著再用鋼刷將生鏽及積垢的部分努力的刷洗乾淨。這樣簡單的清潔工作也夠我們用力刷上1～2個小時呢！

刷房屋窗戶

用刷子刷窗戶不是什麼新鮮事，但我用的刷子有噴水的功能這倒是第一次。這種刷子的桿子後端可接水管，因此前面刷頭可噴出水來輔助清洗布滿灰塵的窗戶。而且刷頭的另一端有刮板，可以將玻璃上的水給刮除乾淨。唯一覺得要注意的是小心水管及桿子接觸端漏水，你可能會在清理時沒注意到水早已滴濕你的鞋子了。

刷油漆

Linda家後門打開的木製地板掉漆掉得很嚴重，所以她希望我們可以把地板重新粉刷一次。我們先將上頭的物品搬離並做一番簡單的地板打掃後，接著就人手一把刷子，慢慢的一片一片刷下來，還挺好玩的！之後，我們又將因為太陽照射及油漬褪色且顏色不均的戶外桌子也上了一層像是亮光漆的東西，不過這種油漆有些刺鼻味，最好不要長時間一直聞！

家務打掃

用吸塵器吸地毯；擦櫃子、天花板及玻璃；洗淋浴間、清廁所馬桶；洗烤麵包機或是將放在洗碗槽裡的餐具清洗乾淨。每隔幾天都會做一輪這些簡單的家務事。對了，有養寵物的家庭還要記得幫忙補充食物來源以及陪牠們跑跑跳跳！

整理花圃

會種植花草的主人通常都不喜歡雜草長在花圃裡，因此偶爾會需要幫忙除草。或者是主人突然不喜歡某種植物了，這時我們就要拿著鏟子將這些植物連根拔起並移除。

在溫暖城市裡的換宿生活

兩個換宿家庭都離吉斯伯恩的市中心不遠，且平時的工作並不會太過勞累，我們常在午

餐結束後就外出到附近景點走走，比方說去海灘散步，或是開車上視野良好的Kaiti Hill俯瞰這片土地。說到午餐，我們通常都是自己到冰箱或冷凍庫找出食物解凍並烹煮來吃，因為當護士的她們通常這個時候都不會在家。Berniece常冰一些薯條及肉食讓我們使用；而Linda給我們的選擇就比較多，有冷凍過的南瓜湯，前一晚煮的熱炒配白飯吃，或是土司及三明治配料可以搭配使用。

在Berniece家換宿時，每回要外出開外頭閘門時，都要先把狗狗引開，因為牠會一直跟著我們。有一回就是我們關上閘門沒注意牠也跟了出來，結果我們費了好一番工夫才把牠給找回來。而關上閘門後牠的雙眼會一直看著我們，其實這樣讓我們有點不捨，覺得牠應該很久沒出外晃晃了。所以我們常在工作休息空檔陪牠玩一會兒，消耗體力一下。

不去景點時就會去市區的圖書館翻翻書報及上網，或是找間咖啡廳享受下午時光。有時也會選擇待在家裡，清潔一下車子，整理一下自己的隨身物品，有一天下午我們還互剪頭髮呢！

若有外出時，我們通常會在晚餐時間返回家裡，因為只有在這個時間才有機會跟她們聊上幾句，且可以享用她們準備的美味晚餐，Linda偶爾還會做些拿手點心，雖然不知道名稱，但非常好吃！天冷的冬天，我們也會幫忙添加木柴，讓整個室內多一點溫暖，我們常手握熱茶，天南地北的閒聊著。

第一次用噴水刷刷窗戶，快速又省事

換·宿·小·手·札

我們感謝他們的事

Berniece跟Linda都流著毛利血統，她們共同的特質就是開朗大方，儘管生活很忙碌，但總不會忘記感謝我們為她們所做的一切。在這裡換宿，帶給我們一種相當放鬆的感覺，因為有充分時間可以探索這個區域，並有機會讓自己像個當地人悠閒的生活著。我們在充滿陽光的吉斯伯恩待了兩週，一段很棒的換宿經驗！

NAPIER
內皮爾

守時的重要性

位在布拉夫山山腳下的Maranu家

離開吉斯伯恩(Gisborne)並沿著SH2公路往南奔馳數天後,我們抵達了內皮爾(Napier)。我們即將進行新的換宿體驗,比較不一樣的是,這次停留天數是由主人自己安排的,因此這次我們換宿天數為5天。

換宿時間 ✕**5** Days

1.我們與Maranu的合照　2.陽光照射室內,格外的舒適且溫暖　3.木質地板加上潔白的浴缸及金色蓮蓬頭,洗澡真是享受

一踏入Maranu家映入眼簾的是令人感到自然溫潤的原木家具

非常講究時間觀念的女主人

來到換宿地點後，出來迎接的是女主人Maranu。由於我們距離約定時間遲到了約10分鐘，她一見面就說：「You are late, and that is not a good start.」我跟老婆眼睛睜大，頓時啞口無言。緊接著我們用最誠懇的音調說：「We are Sorry！」(原本以為是2點「後」約見面，沒想到她指的是兩點「整」！好吧，是我們誤會了，該檢討。) 由於從事房仲業的Maranu接下來還有事，所以她快速的帶領我們認識環境，接著就出門了。嗯，剛剛態度明顯和緩了不少。搞不清楚狀況及沒有守時的我們有點尷尬的開始了在內皮爾的換宿生活。

以木製質感打造的舒適空間

Maranu早期曾在這裡經營B&B，也因為如此，我們所住的室內陳設及氣氛都相當講

4.像個小公主的貓Tinsel 5.在這裡我們吃得很養生 6.拔花園裡的雜草

4 5

6

木製馬桶蓋不稀奇，木製水槽才夠稀奇

究。鮮豔的地毯、King Size大的雙人床、溫暖的寢具及特別採光的窗前小桌椅，梳妝台前的摩艾石像是Maranu去智利復活島旅行所帶來的紀念品。

來到廚房，除了電冰箱、烤箱、洗碗機及水槽外，其他櫃子、桌子、椅子及地板和窗戶框架，幾乎都是以木頭製成，看得出來女主人偏愛木製品，且都是相當有質感的家具。浴

女主人非常喜歡木製家具

室也相當特別，純白無瑕的浴缸，金色閃亮的蓮蓬頭，連馬桶蓋跟馬桶水箱都是木頭製的！

熱愛旅遊的堅強意志

餐廳前的客廳鋪著讓人感到溫暖的淺色地毯，Maranu愛坐的木頭搖椅靠近有著木頭裝飾的火爐邊，我們通常會在晚餐後與她在火爐旁取暖聊天。喜愛旅行的她來自英國，年輕時獨自一人來到屬於大英國協的會員國——紐西蘭展開新生活。房子內外有許多裝飾都是她遊歷各國所帶回來的紀念品。

她還養了一隻毛色很漂亮的貓Tinsel與她一起生活。冰箱上有一張來自報紙的報導，上面說Maranu去了復活島拍攝了一張令人難以置信的「日全蝕」照片，好厲害啊！她說當時她還與當地土著部落共同生

活了一段時間，並試著認識他們，了解他們。

想做什麼想看什麼就會盡一切力量達成，Maranu其堅強意志令我們由衷佩服。沒錯，人生苦短，適時把握機會才是！

邊工作還能邊俯瞰霍克灣

Maranu讓我們換宿的時間為週一到週五，週末兩天是她個人的獨處時間。平常日要上班的她會把要做的工作寫在紙上，我們就按照清單上面的事項完成即可。簡單的工作就是清理屋子，擦玻璃，清理廚房及冰箱內部，有時會幫忙曬衣服，還有依照她心情喜好搬運更動家具位置。

整理花園

花最多時間的就是戶外園藝工作了。Maranu擁有的花園面積不小，一部分圍繞著房子，大部分位於房子後面的邊坡上。種植植物除了觀賞用的花草外，有不少也是可食用的蔬菜。所以拔雜草的任務就是讓這群「主角們」重新嶄露頭角，並確保得到土壤的最大養分。

修剪樹枝

另外我們也會修剪樹枝，將一些過高或過大的樹叢修整其外型，讓整體花園變得美觀一

點。在邊坡上拔草不是件容易的事，除了得注意你的腳步重心是否踩穩外，還得小心別踩到旁邊無辜的花草。

偶爾小憩盡情欣賞霍克灣

不過令人開心的是，由於Maranu家位在地勢較高的地方，當你想休息一下時，可盡情欣賞前方的霍克灣(Hawke's Bay)及放置五顏六色貨櫃的內皮爾港口(Port of Napier)。那幾天在戶外工作時，陽光無比耀眼，視野自然也可看得很遠！

吃得很養生，玩得很悠閒

工作結束後，接著登場的就是我們的午餐時間。Maranu有時會將前一晚沒吃完的晚餐冰起來當我們隔天的午餐吃，所以通常只需加熱一下便可享用。早餐通常吃吐司及喝熱奶茶，不大喜歡花生醬的Maranu還特地買了瓶有機花生醬讓我們的早餐有多一點的選擇。

一開始她有問我們喜歡吃什麼及不喜歡吃什麼，不太挑食的我們自然就說什麼都可以。(後來Marana給我們的推薦函裡還寫到：They did not want me to buy anything other than what I would normally eat.)

另外，她準備晚餐時會特別注重顏色的搭配，除了每晚都可吃到不同顏色的蔬菜外，使用的肉製品通常也都是來自不便宜的生機飲食店。在這裡的每一餐，我們吃得很健康！

騎著自行車探索這座城市

午餐後就是我們探索這座城市的時間。Maranu的倉庫裡停著兩台自行車，戴上安全帽後便可以輕騎暢遊內皮爾市區。而她家就位在布拉夫山(Bluff Hill Domain)的Hornsey Rd上，那裡有條小徑通往山頂，不會花到太多體力，大約15分鐘就會抵達頂端，天氣好的時候，站在山頂就能飽覽整個霍克灣！

我們也有驅車前往較北的區域，如到Bay View附近的Le Quesne Rd路上的海灘。從那裡往回看內皮爾很是特別。平常在市區行駛不容易感覺地勢有所起伏，不過從遠方看，地勢較高且狹長的部分市區馬上就顯而易見的出現在眼前，猛一看，還會以為是霍克灣上的一座孤島呢！

走走逛逛，還能悠閒放空

除了開車到各景點走走逛逛外，我們也常到海濱大道(Marine Parade)旁的海灘，什麼也不做的就坐在那看著往來遊客或走或騎單車的從身旁經過，那裡是個適合沉思及放空的好地方。

透過換宿，我們得以有機會住在可俯瞰霍克灣的Maranu家裡，雖然只有短短5天，但仍是一段相當珍貴的體驗！對了，我們摺被單的照片還曾出現在Maranu HelpX的網頁裡喔！

上布拉夫山俯瞰霍克灣

PALMERSTON NORTH
北帕默斯頓

充當5個孩子的保母生活

换宿時間 **×11** Days

早在東岸的吉斯伯恩(Gisborne)换宿時，我們就開始思考及規畫接下來一個多月的時間要如何安排，因為我們早已訂好了在威靈頓Westpac Stadium舉辦的Rugby世界盃澳洲vs.美國的比賽。所以我們計畫要找到數個换宿地點讓我們可慢慢的從

1.充滿現代感的家是Karl他自己設計的
2.我們正依照土上的標記努力的挖洞著
3.穿上All Blacks衣服的Olive超可愛

1   2   3

房子位於較高的地勢，前面還有一個小池塘；視野可見的地方到處都是青翠的綠色

東岸玩到首都。北帕默斯頓(Palmerston North)是我們其中的一站，也是我們在紐西蘭13個換宿家庭中，「孩子數」最多的一站。

🐦 一家7口的幸福家庭

沿著Saddle Rd行駛，可看到巨型的風力渦輪機在山路兩旁不停的運轉著，此時我們來到了充滿農村魅力的馬納瓦圖(Manawatu)地區，這裡的主要城市是北帕默斯頓。

換宿家庭位在梅西大學(Massey University)附近的山坡上，順著GPS指示，我們抵達了Karl及Chrissy的家。車子還沒停穩，Laila便跑出來迎接我們，Chrissy笑說Laila一整天都在問我們何時抵達。入門一看，數一數有5個孩子耶！依序是老大Abe、老二Oscar、老三Maata、老四Laila和最小也最可愛的Olive。(他們夫妻倆說因為喜歡孩子，所以就趁年輕生了5個孩子！他們也才大我們一兩歲而已耶)

4.腳上穿著橡膠靴子(Gumboots)、手拿著鏟子，我們在種植小樹 5.可愛的小綿羊 6.陪Maata與Laila童言童語玩黏土

第一次看到Karl時，還以為他是個義大利人(但他是道地的Kiwi)，因為他留了個大鬍子。後來他說是因為上回All Blacks輸了比賽，之後他就開始蓄鬚，直到這支肩負著眾人期望的國家橄欖隊再次贏得國際比賽為止。(他並沒有失望太久，因為All Blacks贏得了這次的世界盃冠軍。)

Karl平時在政府單位上班，但他最愛的是在家裡建造他的農場。年紀輕輕的Chrissy擁有博士學位，平日除了照顧孩子外，還在梅西大學擔任助理教授一職。EQ很好的她對孩子們通常有很好的耐心，除非有人太過調皮，如：搶別人食物吃，這時Chrissy才會拿出母親的威嚴訓斥一番。另外，他們還養了一隻忠狗叫Maple，雖然牠有個強壯的外表，但牠可是真真實實的女孩兒呢！

相處起來像朋友般的Karl與Chrissy

遠眺翠綠景色的牧場生活

房子坐落在一個小山丘上，外頭望出去盡是翠綠的景色，幾間房子點綴其中，遠方還看的到Tararua風力發電場的風力渦輪機正在運轉。屋外有座小水塘，夏天時是孩子們的游泳池，平時則是母鴨帶小鴨生活居住的地方。

房子周圍則有Karl用木板搭蓋圍起來的牧場，裡頭養著幾隻綿羊，而牛群則養在山坡下的一處空地裡。屋內可看到主人的品味及巧思，寬敞的客廳、能引進明亮光線的大片落地窗、能充分享受烹調樂趣的廚房和至少可坐12人的方正餐

大家圍著大方桌一起享用晚餐

買了月餅與他們一同度過中秋佳節

桌，這一家7口的生活起居空間，可真是絕棒！

更妙的點子出現在浴室，透明寬大的窗戶上居然沒有安裝窗簾，那洗澡時不就被外頭看光光？Karl笑說，這裡家家戶戶都有一段距離，且窗戶外是牧場，不會有人看的到啦！雖然一開始覺得怪怪的，但幾天後也就適應了。他們說當時花兩年多的時間蓋起了這棟房子，建蓋時他們一家6口(當時Olive還沒出生)只窩在一個小房間裡生活，並對終於有水可以使用洗衣機洗衣服時感到無比高興。這些一起經歷過的辛苦都將成為日後的成長養分。

🍴 中西美食交流會

換宿期間由於適逢中秋佳節，我們還特地到當地的華人超市買了不同口味的月餅與這一家人一塊兒品嘗，並上網惡補了中秋節吃月餅的由來。他們說這月餅的口感很奇怪，大概是頭一次吃到餅裡包餡的食物吧。

另外我們還親手製做了番薯圓紅豆湯、茶葉蛋及炒麵跟他們分享，他們說，沒看過紅豆製成的食物，也從來沒想過番薯除了用烤的之外也能做出這種Q彈口感的甜品。哈哈，我們也覺得他們愛吃的Vegemite(一種深棕色的醬，可用來塗抹的澳洲食物)味道很奇怪呀。不過這是很棒的中西交流，這才是換宿的意義啊！

🐾 工作內容新嘗試

我們在這裡的工作算是相當有趣，因為體驗到了不少新事物。除了基本的打掃環境、清理廁所、整理冰箱及晾衣服外，做過其它不一樣的工作如下：

挖小洞種小樹

工作第一天，我們的工作便是「挖洞」。為什麼要挖洞呢？因為日後要栽種時只需要把植物丟進去，然後把土填一填便可大功告成。我們在房子旁的小丘陵上依著Karl的噴漆指示位置用鏟子挖起洞來。不多，我們夫妻倆一天就挖了120個洞！之後，再挑選幾株樹種將它種到小洞裡去。用手觸摸土地、壓平小樹周圍土壤，那種與大地的連結感似乎在長大後就好久沒發生了，我在種樹時找到了好久不見的踏實感。

種下小樹，雙手壓實土壤，希望它能日漸茁壯

餵動物、草地施肥

　「餵動物」顧名思義就是拿著食物去餵食動物，我們跟著Karl去餵過幾次羊群跟牛群。當時是冬季，草長的慢，因此我們得對草地灑些肥料，使其能長快些，讓羊群有足夠的食物可以繼續啃吃。至於食量比較大的牛群我們則是以乾草堆做為他們的食物來源。

　另外，還需特別調製羊奶來照顧一隻可憐「沒羊愛」的小綿羊。怎麼會有小綿羊沒有母羊愛呢？Karl說他也不清楚母羊為何會把牠推開，但為了讓小羊可以順利長大，他們就得定時的以羊奶餵食，直到牠長大到可以啃食地上的嫩草為止。他也說，一旦小綿羊身上有陌生人的味道，母羊便有可能會因為無法辨識小羊的氣味而拒絕牠；所以對剛出生的小

羊還是要避免去撫摸牠，以免造成母羊的遺棄。

樑架上漆

　由於戶外陽台遮雨棚的樑架是由木材搭建的，他們想再上一層保護漆讓木頭顏色更深且光亮，我總共花了2天才完成全部的樑架上漆。由於需要爬上樓梯且一直仰著頭，所以漆個幾刷後脖子便要動一動休息一下。

搭建圍籬

　Karl想要建造一座牧場，因為他希望未來可以引進更多羊群，因此，修築圍籬是需先完成的事。施工時我就幫忙扶著木板，或是幫忙打釘子固定在木樁上，大膽的規畫加上簡單的目測，一片片

灑肥料讓草可以長得快一些

圍籬就順理成章的搭建起來。而建造時會有木板的長度需求，用手鋸是個好辦法，但就是速度慢了點，使用電鋸(chainsaw)就會快的多！

　從沒使用過的我首次嘗試有點緊張，在Karl指導下，我穿上了保護下半身的防護用具，戴上了帽子及耳罩，生澀完成了電鋸鋸木塊的初體驗。在俐落的削下木頭時，有種特別的成就感。使用斧頭，則是要劈砍些取暖用的燒材木頭，取好距離，揮動雙臂使斧頭重重落下，木頭就這麼一分為二的飛向兩旁。所以在使用斧頭劈砍木頭時，周圍盡量不要站人。現在的我，會使用電鋸及斧頭了！

換上工作衣，開始幫樑架上漆

拿著木板測量距離，搭建屬於自己的牧場

Karl正在示範如何用電鋸鋸木頭

♧ 我們是一家人，也是朋友

結束工作的下午便是我們享受生活的時段。北帕默斯頓是座有趣的城市，市區裡值得一逛的有紐西蘭橄欖球博物館(New Zealand Rugby Museum)及占地寬廣的The Square廣場，另外還有到附近Mangatainoka小鎮的Tui總部(Tui Brewery)去朝聖一番。

但我們最愛的下午時光，是跟這個家庭及孩子們相處。平時Abe和Oscar都在學校上課，還沒開始上學的Maata、Laila和Olive則會由認識的保母代為照顧，等Chrissy結束學校工作後便會一同把他們接回家。在家的我們就充當是大孩子，跟孩子們童言童語的對話起來，有時陪他們玩黏土，有時跟他們一起大笑，有時會抱著他們看電視，有時還跟Abe及Oscar一塊兒複習學校功課呢。

Oscar喜歡與Chrissy一同動手做甜點，同時這也是一個很好的練習數學方式。做甜點也能練習數學？沒錯，Chrissy說因為做甜點的過程中需要計算各成分需要幾公克或是幾CC，透過正常的原料比例調配後才會出現最正確的口味，若是不會數學計算的話，做出來的口感恐怕會大打折扣，因此，做甜點的過程中也間接在訓練孩子的數學能力。哇嗚！這學習法真令我們耳目一新！

♧ 熱愛自己喜歡的，並百分百投入

在一次對話中我問Karl，在他眼中的Kiwi(紐西蘭人)是什麼樣子？他舉了一個例子：「5元鈔票上有一個肖像，那是紀念第一位登上世界最高峰──聖母峰的人，也就是紐西蘭登山家埃德蒙‧希拉里爵士(Sir Edmund Hillary)。他並不是刻意要成為第一位登上聖母峰的人而去爬，他說想去爬單純只是因為山就在那兒(Because

Oscar喜歡跟Chrissy一同動手做甜點，Chrissy說這是一個很好的練習數學方式

Maata與Laila正在餵食小羊

it's there.)。成功征服後，人們
等著採訪他並想把他給捧紅增
添名氣，但他一點也沒有那個
意思，只說了聲謝謝，然後就
回家繼續過往常的生活了。」

　　Karl說，紐西蘭人有著低調
謙虛的天性，並沒有特別強出
頭的欲望，也沒有所謂的英雄
主義，在紐西蘭如果喜歡爭當
第一的人可是會被當作怪胎
(Geek)的。他也認為，如果你
因為想要賺錢或出名而強迫自
己得非常努力或是做不太喜歡
的工作的話，他們會說你這樣
很不酷。真正酷的人是喜歡做
自己喜歡的事，即使只是養羊
養牛，但因為你真正熱愛且投
入，自然就會吸引其他人的目
光。我跟他說，在台灣很多朋
友的工作時數很長，回到家通
常都是睡覺時間了，他說，那
這樣還算是生活嗎？這番話，
讓我重新反省自己。寶貴的時
間，應該留給家人及關心自己
的人，沒有什麼比這更重要的
了。

　　因為有可愛的孩子們及健談
開朗的夫妻倆，我們十分喜歡
在這個家庭的換宿生活，要離
開的那天我們心裡著實感到酸
酸的。感謝Karl與Chrissy跟我
們的閒聊分享，讓我們更了解
紐西蘭人及這片土地，也謝謝
可愛的孩子們，我們好久沒這
麼開懷的玩耍了。

熱愛Rubgy的一家人，在世界盃開幕當天，還特別把椅子疊成像比賽看台一樣，讓孩子們可以坐在上面觀看電視轉播

　　✎ 換·宿·小·手·札

他們教會我們的事

喔！對了，還有件事值得分享。在每
晚大家一起坐下來吃飯時，他們總
是會玩一個遊戲，就是選定一個人
問：「什麼是你今天覺得最棒的事？
(What is your best thing today？)」被問
的一方便會回答：「My best thing was...」
回答完的人再接著選下一個人問，就
這樣玩一輪，在談笑之間，彼此分享
今天的所做所見及所聞，這是這個
活潑家庭的「聆聽與分享」方式！很
棒吧！

我們跟這家人一直有保持聯絡，並
希望能再有見面的一天。

WELLINGTON
威靈頓

完美日景夜景一次滿足

換宿時間 ×**10** Days

從Diana家室外庭院看出去的視野超棒！幾乎整個市區都盡收眼底

離開寧靜的馬丁堡(Martinborough)後，我們沿著SH2公路往南方前進。看地圖以為路線平坦不彎曲，沒想到在進入上哈特區(Upper Hutt)前有一段很陡的山路要爬，層層疊疊的群山圍繞在蜿蜒的道路四周，路面不寬得放慢速度比較安全。

1. 這可是我們第一次清洗到位於室外庭院的按摩浴缸呢 **2.** 從廚房望過去即是餐桌及客廳沙發 **3.** 開放式廚房裡的物品擺設的相當熱鬧

到了晚上，就換美麗繁華的夜景登場啦！住在山上真的是好棒啊

進入哈特谷(Hutt Valley)後，公路緊鄰著哈特河(Hutt River)前進，龐大的車潮出現在我們面前，哇！我們很久沒看到「塞車」的景象了。(在紐西蘭極少會遇到塞車狀況，會塞車通常是因為前方道路被牛或羊群霸占了！)沒錯，因為我們正在往威靈頓(Wellington)的

路上，那裡可是紐西蘭的首都呀！

記得馬丁堡的背包旅館Kate's Place主人Kate跟我們說過，威靈頓是由很多小鎮(small town)所組成的，跟奧克蘭很不一樣。接下來會有一段時間可好好了解這座小巧的首都其魅力何在，因為換宿生活

即將開始！同時，我們也要準備參加2011 Rugby世界盃澳洲vs.美國的賽事了！

4.下山不知道怎麼走，沿著架在路上的公車電線走就對啦　5.週日營業的Harbourside Market，在威靈頓是歷史最悠久也最受歡迎的市集　6.在威靈頓植物園與Diana的合照

🐾 山坡上的繽紛色彩小屋

在威靈頓的換宿家庭並沒有太多選擇，大部分位在離市區還有一段路的下哈特區(Lower Hutt)或Ngauranga，我們很幸運的找到Diana，她家位在布魯克林(Brooklyn)的山坡上，而她就一個人住在這裡。房子內的擺設呈現多樣色彩，跟熱情的Diana本人個性很像。

地上有數條五顏六色的地毯，牆壁上掛著不同風格的畫作，桌子櫃子上擺著各種充滿個性的裝飾品，沙發上有好幾個抱枕，看的令人想在上頭溫暖的睡上一覺。穿過一個小型的閱讀空間後，外面是一個兩面都是落地窗的明亮空間，白天太陽照射下，那裡感覺像間「溫室」。

來到外頭院子，從這裡望出去的視野超好，當然，夜景也很棒。更妙的是，庭院裡還有個按摩浴缸，在這裡邊泡澡邊看底下的威靈頓市區，感覺一定很是享受。

🐾 英文單字不足，好糗啊

Diana本身是個文字工作者，並幫助別人學習英語。所以在跟她對話時會有點壓力，因為她會提醒剛剛的文法使用錯了。另外她本身說著一口流利的西班牙語，她常透過Skype跟遠方的朋友用西班牙語連繫感情。單身的她非常活躍，晚餐時間常在外跟朋友聚餐，不然就常邀請朋友來家裡小聚。

其中有一位老先生因為Diana眼睛要開刀的關係所以來家裡小住幾天，目的只是單純要接送她上下班而已。一次聊天時，聊到說他是來自於Portugal。糗了，沒背多少單字的我當下沒辦法反應。Portugal？哪裡呀？我慢慢的吐出：「Sorry, I never hear that before.」那位老先生說：「What？！」他說我們是他認識的人裡頭第一個說不知道Portugal在哪裡的人。好吧……是我們懂得太少，趕緊不好意思的拿出電子辭典查一下，葡萄牙啦！當下雖然有點尷尬，覺得都市人是不是都有那麼一點不近人情，但也要感謝他給我們這個機會知道Portugal就是葡萄牙。好一個文化衝擊啊！

🐾 打掃務必要乾淨再乾淨

在這裡工作每天只要2個小時，意味著Diana只提供住宿及早餐而已，所以會有兩餐得自己準備。工作基本上都不會太困難，唯一的要求是在打掃家裡時需要做到「Very good cleaning」，也就是比平時打掃時要更仔細一點，並盡可能的乾淨一點。我們雖不懂什麼才算是「Very good cleaning」，但就是盡量將每一吋都確實打掃過一遍。

另外我們還有清理冰箱及溫室，以及Diana房間裡的衣櫃。我們算是第一次見識到如此琳瑯滿目的衣櫃，裡頭塞滿了各式各樣的衣服、圍巾、包包、帽子及鞋子，噢，地上還有一些沒歸類的。第一次整理女人的衣櫃還真有點不知所措，為了不搞混，我就先把一區的東西先移出來，然後用吸

擁有兩面大落地窗的空間，陽光照射進來時令人感覺相當的溫暖

塵器仔細的吸過一遍，再按原本順序放置回去。看得出來，這衣櫃很久沒有被好好整理了，因為我邊吸邊打噴嚏。院子裡的按摩浴缸也被我們清洗過。首先用水清洗內部，接著把水舀出，再用抹布仔細的擦拭乾淨，哇，就像新的一樣！

熱鬧High翻天的夜生活

Diana平時很早就出門了，晚上也不一定會回家吃晚餐，基本上能碰到她的時間並沒有很多，但我們還是盡量把握相處機會。例如她會找我們去逛位於Te Papa博物館旁的假日市集Harbourside Market，去買點當地食材及蔬菜；或在下午時段約在威靈頓植物園(Wellington Botanic Garden)一同走走散步；或開車載我們離開市區，往郊區的Lyall Bay去看看不一樣的威靈頓樣貌。

最特別的是，有一回她跟那位來自葡萄牙的老先生，邀請我們前往市區的運動酒吧，那時適逢Rugby世界盃的比賽期間，當晚的對戰組合是阿根廷(Argentina)對上蘇格蘭(Scotland)，許多身穿藍白條紋的球迷湧進了這裡準備搖旗吶喊。雖然最後不知道什麼原因導致沒有轉播比賽，但現場氣氛並沒有冷卻下來。在音樂的帶領下，男男女女在燈光幽暗的舞池裡盡情的擺動身體跳

Rugby世界盃比賽時，運動酒吧裡的阿根廷球迷都穿上藍白顏色的衣服來支持阿根廷

舞。嘿！老先生邀請老婆一同跳舞呢！老婆雖然不會跳，但他一點都不在意，還教她怎麼跳舞。

看來西方歐洲人的熱情，並不會因為年紀變大而有所減少。因為Diana的關係，我們體驗了對我們有點陌生但這裡每天都會發生的熱鬧夜生活，開心的High上一晚，為我們的換宿生活增添有趣的回憶。

步行至市區的恬意午後

平時工作時間都是安排上午的10點到12點，結束之後就會準備簡單的午餐填飽肚子。下午出門時，除非是要去較遠的地點才會開車，如果只是去市區我們就會選擇下山用走的，上山坐公車的方式往返。

一來藉機運動一下，二來因為市區停車很不便宜，停一個下午大概都要十幾塊跑不掉。一開始不知道怎麼下山的我們，突發奇想的就沿著架在路

上的公車電線走下山去，居然沒迷路就走到市區了。

而且順著蜿蜒的道路慢慢走下來也是個不錯的體驗，因為可以放慢步伐，看看依山而建的各式房子，看看擁擠但整齊停在路邊的車子，以及看看人們輕鬆愜意的生活步調。

換·宿·小·手·札

他們教會我們的事

在這裡換宿，感受及學習最多的就是文化差異的部分。雖然我們彼此生長的環境及過程不盡相同，但透過旅行中的語言交流，你告訴我們你最關心足球賽事及F1賽車，我跟你說我們最愛看棒球及籃球比賽，真心分享生活大小事，彼此的視野將會看越來越廣，對這個世界也將會再多一點了解。而所謂的「世界觀」，也就這麼一點一滴的建立起來了。

LITTLE AKAROA
小阿卡羅阿

享受與世無爭的海岸生活

換宿時間 ×**7** Days

在與家人結束10天的南島旅行後，我們從基督城出發，前往位於班克斯半島(Banks Peninsula)上的小阿卡羅阿(Little Akaroa)展開換宿生活(距離上次換宿已經是5個多月前的事了)。出發前女主人Joanna回信給我們一段道路的指引讓我們覺得，這個家庭好

1. 騎著沒發動的車子下坡跟Andrew一塊兒趕羊，超特別的經驗啦　2. 不出門的下午，就是泡杯熱茶看書睡覺　3. 前往海灣土地上撿松毬

1

2

3

羊群們一頭接著一頭不推擠的往前行

像位於挺偏遠的位置。果不其然，沿著信中的指引，越開越偏遠，最後在道路的盡頭抵達了換宿家庭。

當時全家人都去城裡了，因此我們先在外頭的停車場稍候。等待的同時，我們就在住家四周繞了一下，驚覺，這裡占地好大啊！大大的房子，寬廣的活動草地，往前望就是漂亮的海灣景色，這裡還有網球場！這戶人家應該是有錢人家吧。(心裡想：這裡該不會規矩很多吧？！)後來證明應該是自己鄉土劇情看太多導致的刻版印象，因為這一切疑慮都在跟Joanna碰面後完全消失了。

她很親切的跟我們打招呼，帶領我們先到房間放行李，接著介紹周圍環境，稍後，我們也與男主人Andrew及他們的小女兒Maggie見面，他們手上還提著一個狗藍，原本以為是他們的寵物，一問之下，這隻小狗未來將會是隻「牧羊犬」。

4.打網球囉　5.一邊享受海景一邊拔除雜草　6.跟Joanna借的望遠鏡非常好用，可以仔細的掃視海灣每一吋土地

原來，他們的職業就是牧羊人！哇！我們居然有機會可以在牧羊人家家裡換宿！相信接下來幾天我們將可體驗從未有過的牧羊生活。

私人牧場，獨享無敵海景

Joanna是個外表看起來堅毅、心思卻很細膩的女主人，短髮的她笑起來讓人覺得溫暖貼心。她說與男主人Andrew認識是透過網球運動，因此在他們的家園裡就蓋了一座網球場，隨時可以對打練習。熱情開朗的Andrew笑起來帥氣有魅力，爽朗的笑聲加上結實的身材讓人覺得他誠實可靠。他們育有3個孩子，老大Ana與老二Henry都在基督城上學(這幾天我們便是借住Ana的房間)，最小也最可愛的Maggie則在附近上學，下課後可以馬上回到家裡，她的哥哥姐姐則是在週末才會回家。

房子以客廳餐廳為最大活動空間，穿過中廊後是位在草皮旁、3個孩子各自的房間，Andrew與Joanna的臥室則位在面海的那一側。整間房子的室內擺設充滿現代感，一點也無法讓人聯想到這戶人家是以畜牧為生。牆壁上掛著小孩成長及和朋友親戚共同活動的照片，有BBQ或是喝啤酒野餐。大大的落地窗使得室內到處充滿明亮，鋪在地上的地毯使待

在室內的人感覺溫暖，料理中島當餐桌，吧檯椅就是餐桌椅，這家人用餐時可真充滿情調。

車庫內有釣魚用具、滑雪、露營設備和各式球類運動器材，戶外還停著越野摩托車與船隻，在紐西蘭想的到的戶外活動幾乎都可以在這一家人身上看的到。室外除了網球場、活動的大草皮和一區小菜園外，還有一處由眾多石頭堆積起來的區域，上頭除了種植花草植物外還擺設幾個金屬藝術品，並形成一個很特別的造景區。

從家裡望出去的海灣景色相當美麗，那片海灣稱為Raupo Bay。Joanna揮舞著手指比劃一下說，這裡望出去的土地都是屬於他們家族的，他們擁有這些土地已經超過100年以上了。天啊！這…這…太驚人了吧！(後來在一次活動中才知道他們家的土地其實還更大！)Andrew與他父親Ivan都是牧羊人家，每天他就是騎著越野摩托車出門跟Ivan一同趕羊吃草，中午會回來吃飯，然後又再出門。我們說覺得他的工作看起來輕鬆有趣，他笑說雖然是自己當老闆兼員工，但這工作可是沒有假期的！

撿松毬、除雜草、念床前故事

我們在這裡的換宿工作算是輕鬆簡單，且有幾項還是初次體驗。我們曾經打掃車子，就是利用抹布擦拭及吸塵器清除車內的泥土灰塵，底下的腳踏墊也不放過，全部拿開仔細吸過一輪，將車子裡裡外外整理的像新的一樣。

還有一天Joanna載著我們前往房子左前方的海灣土地上撿拾從松樹上掉下來的松毬果(pinecone)，她說這是一種幫助生火很好的小東西，需要多撿一些。於是我們就邊看海景邊撿松毬，很特別的一次經驗。

記得有一天在造景區拔除雜草時，誤會了意思導致失手拔除了「黑色的雜草」，後來與Joanna確認後趕緊把它們給找回去，還好是連根拔起，可以挖洞種回去。(沒記錯的話，這應該是一種叫「Black Mondo Grass」的植物。)拔除雜草雖然較為勞累，不過可以邊工作邊看看底下的海灣美景，其實還滿享受的！

分擔家務也是我們的工作之一，我們整理過冰箱，擦過全部的落地窗及窗戶，把車庫的東西搬出去清理後又搬回來放置好，吸地毯曬衣服也是基本的工作。最特別的是，我還曾唸床前故事給小女兒Maggie聽呢！

↖從家裡望出去的視野，就是無敵海景
←與Andrew一家人於晚餐時合照

運動、散步、趕羊「趣」

原本的工作時間是從上午9點到下午1點,不過Joanna給予我們很大的彈性,只要指派的任務完成後就可以收工了。因此我們有充分的時間可以享受在這裡的生活。底下有幾項覺得很棒的體驗想跟大家分享一下!

打網球打桌球

住家外就有網球場,當然要來打一場網球啦!我們兩個都沒有專業的網球技巧,不過拿起球拍往前揮擊的概念還是有的。雖然沒辦法底線來回抽球,雖然沒辦法反拍回擊,雖然常常回擊時掛網,不過,能在自家的私人網球場打球真是

太酷啦!

另外,我跟Henry常利用下午時間練習桌球對打。他們用的桌球拍是一種軟拍,所以用力揮擊時並不會像一般球拍擊球那樣的快速,所以可以來回對打好幾次。Henry說他並沒有練過桌球,不過我覺得他打的倒是挺有架式的,看來運動細胞很好的他把網球姿勢帶到了桌球領域。我們都覺得這樣的對打練習相當有趣。

住家附近走步道前往海灣

剛有提到住家前面的海灣叫Raupo Bay,而他們家旁有一條規畫步道可前往這個海灣。步道行經的土地大部分都是屬於Andrew家族的,而我們目前

是他們家的「一份子」,因此獲得充分授權可自由的橫跨圍籬,走在任何地方。我們沿著圍籬往海岸前進,途中會看到他們家養的羊群及乳牛群,不受拘束的牠們似乎很少看到陌生人走來,所以經過時牠們都會靜止不動,且紛紛向我們行注目禮。

走在這片海灣邊的草地上感覺非常特別,因為一般人是無法進到這片私人土地來感受這一切的,這裡讓我們感到天地遼闊,世界無限美好。眼前的海岸線蜿蜒往遠方延伸出去,身旁的牛羊靜靜的享用地上鮮綠的嫩草,這一刻是我們不曾感受過的。我們非常享受當下所擁有的一切。

趴在崖邊欣賞底下的海豹祕密基地

跟Andrew上山趕羊去

有一回Andrew問我們要不要上山看他平時的工作內容，充滿好奇的我們當然回答好啊！我們先開著車跟在騎越野摩托車的他後面，並前往住家附近的另一個山頭(當下才知道他們擁有的土地比之前知道的更大)，我們停好車後他再開著四輪傳動車載著我們及他的摩托車前往山頭與他的父親Ivan會合。抵達山上後，我們就跟Ivan站在一旁，看Andrew是如何趕羊的。

沒多久，目測大約有200多頭羊群聚的往我們這個方向移動，Andrew騎著摩托車壓在後頭，羊群兩側則有3～4隻牧羊犬在一旁來回奔跑維持羊群隊伍秩序，就這樣一路的把羊群從一個山頭趕往另一處有較多新鮮嫩草的山頭。看見這一幕的我們，真的是超興奮的！因為我們欣賞到了一場真正的趕羊秀啊！

Ivan告訴我們，他們大約擁有3,000頭羊，每天的工作就是要把羊群移到有草的山頭，或是要修蓋圍籬，維持農場的運作。我問說，以前沒摩托車的時代是怎麼趕羊的？他說，騎馬呀！不過摩托車還是比有脾氣的馬兒好控制多了。而且現在養了很多牧羊犬(有特定品種)，非常忠心且聰明的他們透過哨音來了解主人指令並協助管理羊群前進方向，Ivan說因為有這群狗兒的幫忙省了他們很多麻煩。

Andrew在一旁說，每年的8～9月是小羊出生時期，在羊的世界裡有99%都是母的，只有那1%是公的，所以羊群裡有看到身上特別被噴上註記的就是公的，不註記的話不好分辨性別，因為他們看起來都長一樣。又說母羊有6成的機率可生到雙胞胎，所以預產期前Andrew會用一種小型類似X-Ray的機器掃描母羊身上有多少寶寶，然後再將牠們分類管理。

怎麼分類呢？原來是依照營養需求來分類的。若只有懷一胎的，會集中在海拔較高的地方，若是懷上兩胎的，就會集中在緯度較低的地方。原因很簡單，因為緯度較低的地方氣候較溫暖，且吃的草也比較新鮮，因此能確保這些懷雙胞胎的母羊可以獲得較多的營養。第一次聽到這種畜牧知識覺得非常有趣，長知識長知識呀！

除了上述這些活動外，我們也會利用時間開車到附近的阿卡羅阿(Akaroa)市區走走，或待在室內泡杯熱茶看書度過一個悠閒的下午。

尋找隱藏版祕密基地

原本我們在約定時間即將前往另一個換宿地點，不過Andrew希望我們能多留一晚幫忙照顧小孩及看家(因為他們要外出聚會)，所以他特地幫忙撥電話給我們下一個換宿主人說明我們將會晚到一天的原因。他掛完電話還直說對方非常有禮貌的回答當然沒問題。

最後要離開的那天早上，他們的大女兒Ana也回到了家裡，而他們還特地開車載我們前往Raupo Bay去看他們說的那處海豹祕密基地，原本前幾天想走路去的，但一直都找不到正確位置。我們大家就這樣一起趴在懸崖邊，看著底下的海豹悠然的在海灣裡翻滾游泳。

這是一個非常難得的機會可以跟這麼典型的紐西蘭家庭一起生活。我們感到非常幸運！

換・宿・小・手・札

他們教會我們的事

在這裡換宿雖然只有短短的幾天，但我們打從心底覺得能在這裡生活實在是件超棒的事！他們一家人是如此的友善、平凡和快樂。我問Joanna他們是如何教導孩子能夠這麼有禮貌？她笑著說：「長時間的練習」，在必要的時候跟孩子說什麼是對的？什麼是錯的？父母對孩子的影響可是相當深遠的。這樣的教育觀念我一定要好好的記起來並落實在我的家庭裡。

LEESTON
利斯頓

宛如一座小型動物園宅第

換宿時間 ×**7** Days

與 Andrew一家人說再見後，我們又特地開往阿卡羅阿點份炸魚薯條填飽肚子，接著便跟班克斯半島說再見，前往下一個換宿地點。

由於前一晚還特地留在Andrew家照顧孩子及看家，因此比約定時間延後了一天抵達接下來的換宿家庭。心裡感到

1.可愛的小貓Bruce愛爬樹　2.偶爾會看旅遊書規畫接下來幾個月的行程，Bruce在一旁睡著了　3.工作時，Boris和Louis總會在一旁陪著我們

1

2

3

純白的兩層樓房是Philip與Barbara住的主屋，我們住在一旁的磚瓦小屋，前面的草皮是我們與狗兒玩耍的地方

很不好意思的我們想說待會跟主人家碰面時，一定要表現出最誠摯的歉意並同時感謝他們的諒解。

兩隻大狗最特別的迎接方式

打開鐵門，正準備表達我們的來意時，聽到兩隻大狗吠叫並朝著我們狂奔而來！有點怕狗的老婆馬上就躲到我的後面。女主人Barbara這時探頭出來問說：「你們不會怕這種大狗吧？」我笑著回說：「Yes！」，但老婆有點面露懼色的說：「A little bit……」，這時Barbara慢慢的走來說，這兩隻狗是兄弟，分別叫Boris(5歲)和Louis(2歲)，陌生人來時必須得先讓牠們聞一下，熟悉我們身上的氣味後便就會把我們當作是一家人看待了，這真是特別的認識方式呀。

4.把飼料桶側放後，鴨子便會呱呱呱的靠過來，下一秒便可看到四顆小頭同時鑽進桶子的畫面 5.吃完午餐後在客廳休息一下 6.餵母雞時要把飼料倒進裡頭，並防止牠們飛出來。拉動雞籠後便會幫牠們換上乾淨的水

🐾 擁有偌大寬敞的花園與小牧場

Barbara很熱情的招待我們認識周圍環境，並說我們根本不必心懷歉意，能多留一天幫助他人代表我們值得信賴呀。被這麼一稱讚，還挺開心的。聊天的同時男主人Philip下班回來了，我們便在美味的晚餐時間開啓了與這家人的換宿生活。

隔天早上起床一看，哇！我們位在一個好大的宅院裡呀。兩層樓的主屋旁有片寬敞的大草地，房前花圃裡種著不同類型的植物，看起來綠意盎然。我們的房間是位在主屋旁的一間可愛的磚塊小屋裡，空間雖不大，但裡頭的溫暖大床讓我們睡得很安穩。小屋旁的拱門可通往後面的草地，那裡是更大的花園區及動物小牧場，我們的日常工作有很大一部分都是在那裡進行。

🐾 有想法又樂觀的換宿主人

介紹一下主人家，Philip是名專拍人物的攝影師，他在基督城有一間小型工作室，平時上門拍照或接案生意都還不錯，但在發生基督城大地震後，上門的顧客便明顯少很多。或許是攝影師的關係，我覺得他是個相當有想法、個性也相當鮮明的人，跟他對話都能聽到一些相當有趣的觀念，刺激自己想法的同時也成長了不少。

Barbara是名護士，資深的她已經是管理階級，每天下班時偶爾會抱怨一下今天那個同事或那件事很難處理之類的問題，不過天性樂觀的她發洩一下就好了，開始又跟我們有說有笑起來。平常日他們都要去城裡上班，所以一大早就要出門了。Barbara說我們不用太早起床，睡到自然醒最好。恭敬不如從命，沒有很早起的我們睡得很飽，悠閒的吃個早餐後，再拿起他們寫的今日工作

對我們像家人般的Philip及Barbara

清單看看待會要做什麼有趣工作。

整理花園和餵食動物

工作主要分「園藝整理」及「餵動物」兩大項。除了每天例行性的餵食行程外，其他的工作都寫在工作清單上。進度自己抓，每天挑其中幾樣完成即可。整理花園時我們會準備各項工具，如大剪刀、鏟子、耙子及推車。

手持大剪刀修剪花草因為需要出力，過程並不輕鬆，但或許是很少有機會可以嘗試這樣的工作，因此我們覺得還滿有趣的，尤其第一次有機會可以將原本雜亂無章的植物修剪成圓形的園藝作品時，成就感十足啊。另外我們也會拿起鋸子砍掉一些太過茂密的樹幹，或是拿著鏟子移除一些植物。

老婆獨立完成的園藝作品，Barbara大力稱讚

一邊餵食動物一邊撿免費雞蛋

而工作最棒的部分就是餵食動物了。愛動物的Philip在小牧場裡養了兩隻大牛、兩隻小牛、四隻鴨子、三隻母雞、一隻公雞、三隻愛吃小豬及三隻常躲起來的羊，還有一群剛加入的小白鴿。

每天一開始的工作便是拿桶子個別準備鴨子、雞及小豬的伙食。鴨跟雞吃飼料，小豬則吃Barbara前夜從醫院帶回來的剩菜及搭配一些過期的營養果汁(偶爾加點橡樹種子)。

會生蛋的母雞賜予這家人免費的雞蛋，每天我們都可以撿到1~3顆沉甸甸的新鮮雞蛋，餵食外我們還得幫忙換水及移動雞籠，確保牠們每天都有乾淨的水源及新鮮的嫩草可啄食。

羊群不用餵，牠們餓了就會自行找草吃，而塊頭較大的牛群則就需要我們抱著乾草推去餵食了。

看小豬吃東西是件有趣的事。牠們會快速的咀嚼口中食物，完畢後再吃進另一大口，直到飽養為止

🐾 我們覺得最享受的工作

跟在陶波換宿的Ian一樣，他們同樣不會為這群未來會變成肉食來源的牛群命名，因為有名字的動物是會有感情的。Philip在牛群活動的草地旁圍了一條會通電的纜線，牛隻只要碰到線就會被電一下，久而久之就會知道自己的活動範圍在哪裡了。

最後輪到每次看到都覺得飢腸轆轆的三隻小豬，只要一跨進到跨欄內，牠們便會開始興奮的在裡頭跑來跑去，而好胃口的牠們不管吃什麼，始終是一副滿足樣。

在牧場或花園努力工作時，由於周圍都有鳥叫聲，且Boris和Louis都會在一旁靜靜的陪著我們，與其說是在工作，倒不如說是在享受！

🐾 帶著大狗兄弟玩耍去

換宿期間我們可真以「足不出戶」來形容，一來是這裡離市區還有一大段距離，二來是待在這裡實在是太有趣了，因為這裡有一群動物陪著我們，所以換宿期間我們完全沒有外出，沒發動過車子。那我們都在做什麼呢？

結束完工作及吃頓簡單的午餐後，我們通常是先待在室內小憩片刻，而Boris和Louis也會在一旁地毯上趴著休息。另一個常跟我們在一起的是一隻

與Boris和Louis一起玩牠們最愛的撿球遊戲

哥哥技高一籌(左為Boris，右為Louis)

才幾週大的小貓Bruce，活潑好動的牠最愛玩的就是抓蒼蠅和抓(咬)我腳掌的大拇指，而牠睡覺時那種小巧可愛的模樣任誰看了都喜歡。

大夥兒睡醒後，便是開始活動筋骨的時候了，老婆會帶著Bruce去草原上散步或讓牠爬樹，我則跟Boris和Louis玩牠

們最愛的遊戲。遊戲規則就是拿起藍色橡膠球往外丟，兩個兄弟便會像競賽似的往球的方向奔跑，然後比誰能最快咬到球，咬到球的一方會再把球咬回到我面前，等待我再次將球丟出。如此簡單的丟球遊戲，牠們兄弟倆可以玩一整個下午呢！

Boris和Louis讓我對大狗的印象徹底改觀，就連有點怕大狗的老婆也很喜歡牠們

256

🐾 個性截然不同的狗兄弟

　　Boris是哥哥，牠的一舉一動都表現出成熟穩重的一面，而且比較聽話及溫馴。年輕的弟弟Louis則較好動了些，感覺起來就像個大孩子，個性不同的牠們在玩球時也有不一樣的表現。

　　Boris判斷能力佳，可精準的跑到球的落點位置，甚至能在球彈跳的第一時間就咬到，牠在撿到球後會慢慢的跑回來放

到我面前。而Louis每次都很奮力的與哥哥爭搶，但老是沒撿到球，後來我簡單的判斷是，只要我拿起球，Louis會靠近我並盯著我看，但Boris則在牠後面觀望，等球丟出時，牠已比弟弟早先一步跑出去，因此牠撿到球的機率當然大大提高。

　　而我們觀察到，只要Boris先咬到球了，Louis便不再持續奔跑搶球，表現出禮讓大哥的一面。根據我們的統計，Boris

搶到球的機率有9成5，遠高於Louis。有鑑於此，我有時會虛晃手臂，讓牠們以為球已丟出，而這時再把球丟往Louis「較有機會」撿到的方向，讓牠可以好好的嘗一下勝利的滋味。不過牠每次回來時口中都還會緊咬著球，我都必須硬拔才能將球取出。(因為牠真的太少搶到球了)

Barbara下班後會與我們分享她今天所看到的趣事

✏ 換 · 宿 · 小 · 手 · 札

我們感謝他們的事

最後一天要離開時，我們特地6點多早起跟Barbara擁抱道別，感謝她與Philip給予我們機會可以體驗這一切非凡的生活。在整理打包完行李後，我們再進行一次飼養動物的工作，並一一的跟牠們告別。我們寫了張卡片放在廚房上，並確認Bruce有好好的待在室內後便把房門鎖了起來。最後與Boris和Louis道別，這兩兄弟帶給我們前所未有的動物接觸經驗，與牠們相處是我們覺得在這裡換宿最棒的事。

離別的當下著實令人感到難過，但這是身為旅人的我們必須去面對的。關上鐵門、發動車子，我們繼續往未來前進。(很快的興奮便掩蓋過難過，因為我們即將飛往薩摩亞(Samoa)度假去囉！)

修剪花草，不輕鬆，但有趣

🐾 分享今日成果，共度晚餐時光

下午5點多，Barbara便會下班回家，我們會帶她看看今天我們完成了什麼，她總是邊看邊開心的稱讚我們所作的一切，直誇我們真是太棒了！接著她便會去廚房準備今天的豐盛晚餐，不需要我們幫忙的她總是請我們到客廳等待。此時我們便會看看電視，或是看旅遊書規畫接下來的旅程。

Philip通常是8點多才回家，有時甚至是我們都用完餐了才回來。晚餐結束後我們會一起看電視，或是聊聊今天發生了什麼新鮮事。就這樣，一天就過去了。說真的，這樣的生活方式還挺不錯的。

我們會在每天撿來的雞蛋上寫編號，方便知道雞蛋產出的先後順序

DUNEDIN
但尼丁

愜意悠閒的鄉村生活

從窗外可看到一大片的草原,這是我們在這裡換宿時最愛看的風景

我們曾與家人遊南島時造訪過但尼丁(Dunedin),但從來沒想過會在這個地區進行換宿,更沒想過我們會認識Faye跟Geoff這對和藹的老夫婦,甚至一塊兒生活了近一個月!先來分享一下精彩的「換宿前傳」。

換宿時間 ✕ 32 Days

1.Faye的寵物犬Lady Jane,有時很淡定,有時會繞著我們奔跑 2.入秋了,葉子變紅了 3.人生中的第一條自製圍巾

為了鏟土整土，我們跟手上的鏟子相處好一段時間

🔍 尋找換宿家庭

　　話說當時我們剛結束史都華島4天3夜的旅行，原本還想說在島上找份工作，但仔細想想有點不太實際。回到因弗卡吉爾後打算去麥當勞使用一下免費網路，因為想check先前寄出的換宿信件是否有回應，但當天網路當機，後來去了趟i-SITE花了$2上30分鐘的網路。哇哩咧！先前寄出的換宿需求依然沒有回應。因此開始使用手機傳簡訊的方式詢問，同時我們正開始往卡特林斯區前進。開始行駛沒多久後，便收到第一家謝謝不需要的回覆，沒問題，那再傳第二家！

　　隨著時間慢慢逝去，奇怪，手機怎麼都沒有回應了。拿起一看，原來2degrees(電信業者)沒訊號了！好吧，看來這一路上都暫時不會有訊號了。大概計畫一下後，決定晚上到奧瓦卡(Owaka)過夜，那裡是卡特林斯區最大的商業小鎮，總會有訊號吧。

4.亮眼的紅色是Faye的指定配色　5.四隻小貓最愛窩在我的大腿上睡著　6.為了使身體能站穩拔除斜坡上的草，跨大步是最好的辦法

4　5　6

☺ 最後的口袋名單

傍晚抵達時，拿起手機往天空一晃，還是沒訊號。在找到住宿地點後，我便鼓起勇氣到對面的電話亭準備直接打電話詢問。打了幾間都說不需要後，我再次回到房間打開電腦上網把但尼丁周圍換宿地點仔細再篩選一遍，手上拿著最後一組口袋名單撥了通電話詢問，電話那頭是位老先生，他仔細的聽完我的來意後，便問了一下他太太的意見，沒多久就說OK。Yes！換宿有著落囉！但他們有提到說要見面討論一下，因為他們準備要出門幾天。(後來到Balclutha那邊手機才有訊號)

隔天下午抵達他們家後，出來迎接的是一對和藹的老夫婦Geoff及Faye。經過簡單的交談後，他們同意我們在他們外出三天兩夜期間可以先在這裡

我們一開始住的家庭房，寬敞又明亮

住下，只要幫他們餵食動物就好了。他們真是個大好人啊！

☺ 幸運的住進鄉間別墅 B&B

開始在這裡住下後，這才發現，我們是在一間B&B換宿耶！外頭有草皮可以曬曬太陽看看風景，後院有一小片山坡樹林可以散步走路，而且位在

但尼丁郊區的這裡環境相當幽靜，往外頭望出去，看到的盡是翠綠的山坡農田景色。我們常在工作休息之餘到外頭草皮上曬曬陽光，喝杯熱咖啡，享受悠閒慢活的一刻。

室內有給客人使用的舒適房間及寬敞客廳，房間角落及牆上處處可見藝術小品點綴著整體空間，看得出主人的品味相當不錯。而Geoff及Faye使用的小客廳也相當溫馨，我們每晚都在這裡開著暖爐一塊看電視聊天。

原先我們是住在外頭的家庭房，後來搬進了主屋內的客房，裡頭空間大又溫暖，且後來得知，在這間擁有King Size床的房間住一晚可是要價$130呢！

後來搬進主屋的客房裡，我們有張King Size的大床

主人好手藝，美味又滿足

除了睡的好外，Faye的好手藝讓我們每一餐都吃的好開心。早、午餐除了我們常吃的吐司抹果醬和生菜火腿三明治外，還會有煎蛋、培根和炒飯等選擇。晚餐菜色更是令人讚不絕口(現在想到都還會流口水)，焗烤義大利麵、火烤馬鈴薯、肥美香腸、烤雞肉烤豬肉和一堆沒看過的蔬菜都會是上菜選擇，不只這樣，Faye還會很細心的準備「飯後甜點」，從冰淇淋、蛋糕到巧克力布朗尼都有，而且幾乎都是她親手完成的！我們每晚都吃的超滿足。

Faye跟Geoff相當喜歡泡熱茶喝，我們也入境隨俗的有樣學樣。早餐一杯，工作休息一杯，中餐一杯，下午待在家一杯，晚餐吃完甜點後再一杯。那段日子，我們喝了好多咖啡跟茶(茶包＋牛奶)。

大夥窩在小小張的桌子上吃晚餐別有氣氛

輕鬆簡單的餵食工作

在這裡換宿一天工作約4小時，其內容大部分都是相當輕鬆。Faye在後院養了2頭羊、5隻雞、1隻母貓及3隻小貓(其中有2隻體型較大)，每天起床的第一件事就是先餵飽牠們，而看著動物吃東西也是有一種特別的樂趣。

豐富的每一餐

我們在一間溫馨且熱情的B&B換宿

小小的幼貓超可愛

小小隻的貓，跟我的臉一樣大

經過兩週多的密集整頓，鏘鏘，景觀花園出現了

在餵雞的時候我就發現一個有趣現象，有隻雞老是會被排擠。當雞群一起啄食飼料時，那隻雞都會被趕走，自然就沒辦法吃到食物。注意到這點後，我開始會單獨餵那隻被視為「異類」的雞，確保牠也有吃到食物。其他雞呢？就吃少一點吧！誰叫牠們排擠同類。

說到貓，一天去餵食時發現母貓身邊圍著4隻小貓(含原本那隻小貓)，她是從哪裡變(生)出來的呀？這下子可熱鬧了！

新加入的那3隻小貓看起來剛出生沒多久，小小的超級可愛。只要我們待在室內時，就會把那幾隻小貓抱在懷裡，或是陪牠們玩些小遊戲，而母貓呢？則靜靜的待在一旁冷眼看著我們在耍什麼花樣。(我們只是想逗逗牠們玩嘛！)

短短數十天，牠們已經從不太會走路進展到會互相追逐甚至爬高跳上圍牆，成長之快速，令我們大開眼界。

將雜草區打造成景觀花園

室內打掃、刷油漆、花園除草和環境打掃等都是我們在這裡曾做過的工作內容，說到最有成就感的工作，就是把原本是一片雜草區域改造成景觀花園！這片區域原本也是種植花草的地方，不過雜草叢生加上久未整理，因此看起來不是那麼美觀。我們捲起袖子，開始整裡。

第一步，就是先把不該存在的雜草全部拔除；第二步，整理翻土，把一些藏在土裡的雜草根再拔乾淨；第三步，開始在每一層的側邊用木板固定好，防止土壤流失；第四步，Faye有規畫出哪些地方用來種植，其他地方就鋪滿小碎石(有先鋪上一層雜草抑制蓆)，變成行走步道；第五步，把一些植物移進來新居，安頓好它們後，景觀花園就完成啦！

完成這個花園的改造後，Faye跟Geoff可是開心了好一陣子，而我們心裡也有滿滿的成就感。雙手萬能，有心有時間，什麼事情都可以完成！

拜師學藝，編織圍巾

工作結束的下午時光，我們會利用時間去探索但尼丁及周圍地區。但尼丁這座大城市有很多很棒的景點及風景可看，如奧塔戈博物館、美術館和世界上最陡峭的鮑德溫街，而奧塔戈半島上處處都是天然美景，我們就曾利用一天休假日帶著Faye幫我們準備的野餐盒前往那裡度過一個美好的下午。

如果沒出門，就待在室內跟小貓玩或是陪Faye的寵物犬Lady Jane在草皮上奔跑。對了，老婆還跟Faye習得了一項新技能，那就是「編圍巾」！

原來Faye年輕時就會編織一些毛線衣服,而且家裡就有一台織布機。去超市買了兩捆毛線後,老婆便開始拜師學藝。一開始我們看著這台簡單的木製織布機完全沒有頭緒該從哪裡開始,Faye翻翻書後開始東找西找,不一會兒就看到她開始在拉線綑線了。

在學習如何編條圍巾的過程中,老婆非常有耐心的去理線和注意程序細節,並不時與Faye討論如何修正或增加其他毛線的變化。完全搞不懂先後順序的我呢,只有拿著相機拍照的活可作。幾天下來,老婆陸陸續續完成了幾條圍巾和小桌巾,嘿,這下子冬天的脖子可就不怕冷了!

🐾 文化交流的午後時光

下午時,偶爾會跟Faye一塊兒聊天。我跟她分享一些關於台灣的環境、傳統習俗或是房子都長的是什麼樣,而她也會跟我們分享她的人生觀、世界觀以及她們孩子發生的趣事。在說到一些我們習以為常的事情時(如工時很長或是台灣人的房屋前大部分都沒有花園),她都會面露驚訝的問:「Wow!Really?」是啊,我們的文化與居住環境,的確很不一樣。

我跟Faye說,之前,我們幾乎沒有機會可以在白天時間像現在這樣悠閒的曬著陽光、喝著熱茶愉快的聊著天。因此我說要謝謝她,讓我們能體認到這種相當舒服相當美好的感覺。當我們回到台灣後,或許會想念這裡的生活,不過同時我們也知道,有一種更美好的生活態度,值得我們學習與追求。

Faye正在示範如何使用織布機

休假日時我們特地開到奧瑪魯參加一年一度的羊駝日(National Alpaca Day,5月的第一個週日),還可以近距離觸摸羊駝喔

我們與Faye、Geoff還有Lady Jane一塊兒拍照

🌿 令人嚮往的國外生活 夢想成真

說真的，此刻待在這裡的煩惱跟之前在台灣生活的煩惱完全不同，這裡沒有什麼工作壓力，也沒有太多人情世故的煩惱。會需要動腦思考的，是如何有效的控制預算，如何規畫下一步要去哪裡、往哪個方向走，以及如何抵達想要去的景點(我還滿常拿起紐西蘭全島地圖，看看公路路線及城市相對位置)。或是花時間了解這個地區哪邊有瞭望點、接下來天氣將如何變化和哪裡有便宜的汽油可加，甚至會研究太陽升起的方向及時間，來推測什麼時間點來到這個景點才有最棒的拍照光線。我也不知道為什麼會思考到這些層面，或許是我們正在全心全意的當個「稱職的旅人」吧。

現在我們住在當地人家裡，每天都需要開口說不甚流利但旁人還可以接受的英語，偶爾可以聽到或看到一些很特別的事，還可以品嘗到一些不曾吃過的美味食物。那段日子的點點滴滴，我相信未來都會轉變成我們長大成熟的重要養分。而我們希望能在一個沒有人認識我們的國家好好生活的夢想，就在這一刻，完完全全的成真了。(遲鈍的我花了好一段時間才終於意識到這美夢其實早已實現了！)

✏️ 換·宿·小·手·札

他們教會我們的事

感謝Faye跟Geoff，因為你們，我們體驗了不同以往的生活態度，我們在你們身上學到的經驗及生活智慧是花錢也買不到的。謝謝你們，讓我們在但尼丁的生活精彩無比！

從陽台外就可以看到美麗的塔拉納基山

NEW PLYMOUTH
新普利茅斯

踏上北島的換宿新旅程

換宿時間 **✕21** Days

結束了在南島7個多月的生活後，我們搭著渡輪Interislander回到了北島。在威靈頓的New World超市準備結帳時，習慣的順手拿出綠色Coupon Saver使用，結帳小姐愣了一下，然後直指卡的背後說這只能在南島使用。喔！我們真的回到北島了！

1.看著孩子吃東西的模樣真是有趣　2.剛烤好的餅乾配上茶飲，是我們每天晚餐後的必備點心　3.戴上毛帽的Clyde，超卡哇伊

1

2

3

陪小孩子玩是件愉快的事

　　我們開車經過北帕默斯頓時有去拜訪Karl及Chrissy一家人，不過由於是臨時造訪，他們兩個都不在家，倒是可愛的Laila迎接了我們。車子繼續往北前進，腦子裡的地圖過去幾個月都是裝著狹長的南島地圖，突然覺得像隻大魚的北島既熟悉又陌生。

　　繞進內陸再次拜訪湯加里羅國家公園後，我們開始沿著被遺忘的世界公路(The Forgotten World Highway)往西邊前進，在看到前方不遠處一座尖尖而巨大的錐形火山時，就知道我們來到塔拉納基(Taranaki)地區了。

　　是的，我們即將進行一段新的換宿生活，地點是位在新普利茅斯。為什麼要選擇這裡呢？一來是我們從未造訪過這個地區，二來是我們希望能在這個較多人居住的大城市把我們的愛車賣掉。由於當時我們距離合法待在紐西蘭的時間剩下不到一個月，因此這次換宿的時間我們得隨時做調整。

4.我正在用砂紙機磨平1F房間旁的廚房地板　5.Sonya抱著她可愛的小男孩Clyde　6.Nigel向我們介紹他目前正在改造的中古車

若待了8～9天車子沒賣出去，那麼我們就得提前離開，到奧克蘭去試試更多的可能性。希望未來這幾天會有一段愉快的換宿體驗，並且順利將車賣給有緣人！

❷ 入住溫馨的小家庭

靠著GPS幫忙，我們抵達了Nigel和Sonya的家，他們育有兩個可愛的小男孩，分別是Dylan及Clyde。由於我們抵達時間是在傍晚，因此便從豐盛的晚餐開啓了對話與認識彼此。

Nigel和Sonya在幾年前曾去歐洲進行為期數週的單車之旅，他們還秀出當時寫的部落格及照片，聽到他們這段敘述我眼睛都發亮了！單車旅行遊歐洲，這個點子實在是太酷了！而他們當年使用的腳踏車現在就放在1樓車庫，並說我們可以自由使用，還說市區的

Nigel總是耐心的陪Dylan吃完他的晚餐

Coastal Walkway非常適合騎單車。

而我們也提到我們有賣車的打算，因此想請益該如何進行。Sonya說除了可去超市及青年旅舍貼公告外，她會在醫院的網頁上幫忙張貼資訊(Sonya本身是位職能治療師)，並也會幫我們問問是否有其他的朋友需要買車。這真是一個美好的開始。

Sonya精心準備的豐盛晚餐

❷ 無盡的視野，遠眺塔拉納基山

我們的房間位在1樓一間還在裝修的房間，Nigel說這裡整理好後，希望能以B&B的方式去經營。雖然還在整修階段，不過看起來挺不錯的，且整體空間夠大，正好可以讓我們把行李好好的攤開來整理一番了。

整棟房子是以架高的方式建構起來，而且房子還位在一個斜坡上，因此走出陽台的視野很不錯，可以清楚的看到塔拉納基山和Paritutu Rock。廚房、客廳和他們一家人的生活起居都在2樓，1樓則是車庫及儲藏室(還有我們的房間)。房子外除了陽台還有片小花園，裡頭養了幾隻很愛咯咯叫的雞，尤其是當隔壁的貓來偷吃牠們的食物時。

換宿工作之一，擦天花板

新手保母初體驗

我跟老婆在這裡的工作很不一樣，我主要是負責需要花力氣及戶外的工作，如整理花園、清掃車庫、擦天花板，和跟Nigel一起砍樹剪樹枝。老婆的工作就是與Sonya一同照顧那兩個可愛的孩子，大部分的時間都待在室內陪兩個孩子玩，或是跟Sonya一塊兒帶孩子去公園或到海邊的遊樂場散步，讓孩子在戶外跑跑動動。(只有Dylan啦，Clyde只能待在嬰兒車裡看哥哥玩或是自個兒進入夢鄉)

另外老婆她偶爾會幫忙煮點食物及嬰兒副食品(尤其是在Sonya需要臨時外出時)，因為Clyde還是個小嬰兒，現階段只能吃流質泥狀食物。老婆說，她在這裡就像個保母一樣，不過可以照顧到這麼可愛的嬰兒也真是幸運！

張貼廣告，順利賣車

新普利茅斯這座城市還挺大的，附近也有不少景點可去走走，如Puke Ariki博物館、普克庫拉公園和Paritutu Rock。我們還利用單車騎了趟Coastal Walkway，並一路騎到外觀像鯨魚骨架的特雷瓦雷瓦大橋一帶，沿途風景真的很棒！

除此之外，剛開始換宿的前幾天我們勤跑市區、超市還有青年旅舍，為的就是要張貼賣車廣告。

嘿！我們運氣真的不錯，車子最後順利的以還不錯的價格賣出，而且就是Sonya在醫院網頁上張貼廣告幫的大忙！她真是我們的大貴人啊！這下子我們便可以在這裡多待幾天，慢慢的整理行李，把該寄回去的寄回去，不需要用到的就送給Nigel一家人。

最棒的美食文化交流饗宴

在這裡換宿的感覺應該可以悠閒或樂活等好的詞語來形容，我們位在塔拉納基地區，隨時都有機會可以看看那座巨大的火山。而往另一個方向看，大海就在不遠處。Nigel跟Sonya待我們就像朋友一樣，飯後常一起坐在火爐旁取暖看電視聊天，有時當我們敘述到一些台灣的日常生活時，他們便會充滿好奇的上網查看我們所說的是什麼意思，然後便會有一種發現新鮮事的表情出現。

嗯，他們的確疑惑為什麼我們參加別人婚禮時都會包紅包，還有為什麼我們午餐會選擇吃排骨飯或乾麵，這些熱食不是應該出現在晚餐嗎？不過，這不是一場很棒的文化交流嗎？世界那麼大，有趣的事情還多著呢。

Dylan最愛到外頭騎他的三輪車

Sonya說我們可以自行運用廚房裡的設備，因此我們把之前買的一大包麵粉、蘇打粉和發酵粉拿出來，老婆便開始利用烤箱每天手做一些飯後點心，如餅乾及瑪芬。還有，我們去買了些原料來製作地瓜圓和水餃，與這個歡樂的一家4口一起享用我們熟悉的味道。老婆說，在親手製作這麼多的食物後，滿滿的成就感可真是無法以言語形容啊！

學習與小孩互動的家庭教育

這個家庭的教育方式也令我

們印象深刻。Sonya是個極有耐心的媽媽，平常她除了上街採買及出外工作外，大部分的時間都是在陪小孩子。她會一邊逗Clyde笑一邊餵他吃，因為她認為當用餐情緒愉快時，消化自然也會比較好。

有時當Dylan鬧脾氣不想吃飯時，她還會吹泡泡，或邊說邊哄的讓孩子吃點食物。而Nigel喜歡去二手商店買些玩具和童書回來給兩個寶貝兒子，Dylan已經會跑會跳了，因此他有比較大型的玩具可玩，如玩具車和溜滑梯。

而Clyde呢？大部分拿到的

Dlyan喜歡製作餅乾並幫忙上色

都是些布織的填充玩具，可以拿來甩、丟和咬。每當Dylan在家裡跑一跑跌倒了，Nigel都會說自己爬起來。或是當孩子鬧脾氣不吃東西了，那麼大人就會暫時離開他，讓他自己靜一靜，若還餓就繼續吃，飽了就準備洗澡。

我們通常都是最晚離開餐桌，因此可以好好的觀察父母與孩子間的親子互動。每當Dylan吃的滿嘴滿手都是食物時，父母也都不為所動，繼續讓他用自己的方式進食(但偶爾還是會說請使用湯匙)，充分的尊重孩子想法是很重要的，即使他才剛學會走路。當然，也要適時的在一旁提醒，讓他們知道什麼是對，什麼是錯的。因為父母的教導對於孩子日後的思考與發展可是相當深遠而巨大的。多花點時間陪陪孩子吧。

Dlyan在公園裡玩得好開心

🐾 回憶紐西蘭的精彩時光

記得最後一晚準備離開時，自己一個人安靜的坐在客廳裡，喝著熱巧克力，配著老婆剛做好的溫熱餅乾，思考該怎麼寫張卡片給這個可愛家庭。就在看著他們家的貓Blue發呆時，突然想起在花蓮念書時的

Sonya正欣賞著我們拍孩子們的生活照片，她一直開心的讚嘆著

一種特殊的感覺：那是一種不趕時間、不趕行程、現在想幹嘛就幹嘛、今晚想多晚睡就多晚睡的自在氛圍。一年多的海外生活，這倒是第一次有這樣的感觸。也許是因為今晚是在紐西蘭換宿的最後一晚，也許是再過幾天就要準備離開紐西蘭，也許是接下來幾天真的沒有什麼行程好趕的了。

此時此刻的我只想靜靜的喝著熱巧克力，回憶過去發生在我們身上的精彩時光。多麼美妙的一刻啊。

🖊 換·宿·小·手·札

我們感謝他們的事

謝謝Nigel和Sonya，因為有你們給予我們換宿的機會，我們才有充裕的時間可以探索整個塔拉納基地區，可以順利的將車賣掉，並學習製作許多從沒有嘗試過的甜點。也謝謝可愛的Dylan和Clyde，跟你們在一起真的很開心。能跟這個家庭及在這個地區生活三週，我們感到無比幸運。

他們一家人送給我們印有小孩照片的小卡片及刮刮樂禮物

Save money, delicious food, buy and sell car and how we plan

NEW ZEALAND 分享
經驗篇

本章節我們將分享我們是如何省錢，如何買賣二手車，推薦我們覺得超棒的美食，還有我們
是如何計畫下一步。

在當地如何買車賣車

紐西蘭幅員遼闊,許多絕世美妙的景點和雄渾壯麗的崎嶇荒野都是一般大眾交通工具所無法抵達的,因此我們在計畫來去紐西蘭時,就打定主意要買台二手車來自駕旅行,好好的利用時間探索這個美麗國度。而大部分的工作場所都會希望求職者有車,所以有車一族在找農場工作時會比較方便及容易。(所以我們在求職申請表上可用力的註明:I have car!)其實如果打算在紐西蘭進行一段較長時間的旅行,買台二手車並在旅程結束後賣掉會是一個很好且較省錢的方式(許多歐美年輕人都是如此,他們甚至還睡在車上)。

我們的車——Nissan Cefiro

這種在車上吃午餐的克難經驗還蠻多次的,但也挺新鮮有趣的

如何購得一台好車

如何尋找車子呢?從網路上、朋友介紹、拍賣會或是到超市和青年旅社的布告欄找找看,這些管道上應該有不少急待售出的車子(有時路邊也可發現車子出售的廣告)。

拍賣競標

以我們為例,由於一開始是待在奧克蘭(當時我們就住在背包客口耳相傳、熱情推薦的威莎客棧,男女主人是威利和莎夏,他們是對可愛的年輕夫妻檔),大城市裡車款選擇較多,且有許多買車管道。我們有去Turners Auctions選購汽車,那是第一次去拍賣現場看競標汽車,感覺還滿刺激的,但因為完全沒有概念,也只能空手進去空手出來。

汽車買賣網站

從網路上找車也是個好辦法,Trade Me和backpackerboard上都有汽車買賣資訊。我個人覺得Trade Me還不錯,上頭的車子幾乎都有圖片及車輛相關資料,而且加入Trade Me會員後還可看到車主的聯絡電話。

在威利的建議下,我們在Trade Me上找了輛Nissan Cefiro自排車。實際到現場試車後,引擎沒有怪聲、加速感還不錯、煞車也不賴、空調正常,車底也無看到明顯漏油,車況還不錯。在確認WOF(Warrant Of Fitness)和車輛牌照(Vehicle Licence;可稱REG,又稱路稅)都沒有過期的情況下,我就以$1,800買到了人生第一台右駕車。

Turners Auctions:www.turners.co.nz

Trade Me:www.trademe.co.nz

backpackerboard:www.backpackerboard.co.nz

選購前注意事項

WOF和路稅：兩者是否都在有效期限內。(連WOF都沒過，那就直接可以不用考慮了)

公里數和車輛年分：開超過25萬公里或是太老的車基本上都先不列入考慮。雖然老車價錢較為漂亮，但日後維修可能會花上不少錢。(我們當時花$1,800購買的Cefiro為1996年版，里程數是197,000公里，因此價錢還算合理啦。)

路稅顯示於車窗下方，上頭顯示的數字代表是過期日期(再上頭是AA貼紙及道路救援電話)

排氣量(CC數)：若要開長途及跑山路的話，建議至少要2,000 CC起跳，但相對的耗油量也會增加。(我們的Cefiro擁有V6引擎，開起來還算夠力。)

車況檢查：機油、輪胎、剎車油、水箱(含副水箱)、皮帶、避震器、雨刷水、電瓶和空氣濾清器等都可列入基本檢查項目。(曾聽朋友分享說需要透過全車坐滿才能檢查出車子避震器是否正常。一個人坐上去也許ok，但四個人同時坐上去車子也許就明顯下陷了。)

試車檢查：汽車啟動時是否正常、引擎是否有異音、慢慢加速至高速行駛時是否有異常狀況(異常抖動或突然降速)、試踩剎車看看反應是否即時和停車後試拉手煞車是否正常，並看車底是否有不明漏油狀況。另外，可低速並放開方向盤讓車子跑一段直線，若會有明顯偏移或左右搖晃，那麼代表這輛車該做輪胎定位(Wheel Alignment)了。

開車代表一種獨立象徵，因為自己就可以決定方向

好好照顧車子。若你打算開著這輛車好一段時間，那就好好對待它吧。不定時的檢查車況，若行駛中有感覺異常或聽到異音，都應該主動去車廠了解一下是否有安全疑慮。你照顧它，它也會照顧你的。

購車後須申請的文件

在紐西蘭買輛二手車其實非常的簡單，但在買到車後先別開心，因為還有幾件事情需要注意。

請舊車主填寫MR13A表格：在確定入手買車後，必須要請舊車主填寫MR13A表格，這張是證明舊車主願意放棄這台車子(這很重要)，填寫完後寄出即可算完成。

辦理車輛所有權變更：而在成為新車主後，必須帶著國際駕照正本(護照備用)到郵局辦理過戶程序。程序十分簡單，只要填寫車輛所有權的變更通知MR13B表格即可。

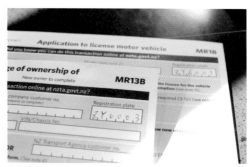

買車會需要填到的MR13B及MR1B申請表

申請車輛牌照：申請車輛牌照(路稅)的MR1B表格可以選擇購買長度，分為3 / 6 / 12個月。若是不確定會開這輛車多久，不妨先買半年期的就好。上頭顯示數字代表的是過期日期，記得要在過期前先去繳費延期，因為過期還開上路可是會吃上罰單的。

檢驗車輛合格證：若是WOF尚未過期，直接在郵局填單便可繳交路稅費用。WOF指的是一張車輛合格證，規定每半年需要檢驗一次，目的是為了讓車子的性能保持在一定的水準。每次去車廠驗WOF都免不了要緊張一下，雖然檢驗清單是固定項目，但有些車廠隨便有些則相當嚴謹，且他們說什麼我們就得換什麼，這樣才能順利得到下半年的WOF合格。(有次驗WOF時就被說要更換避震器，但去問別間專業的避震器師傅都說這沒問題啊，但還是得換……)合格通過後將會有個標籤貼在擋風玻璃的左上方，1～12會有個數字挖空，那是代表下次該做檢查的月分。

貼在擋風玻璃左上方的WOF標籤。有個數字挖空代表那是下次該做檢查的月份

辦理AA及第三責任險

加入AA(Automobile Association)會員和辦理第三人責任險(Third Party Vehicle Insurance)是高度推薦的做法。成為AA一般會員除了有一年6次的免費道路救援外，另外還享有免費駕駛技術和法律諮詢、緊急汽油輸送和免費的地圖及旅遊指南可

AA會員可以拿的免費AA地圖，每份可都是價值$3.95的呢(但一份只能拿一次喔)

使用AA Smartfuel Card可在BP加油站賺取加油回饋

拿，加入會員可說是好處多多。我們另外還加購(約$49)成為AA Plus會員，其增加的額外項目就是多了100公里的免費拖運。(我們就曾在羅托魯瓦的懷奧塔普附近發生車子拋錨，還好有AA並成為Plus會員，拖吊車這樣將車一路載回市區我們可是一毛錢都不用付呢！)

辦理第三人責任險的主要用意是當你開車撞到了別人的車時(或是人及財物)，會有保險公司來幫你負擔自付額(Excess Fee)以外的賠償，並負責處理該事故的糾紛及因該事故產生的責任問題。而保費越便宜，自付額自然也會相對提高，所以購買前可多方估價看看。我們的第三人責任險是在奧克蘭「三姊妹的店」投保，自付額為$500，保費一年約$247，參考看看囉。

如何用個好價錢賣車

我們買到的Nissan Cefiro真是輛好車啊。

一年多的日子中，我們跟它進行了近3萬公里的旅程，不管是柏油路還是碎石子路，只要那個地方有路抵達，我們就踩著油門往那開去。因為有它，我們的行李、食物及財產受到保護；因為有它，我們可以享受美好的駕車樂趣；因為有它，我們可以開到天涯海角。現在因為旅程即將告一段落，意味著我們必須準備跟它說再見了。為了幫它找到下一個主人，我們預留了近一個月的時間準備賣車。

在紐西蘭我們學會如何自助加油(絕大部分的加油站都是得自己加油)

在布告欄刊登廣告

前面的換宿文章有提到，我們最後是透過女主人Sonya在醫院的網頁上刊登廣告而賣出去的，不過在這之前我們也做了許多嘗試及努力。我們曾利用從各大超市拿回來的免費小卡製作數十張廣告，上頭寫著車輛名稱、公里數、WOF和路稅的有效期限、售出價錢以及我們的連絡方式，寫完後再去各超市的布告欄上貼著。(New World、Countdown和PAK'nSAVE都可以張貼賣車資訊)。

另外我們還列印了不少張A4廣告單去青年旅舍和社區布告欄張貼，甚至還把車子車窗貼滿廣告單並開去路邊草地上停著，為的就是要增加曝光率。在填寫廣告單時，別忘了寫上張貼日期，這樣人們看到時才會知道這是不是剛貼出的商品

廣告。我們當時原本還計畫，若是車子在換宿期間無法順利賣出，那麼就得上Trade Me或是回到奧克蘭的Car Fair去低價叫賣。最後的買主是一個來自印度的新移民家庭，我們以$1,600加贈GPS成交了這場買賣。成為了舊車主的我們在填寫完MR13A並點收完現金後，便把車鑰匙交給了他們。

車子終於順利賣出去了，而賣車的壓力也頓時解除，不過這時心裡突然湧起了一股莫名的感傷。接下來呢？先自己走路回到住處吧。

我們利用A4紙張及超市的免費小卡製作的賣車廣告

偶爾開進小路，便有機會可以看到特殊且有趣的畫面(這回遇到趕羊群，畫面中的道路有一半都被移動的羊群給佔據了！)

口袋不夠深,省錢大作戰

來到紐西蘭進行打工度假的年輕人大部分都是「得勤儉持家、口袋不很深」型的。因此,能省點支出自然是好的。底下是我們曾使用過的省錢方式。

飲食

除了住宿之外,支出項目排行老二的就是基本飲食開銷。吃當然是屬於必要花費,既然要花,就看能不能少花一點。紐西蘭的三大超市分別是New World、Countdown和PAK'nSAVE,其中我們最愛逛PAK'nSAVE(我們覺得是三間中最便宜的)。Countdown有專屬的會員卡Onecard可以免費申請,在結帳時出示此卡便可享有優惠。南島的New World有Coupon Saver可拿,結帳時出示可享有折扣,但北島的New World就沒有了。另外,還

可免費申請Fly Buys來累積點數,這張卡在New World和許多地方都可以出示集點。

↑超市的集點卡及會員卡

選擇超市自有品牌的食物也會便宜許多,如PAK'nSAVE的budget和Countdown的Homebrand。pams也是常見的便宜品牌,它在PAK'nSAVE、Four Square和New World都可找到。提到Four Square,這是在紐西蘭各地都可看到的連鎖商店,東西雖然不是最便宜,但能在偏遠的小鎮買到生鮮產品,當下你將會覺得十分開心。

日常衣著

去逛二手市場(商店)。大部分的紐西蘭人使用日常物品的習慣都十分良好,當有衣服(東西)不需要或是要淘汰時,通常都會拿去二手市場讓有

我們最愛逛PAK'nSAVE

不管是大城市或小鄉鎮皆有據點的Four Square超市

一件才$6的二手衣,耐穿又不怕弄髒

我們曾在二手店裡找到我們出生那年的國家地理頻道雜誌
(National Geographic)

The Warehouse是紐西蘭常見的大型日常用品店，我們最常去裡頭光顧它的洗相片機，因為操作簡單又很便宜

需要的人再繼續使用。我們挑選了好幾件$5的衣服，在工作或健行穿著它弄髒自己也比較不會那麼在意。

住宿

　　若是會住到YHA和BBH，申請他們的會員卡是必要的，每住一晚至少可省$3。而這兩家會員卡在許多景點和玩樂都享有優惠折扣，付款時不妨再多問一下，說不定便可省點開銷。

　　是會在當地住上一段時間的話，除了可以問問看青年旅舍是否有包週或包月的折扣外，也可找找Share house，通常一週一人包含水電網路大約是$100~$150。這類資訊可看超市裡的布告欄、上網找或是到i-SITE詢問。

　　若是到了比較偏遠的小鎮或是臨時找不到青年旅舍可住的話，可以選擇位於市郊的Holiday Park，那裡價格不會太貴，從最簡單的露營草地到獨棟小木屋都有，另外開露營車旅行的通常也都會選在這裡過夜。

交通

　　搭渡輪(Interislander)：我們往返南北兩島都是搭Interislander，兩位成人加一台車大約是$205.2，這個價錢是折扣過的。想要折扣的話請自行上網訂票，並在訂票步驟中「4. Payment Details」的promo code輸入BBH1，這樣便可省下10%的費用，但前提是要持有有效的BBH卡喔。

　　使用AA Smartfuel Card：可免費在BP、Caltex加油站和AA辦公室索取，這是一張在BP和Caltex加油可享折扣的卡片。以BP為例，當單次加油超過$40，那麼每公升可省下4c，其回饋可以選擇立即使用或是繼續累積。而在其他地方消費出示刷一下這張卡也可用來賺取加油回饋，如在漢堡王點份超值套餐便可得到每公升5c的回饋。

　　加油折價券：在超市(New World、Countdown和PAK'nSAVE)消費若是超過一定金額便會贈送。像我們在PAK'nSAVE買超過$40就有一張每公升省4c的折價券可使用，但請注意這有特定的使用場所及使用期限哦。使用方式很簡單。首先要先刷卡，然後輸入折價券上的號碼，再按自己刷卡的密碼，接著再輸入要加的金額，回來便可開始加油啦！

／AA會員卡及
AA Smartfuel Card

我們總愛到i-SITE逛逛獲取旅行資訊

搭上Interislander，來趟令人興奮的橫跨海峽之旅

紐西蘭美食大蒐羅

噢，每次想到這些食物就讓我們猛吞口水。

炸魚和薯條

1858年起源於英國的炸魚和薯條在紐西蘭相當流行，幾乎每個城鎮都至少會有一間炸魚薯條店。我們每移動到一個地方，只要看到有店家在賣，幾乎都會進門光顧一下。簡單的白報紙包著熱呼呼的裹粉炸魚及金黃色的炸馬鈴薯，想到的畫面都是美味的。

巧克力

我們在紐西蘭吃了不少巧克力的食品，一來可補充熱量，二來是真的很好吃！在紐西蘭已有百年歷史的Whittaker's Chocolate是我們最常購買的巧克力之一，不同口味配合不同濃度，總共有數十種口味陳列在架上，且常會有促銷活動。我們常在開車或爬山途中吃一口巧克力補充體力！

令我們愛不釋手的Tim Tam巧克力

我們超愛熱呼呼的炸魚和薯條(這就是Maketu Fish & chips的超大分量薯條)

一吃就會停不下來的Red Rock Deli洋芋片

Tui啤酒的瓶蓋背面有令人會心一笑的小猜題

洋芋片

　　紐西蘭的洋芋片種類很多，大部分都還蠻好吃的。一開始喜歡Bluebird的Chicken和Salt Vinegar口味。後來，在吃過Red Rock Deli這個價位較高的品牌後，從此就愛上它了！它的Lime & Black Pepper還有Sweet Chilli & Sour Cream真的超好吃！

冰淇淋

　　在紐西蘭與當地家庭一起生活時，我們發現冰淇淋常出現在他們飯後的甜點中，有時不只單吃，還會配點水果或溫熱蛋糕一塊兒吃。嗯，他們還真的蠻喜歡冰淇淋的。我們有樣學樣，逐漸也愛吃冰淇淋。因此進超市就會注意Tip Top或Kiwi Ice Cream等牌子是否有特價，有的話當然二話不說選口味抱個2L回家啦。

派

　　派在各大超市的熱食區幾乎都有販賣。我們有時候不知道要吃什麼時，簡單的派通常就會是選擇之一。我們在紐西蘭各地吃的派基本上都很不錯。口感扎實，味道香濃，餡料更是真材實料，趁熱吃完它，超幸福！

啤酒、紅酒、白酒

　　紐西蘭盛產啤酒和紅、白酒，而紐西蘭人在交際聚會場所也常會喝個兩杯(或兩瓶)。我們入境隨俗，聚會時也一手食物一手啤酒，且不時會在特價時先買來庫存，除了可和朋友一同享用外，自己在家想喝時隨時都可以拿的到。Tui是我們最愛的品牌，它喝起來可是特別的「順暢」。另外像Export Gold或是Kingfisher也都還不錯。紅、白酒的話我們則是獨鍾白酒，尤其是Sauvignon Blancs，那清脆的口感真的很不賴。(白酒沒喝完記得要冰起來，還有開車請勿喝酒喔。)

漢堡

　　我們在紐西蘭品嘗過許多美味漢堡。其中印象最深刻的是皇后鎮的「Fergburger」，那是去皇后鎮旅行不可錯過的美食之一。厚實的牛肉配合新鮮番茄及生菜，那扎實飽滿的口感真的是超讚！去店裡面點一個The Fergburger($11)，你就會明白我的意思。

口感超讚的Fergburger漢堡

我們是這樣規畫行程

出門在外，萬事都得靠自己，如何計畫下一步，成了我們平常都在思考的問題。平常有事沒事就會翻一翻AA雜誌，去i-SITE逛逛了解這裡和鄰近有哪些景點可去造訪，或是看看BBH手冊或YHA地圖的公路路線，慢慢記憶並增加對紐西蘭地理環境的認識，這些累積多少都會影響日後計畫下一步的想法。像我們在紐西蘭作過的工作只有3個，時間加起來大約是7個多月。剩下的8個多月，純旅行的時間約只有1個多月，其他時間都是進行換宿以降低吃住開銷。老實說，其實我們一開始對未來的規畫可是一點頭緒也沒有(甚至不知道會不會有機會可延簽)。

一邊工作一邊愜意的小旅行

不過我們也沒有想太多，既然沒有規畫，那就順勢而為吧。需要工作時就往有工作的地點去，

會待多久就看季節或計畫而定。等工作結束後，我們並不會繼續找下一份工作，通常會先來一段小旅行，接著就會開始安排換宿，利用不同的換宿地點一步步的探索紐西蘭各地區。等到盤纏花得差不多了，這時候再看看當時有沒有哪個地區正在找工，接著移動到那裡去，有的話就工作，沒有的話就看是要繼續等或是再找換宿。我們其實還滿幸運的，奇異果和Talley's海鮮工廠都是朋友引薦或介紹的，而克倫威爾的櫻桃工也是朋友說有個網頁可以先填填看，結果沒想到開工前4個月我們就確定得到了工作。通常因為工作關係會在固定區域住上好一段日子，因此也會有較多的時間可以造訪附近景點。比方說尼爾森和黃金灣的主要景點便是我們住在莫圖伊卡時所完成造訪的。

用旅行、打工、換宿玩遍紐西蘭

在這樣旅行、工作及換宿三種型態交互使用下，15個月的時間我們造訪了紐西蘭大部分的區域，看到了令人感動的美景，認識了很多很棒的人，並且受到了很多人的熱心幫助。這是一開始沒有辦法預想到的美好旅程，但，就做吧。因為我相信只要用心，事情自然會往好的方向發展。

對了，我們每到一個新地點，都會設法寄張明信片給自己還有家人。一年多下來，我們大約寄出了有上百張。等回到家看到那厚厚一疊明信片正記錄著過去片刻的心情寫照時，我們可是迫不及待的想一張一張翻來看呢。

透過明信片，把當時的感動分享給遠方關心你的人吧(順便寫一張給自己)

453天的旅程，使我們變得更勇敢

2011～2012年間，我們在紐西蘭打工度假了453天，這是一段還不錯的海外生活。我想，能在紐西蘭生活一段時間，真是一段超棒的體驗。而且，我們從來沒有感到如此的精力充沛過。

旅程中，我們體驗了很多新鮮事，看了許多美景，認識了許多好人，並受到了許多貴人的幫助。對於這一切，我們感到非常幸運，因為出發前我們完全沒有預期到能在旅途中碰到這些美好的事情。而這些美好記憶，絕對會伴隨我們好久好久。

而旅程中，我們倆也一同遭遇了許多我們不曾面對過的問題。比如說車子半路拋錨、跟別人用英語交談突然有一段聽不懂，或是進去Subway點餐時店員快速的詢問你要點哪一種醬料或蔬菜。一開始雖然會有點無法招架，但憑著冷靜思考及微笑應對，大部分的問題我們都可以找到辦法解決。而且，多數的Kiwi人都非常友善，當他們看到你的疑惑眼神時都會適時的伸出援手來協助你。所以，放膽去表達你的意思吧！

記得「王牌天神2」中有一段台詞很棒。「如果有人希望自己能夠更勇敢，上帝會直接賜給他勇敢？還是賜給他一個可鍛鍊勇氣的機會？」是啊，因為遇到了許多不曾面對並得想法子解決問題的機會，我們覺得我們得到了更多自信、膽識及勇氣。我想，經過這段旅程後，我們都有成長了一點。而我們夫妻之間的感情也在這段朝夕相處的日子中越磨越好了！

這趟紐西蘭打工度假之旅，不管何時回想起來，都是一場無與倫比的奇妙之旅。

New Zealand, we will be back !
See you next time !

這張照片攝於離開紐西蘭的那天清晨4點半，一年多過去了，我們的外表沒什麼變，但骨子裡已不是出發前的我們了！這趟旅程，實在是太棒了

So Easy 自助旅行書系

So Easy 專家速成書系

世界主題之旅

夢'起飛
Dream

紐西蘭自助旅行 附10個換宿家庭的故事

作　　者	林伯丞
攝　　影	林伯丞
協　　力	吳佳蓉

總 編 輯	張芳玲
書系管理	張焙宜
主責編輯	邱律婷
封面設計	林惠群
美術設計	林惠群
地圖繪製	余淑真・林惠群

太雅出版社 編輯部
TEL：(02)2882-0755　　FAX：(02)2882-1500
E-MAIL：taiya@morningstar.com.tw
郵政信箱：台北市郵政53-1291號信箱
太雅網址：http://www.taiya.morningstar.com.tw
購書網址：http://www.morningstar.com.tw
讀者專線：(04)2359-5819 分機230

發 行 所	太雅出版有限公司
	台北市11167劍潭路13號2樓
	行政院新聞局局版台業字第五○○四號
印　　刷	上好印刷股份有限公司　TEL：(04)2315-0280
裝　　訂	東宏製本有限公司　TEL：(04)2452-2977

| 初　　版 | 西元2014年12月01日 |
| 定　　價 | 380元 |

(本書如有破損或缺頁，退換書請寄至：台中市工業30路1號　太雅出版倉儲部收)

國家圖書館出版品預行編目(CIP)資料

紐西蘭自助旅行：附10個換宿家庭的故事 / 林伯丞作.
　-- 初版. -- 臺北市：太雅, 2014.12
　　面；　公分. -- (世界主題之旅. 夢.起飛；505)
　　ISBN 978-986-336-060-5(平裝)

　　1.自助旅行 2.紐西蘭

　772.9　　　103019870

ISBN 978-986-336-060-5
Published by TAIYA Publishing Co.,Ltd.
Printed in Taiwan

這次購買的書名是：

紐西蘭自助旅行 附10個換宿家庭的故事 (夢起飛 505)

＊01 姓名：＿＿＿＿＿＿＿＿＿＿＿＿＿＿＿＿＿ 性別：□男 □女

＊02 手機（或市話）：＿＿＿＿＿＿＿＿＿＿ 生日：民國＿＿＿＿ 年

＊03 E-Mail：＿＿＿＿＿＿＿＿＿＿＿＿＿＿＿＿＿＿＿＿＿

＊04 地址：□□□□□ ＿＿＿＿＿＿＿＿＿＿＿＿＿＿＿＿＿

05 你對於本書的企畫與內容，有什麼意見嗎？

＿＿＿＿＿＿＿＿＿＿＿＿＿＿＿＿＿＿＿＿＿＿＿＿＿＿＿＿

06 你是否已經帶著本書去旅行了？請分享你的使用心得。

＿＿＿＿＿＿＿＿＿＿＿＿＿＿＿＿＿＿＿＿＿＿＿＿＿＿＿＿

～ 熟年優雅學院 ～

Aging Gracefully，優雅而睿智地老去，絕對比只想健康地活久一點，更具魅力。熟年優雅學院是太雅推出的全新系列，我們所引見給您的優雅熟年人物，對生命充滿熱情，執著而有紀律地做著他們喜愛的事情。學院會不定期舉辦各項講座與活動，提供輕熟齡、熟齡、樂齡的讀者參加。

01 您是否願意成為熟年優雅學院的會員呢？
　　□願意　　　　　□暫時不要

02 您願意將熟年優雅學院的相關資訊分享給朋友嗎？或是推薦3人加入熟年優雅學院？(請徵求友人同意再填寫)

姓名：＿＿＿＿ 手機：＿＿＿＿ E-Mail：＿＿＿＿

姓名：＿＿＿＿ 手機：＿＿＿＿ E-Mail：＿＿＿＿

姓名：＿＿＿＿ 手機：＿＿＿＿ E-Mail：＿＿＿＿

好書品讀，熟年生活

積存時間的生活　　微笑帶來幸福　　一個人，不老的　　91歲越活越年輕
　　　　　　　　　　　　　　　　　　生活方式

現在就上網搜尋 ✈ 熟年優雅學院

填表日期：＿＿＿＿年＿＿＿＿月＿＿＿＿日

很高興你選擇了太雅出版品，誠摯的邀請您加入太雅俱樂部及熟年優雅學院！將資料填妥寄回或傳真，就能收到最新的訊息！

填問卷，抽好書
(限台灣本島)

凡填妥問卷(星號＊者必填)寄回的讀者，將能收到最新出版的電子報訊息！並有機會獲得太雅的精選套書！每單數月抽出10名幸運讀者，得獎名單將於該月10號公布於太雅部落格。太雅出版社有權利變更獎品的內容，若贈書消息有改變，請以部落格公布的為主。參加活動需寄回函正本始有效(傳真無效)。活動時間為2014/12/01～2015/12/31

好書三選一，請勾選

□ **放眼設計系列**
(共9本，隨機選2本)

□ **遜咖吸血鬼日記1、2**

□ **優雅女人穿搭聖經** (共2本)

- -

太雅部落格
taiya.morningstar.com.tw

太雅愛看書粉絲團
www.facebook.com

(請沿此虛線壓摺)

| 廣 告 回 信 |
| 台灣北區郵政管理局登記證 |
| 北 台 字 第 1 2 8 9 6 號 |
| 免 貼 郵 票 |

太雅出版社 編輯部收

台北郵政53-1291號信箱
電話：(02)2882-0755
傳真：(02)2882-1500
(若用傳真回覆，請先放大影印再傳真，謝謝！)

(請沿此虛線壓摺)

太雅部落格 http://taiya.morningstar.com.tw

有 行 動 力 的 旅 行 ， 從 太 雅 出 版 社 開 始

(請沿此虛線裁剪)